我爱故我在

西方文学大师的爱情与爱情心理学

熊哲宏 ◎ 主编

北京大学出版社
PEKING UNIVERSITY PRESS

图书在版编目(CIP)数据

我爱故我在：西方文学大师的爱情与爱情心理学/熊哲宏主编. —北京：北京大学出版社，2011.1
（心理学视野中的文学丛书）
ISBN 978-7-301-18338-0

Ⅰ.①我… Ⅱ.②熊… Ⅲ.①文学研究－西方国家②恋爱心理学－研究　Ⅳ.①I106②C913.1

中国版本图书馆 CIP 数据核字(2010)第 253700 号

书　　名：我爱故我在——西方文学大师的爱情与爱情心理学
著作责任者：熊哲宏　主编
丛 书 策 划：周雁翎
丛 书 主 持：刘　军
责 任 编 辑：泮颖雯
标 准 书 号：ISBN 978-7-301-18338-0/I · 2301
出 版 发 行：北京大学出版社
地　　　址：北京市海淀区成府路 205 号　100871
网　　　址：http://www.jycb.org　http://www.pup.cn
电 子 信 箱：zyl@pup.pku.edu.cn
电　　　话：邮购部 62752015　发行部 62750672　编辑部 62767346
　　　　　　出版部 62754962
印 　刷 　者：三河市北燕印装有限公司
经 　销 　者：新华书店
　　　　　　650 毫米×980 毫米　16 开本　16 印张　230 千字
　　　　　　2011 年 1 月第 1 版　2011 年 1 月第 1 次印刷
定　　　价：32.00 元

未经许可，不得以任何方式复制或抄袭本书之部分或全部内容。
版权所有，侵权必究
举报电话：(010)62752024　电子信箱：fd@pup.pku.edu.cn

目 录

序言 …………………………………………………………… (1)

1 莎士比亚：属于所有世纪的爱情心理学大师 ……………… (1)
 第一幕 幸福的童年 …………………………………… (3)
 第二幕 青少年风暴 …………………………………… (5)
 第三幕 爱情与婚姻 …………………………………… (6)
 第四幕 莎翁经典作品 ………………………………… (8)
 第五幕 当"莎翁"真正成为莎翁 …………………… (16)
 尾声：心理学大师弗洛伊德眼中的文学巨匠 ………… (17)

2 奥斯汀：爱情点亮文字 …………………………………… (19)
 家庭：知识与欢乐的海洋 ……………………………… (21)
 姐妹情深 ………………………………………………… (22)
 爱情点亮文字 …………………………………………… (23)
 作品中的"举世真理" ………………………………… (24)
 永远的流行，永恒的经典 ……………………………… (28)

3 拜伦：恋爱中的诗人 ……………………………………… (29)
 父母与他 ………………………………………………… (31)
 童年：压伤的芦苇 ……………………………………… (32)
 千疮百孔的初恋 ………………………………………… (34)
 水与火的交融 …………………………………………… (35)
 跨越友谊和爱情 ………………………………………… (37)
 "堕落天使"的困惑 …………………………………… (39)
 爱情无价 ………………………………………………… (41)

4 巴尔扎克：理想在现实中绽放出真挚的爱 ……………… (43)
 缺乏爱的悲惨童年 ……………………………………… (45)
 一生无悔的爱 …………………………………………… (46)

昙花一现的爱 …………………………………… (48)
　　无结果的示爱 …………………………………… (48)
　　一个陌生女人的来信 …………………………… (50)
　　坦荡的爱 ………………………………………… (51)
　　与德·韩斯迦夫人步入婚姻 …………………… (53)
　　理想的婚姻 ……………………………………… (54)
　　巴尔扎克的爱情心理学及其启示 ……………… (56)

5　雨果：与浪漫同行 ………………………………… (61)
　　希望中的完美 …………………………………… (63)
　　爱不知足 ………………………………………… (64)
　　爱的"症状" ……………………………………… (67)
　　心灵阳光 ………………………………………… (69)

6　乔治·桑：我爱，故我在 ………………………… (71)
　　乔治·桑的一生 ………………………………… (73)
　　爱情心理学思想 ………………………………… (76)
　　"爱，被爱，就是幸福" …………………………… (80)

7　福楼拜："在泥泞里弄熄了我灵魂的圣火！" …… (81)
　　都是童年惹的祸 ………………………………… (83)
　　初恋：与母亲有关吗？ ………………………… (84)
　　友谊还是同性恋？ ……………………………… (85)
　　科莱女士：可能的妻子？ ……………………… (86)
　　乔治·桑：到底有多远？ ……………………… (87)
　　《包法利夫人》：爱情背后的秘密 ……………… (88)
　　爱情的传说：尽头居然是死亡 ………………… (93)
　　爱情，究竟是向往还是回忆 …………………… (94)

8　小仲马：沉郁一生的爱情卫道士 ……………… (97)
　　成年之前父亲对小仲马的影响 ………………… (99)
　　卫道者的爱情之路 ……………………………… (101)
　　理想与现实的冲撞 ……………………………… (105)
　　人格——爱情的风向标 ………………………… (106)

9　杜拉斯：屈从于欲望的俘虏 …………………… (109)
　　缺乏爱的童年，促使她对爱俘虏性的渴求 …… (111)
　　来自"中国北方的情人" ………………………… (112)

忧郁的王子如何搭配开朗的公主？……………………（113）
绵长而深厚的兄弟情谊 ………………………………（114）
身体魅力相互吸引,抑或征服带来的快感？…………（116）
充满谎言和背叛的守护 ………………………………（117）
欣赏与体谅并重的老少恋 ……………………………（118）
《情人》之爱 ……………………………………………（118）
冒险与征服带来的强烈快感 …………………………（120）

10 昆德拉：爱情,发自偶然,终于必然 ………………（121）
隐藏在作品背后的文学家 ……………………………（123）
爱情是什么？ …………………………………………（124）
爱情中的"灵与肉" ……………………………………（126）
关于爱情的体验 ………………………………………（128）
轻与重的反复 …………………………………………（131）

11 歌德：繁花盛放成就的美丽 ………………………（133）
第一步：那美丽的玫瑰,却刺人 ……………………（135）
转角,芬芳的薰衣草,守候 …………………………（137）
碧波,亭亭的莲,远观而不可亵玩 …………………（138）
精致花瓶中,纯白的百合,欣喜 ……………………（140）
内院,迷人郁金香,如此高贵 ………………………（141）
篮子中,绿叶衬着小巧的茉莉,清香怡人 …………（142）
最后一个路口,活泼的矢车菊,耀眼 ………………（143）
繁花成就的美丽 ………………………………………（144）

12 席勒：生命中永不撕裂的纽带 ……………………（145）
夭折的玫瑰 ……………………………………………（147）
1+2的爱情 ……………………………………………（148）
爱的真谛 ………………………………………………（153）

13 海涅：情场中的"模"术师 …………………………（155）
缘起：汉堡的初恋 ……………………………………（157）
漂泊：圣保利的流莺 …………………………………（159）
港湾：香榭丽舍大道的灰衫女 ………………………（161）
回光：床墓前的苍蝇 …………………………………（162）
结语 ……………………………………………………（164）

14 里尔克：相爱一生，却只能相忘于江湖 ……………… (165)
 "假女孩"母爱缺失的童年 …………………………… (167)
 邂逅母性情怀的爱人 ……………………………… (169)
 挥别难以厮守的情人，闪电结婚 …………………… (172)
 告别妻子，开始浪迹一生 …………………………… (173)
 诗人的爱情心理学观 ………………………………… (174)

15 茨威格：游走在时代边缘的爱 ……………………… (177)
 解读人生 ……………………………………………… (179)
 解读女人 ……………………………………………… (181)
 解读爱情 ……………………………………………… (184)

16 德莱塞："爱情是欲望与环境的棋子" ……………… (187)
 操纵爱情的一只大手——欲望 ……………………… (189)
 操纵爱情的另一只大手——环境 …………………… (194)
 爱情，在操纵中更显伟大 …………………………… (197)

17 马尔克斯：永生永世的爱情 ………………………… (199)
 从"马孔多"男婴到文学泰斗的完美转身 …………… (201)
 "爱是我们逐渐学会的" ……………………………… (204)
 "纯粹的爱情"并不等于无性的爱情 ………………… (205)
 灵与肉的挣扎 ………………………………………… (206)

18 屠格涅夫：追求纯真的爱 …………………………… (209)
 美丽却又残忍的《初恋》 …………………………… (211)
 游戏般的"精神恋爱" ………………………………… (213)
 情系四十年 …………………………………………… (214)
 爱之路：感激不是爱情 ……………………………… (216)

19 麦卡洛：寻找爱情的"荆棘鸟" ……………………… (217)
 可遇而不可得的文学之路 …………………………… (219)
 父母不幸婚姻的阴影 ………………………………… (220)
 爱情悲歌——《荆棘鸟》 …………………………… (221)
 邂逅爱情 ……………………………………………… (222)
 世间寻找爱情的"荆棘鸟" …………………………… (223)

跋：性、爱情与婚姻的功能独立性——关于爱情的模块理论 ……… (225)

参考文献 ……………………………………………………… (238)

序 言

文学,作为人类最典型的艺术形式之一,或如纳博科夫所言,作为"人类思想所能提供的最珍奇、最成熟的艺术之果"。关于它的性质、功能和意义,特别是关于它的由来或源起,人们可以做出各种各样的解释。但无论做出何种解释,有一点是千古不变的,那就是——没有爱情,就没有文学。

呈现给读者的这本《经典背后的浪漫曲——西方文学大师的爱情与爱情心理学》,就是从心理学的角度,探讨爱情与文学经典之间的内在联系的一部开创之作。本书的核心主题是,通过追溯和刻画文学大师本人的人格特点,特别是他们的爱情生活经历和爱情心理体验,揭示其经典作品中所阐发的爱情心理学思想。本书试图表达的一个中心观点是:文学大师是天生的爱情心理学家,他们为爱情心理学的知识宝库作出了不可磨灭的贡献。

斩不断的纽带:人格特质与爱情生活

我们遵循心理学家的思维方式,描述和解释一个人的所作所为,首先是要分析他的内在的"人格"特质,然后再看看他所处的外部"情境",最后弄清这二者之间如何相互作用。如此一来,一个人的"爱情",包括一见钟情、婚外恋等就可以得到合理的解释了。

人格中有先天的遗传特质或因素,而且这种"先天的"个体差异极大,若把文学家与普通人相比,这种个体差异就更大。弗洛伊德最先揭示了这一点。尽管他曾戏谑地说过,"在创造性作家的问题面前,精神分析只好缴械投降",但他对作家之创造性的原因,的确做出了精神分析式的解释。他说作家具有"先知的魔力",能"凭直觉把握真理"。这个真理就是:"爱情的必要条件"。作家能够或者总是在心理学家之前看到爱情的必要条件。他们"富有想象力",能提供"详尽的心理过程描写",他们"往往知道天地之间的一切东西"。

弗洛伊德进而分析了文学家创造性过程的心理机制。在《创造性作家与白日梦》一文中,他认为文学就像孩子的游戏,"是一种崇高的白日梦,一种温和的麻醉剂,一种让人从现实逃进虚境的幻想"。作家正是通过这种"迂回方式",靠"幻想"赢得了他们在现实中无法赢得的东西——"荣誉、权力和女人的爱情"。这里,弗洛伊德已向我们点题:作家创作的心理动机之一便是"女人的爱情"。

正是在这个意义上,弗洛伊德感到,普通的知识分子在性的方面要逊色于艺术家:

我认为,在艺术家与从事具体科学工作的人之间存在着一种普遍的敌意。我们知道,他们在其艺术中拥有一把万能钥匙,能轻而易举地开启所有女人的心扉;而我们却束手无策地站在设计古怪的铁锁面前,起初不得不绞尽脑汁想发现一把合适的开锁钥匙。

这段话非常有趣。这里的"钥匙"和"铁锁"具有象征意义,它们象征着男女的性器官。而弗洛伊德之所以要使用"钥匙"和"铁锁",是因为"钥匙"和"铁锁"的形象暗示着艺术家也像科学家那样,成了揭开自然之谜的"发现者"。艺术家是"在深渊中进行心理探索的人",他们可以不费吹灰之力,就从自己感情漩涡中拯救出最深处的"真理"——"爱情的必要条件"。对艺术的发现者来说,发现,就意味着"荣誉、权力和女人的爱情"。文学艺术家是天生的情种。他们不能不爱,不能不把这种爱见诸于艺术化的表达。进化心理学家美国作家亨利·米勒直白地坦言:"我对生活的全部要求不外乎几本书、几场梦和几个女人。"

在弗洛伊德之后,对文学艺术家的"多样化性伴侣"倾向做出最新解释的,是进化心理学。米勒提出了他所谓的"炫耀假设"。这一假设断言,艺术是一种自然发生的现象,"它起源于采取不同择偶策略的个体在繁殖活动中的竞争行为"。由于女性在择偶时特别挑剔,这就加剧了男性之间的竞争。为了有效地打败同性竞争者,不少男性就喜欢创造和演示艺术、文学和音乐,以此向大量的女人传达他们的求爱信号。米勒以摇滚歌手吉米·亨德里克斯作为例证。亨德里克斯去世时年仅27岁,死因是吸入了过量的毒品。但是,在他辉煌而又短暂的一生中,他与数百个女性歌迷发生过性关系,并在4个不同的国家拥有后代。米勒还提到,像毕加索、卓别林和巴尔扎克这样的艺术家,都曾有过大量的性伴侣。所以,米勒得出结论说,"有一件事青少年都很明白,但是大多数心理学家却把它忘得一干二净。这就是:男性可以通过文化夸耀行为来增加他们获得性接触的机会"。应该说,这个假设很大胆。它几乎要说,男人的一切艺术行为——乃至一切创造性——都是为了女人,准确地说,是为了得到更多的女人。

我们相信,由童年的早期经历——乃至某些"创伤性经验"——所建构的人格特质,决定了文学家爱情生活的特征与风格。在这方面,我们除了采纳弗洛伊德理论和进化心理学炫耀假设之外,还有意识地运用了约翰·鲍尔比的"依恋理论"。这一理论的要义在于,人的依恋关系驱动着人格的发展。依恋是人的一种基本需要,它最初具体地表现为儿童寻求与母亲(或照看者)的亲近和身体接触。后来,儿童由于自己拥有可变动的"亲密关系提醒物",而能够相对地忍受"分离"。因而,"安全依恋"实际上促进了儿童的探索行为和独立,促进了自主的自我及新关系的形成。

"依恋理论"有助于解释文学家爱情生活的形成与发展。以里尔克为例。在与母亲建立亲密关系的关键期,他却只感受到了父母的吵吵闹闹,目睹了家里的分分合合,造就了他童年生活的郁郁寡欢和根植于内心深处的孤独感。他太需要一位像母亲那样的懂他、爱他、给他温暖关怀的女性了!面对这样一颗需要呵护和关爱的心,一种慈母般缠绵的爱意悄然在莎乐美心底弥漫开来。她带着里尔克漫游欧洲、讨论哲学、写诗、唱歌、会友、闲聊、野餐、打猎……他们在月光下漫游,在花丛中拥吻,让里尔克全然沉醉在了情人又像是母亲的怀抱里。特别在里尔克内心孤独惶惑的时候,莎乐美总是陪伴在他身边,以她独有的智慧、大度、理解力和包容性给他情感上的慰藉和精神上的鼓励,让那颗干涸的心灵如同沐浴在和煦的阳光之下,从此不再漂泊流浪。弗洛伊德在1937年悼念莎乐美的文中就曾这样写道:"在他(指里尔克)无助的时候,困惑的时候,她变成了他体贴的知己、和蔼的母亲。"

而杜拉斯童年爱的匮乏让她一刻不停地希望得到别人的爱,希望得到异性之爱。她对爱的渴望从她的作品《厚颜无耻的人》中清晰可见:

男人可能从四面八方过来,从地平线的各点冒出来,从沉没在黑夜中的各条小路上过来,她不知道她应该在哪一条路上等待。这是一种怎样的折磨啊,这种多重可能的接近,她仿佛被置身于一个越来越窄、越来越危险的圆圈的中心。

杜拉斯对于爱的渴求甚至到了绝对占有的程度。她善于嫉妒,她希望自己的男人能够寸步不离地围着她转,称赞她、欣赏她的一切。然而,如此令人窒息的爱却并非如她本人那样活泼可爱易于接纳。于是男人们总是通过各种借口和骗局暂时逃走,或是干脆投入到其他女人怀中。于是聪慧可人的杜拉斯变成了口齿恶毒的泼妇。她用各种尖刻的语言讽刺和抨击,不愿接受任何形式的背叛。单纯如她,深受情场浪子伤害,却永远无法屈从抑或是妥协于不再专一的爱情。

内在的关联:爱情生活与爱情文学

如果说,人生就意味着爱情,至少人生的第一要素是爱情,那么,文学正是爱情这一生活中最美好东西的直接再现和自发表达。任何体验过那或哀怨悲怆、或痴迷颠狂的爱情的人们,都情不自禁地要把这一段段的爱情诉诸文字。正如情圣文豪歌德在《诗与真》中所言:

一个方针就这样形成了,在此后一生中我再未偏离:让我的快乐和痛苦变成一场戏、一首诗,借此来总结自己,校正对外部世界的理解,并让自己的内心得到慰藉。

杜拉斯声称写作就是把生活艺术化;生活就是写作,写作就是生活。她坦言,"我从未在艳遇面前后退……我喜欢爱情,我喜欢爱。有了那些书,我就得救了。"但爱情与"书",并不是线性的映射关系。于是,她在《情人》中才说,"我的生命的历史并不存在。那是不存在的,没有的,并没有什么中心,也没有什么道路,线索。只有某些广阔的场地、处所,人们总是要你相信在那些地方曾经有过怎样一个人,不,不是那样,什么人也没有。我青年时代的某一小段历史,我过去在书中或多或少曾经写到过,总之,我是想说,从那段历史我也隐约看到了这件事,在这里,我要讲的正是这样一段往事,就是关于渡河的那段故事。"

杜拉斯的这段话颇有哲学味道。它道出了文学创作特别是爱情小说的一个真谛:爱情小说不过是对作家本人的爱情经历的持续不断的重构;这种重构原则上说永远没有完结。在这个意义上,可以说,"我的生命的历史"(实即爱情的历史)"并不存在"。除了"某些广阔的场地、处所"是存在着的以外,你实在不好说"曾经有过怎样一个人"。因为"堤岸的那个情人"、"堤岸的中国人"、"堤岸的那个无名的男人","他已经消失于历史,就像水消失在沙中一样"。杜拉斯最后的结论是:

我自以为我在写作,但事实上我从来就不曾写过;我以为在爱,但我从来也不曾爱过,我什么也没有做,不过是站在那紧闭的门前等待罢了。

爱情既然是"站在那紧闭的门前等待",那么爱情小说就是这种"等待"的艺术化和理想化。于是,对于里尔克来说,那种对母爱极度的渴望在他多年之后的作品中还依旧清晰可辨,表达了一个幼童对母亲温暖怀抱的无限遐想。最有名的例子是《马尔特记事》,在这篇小说里,男孩追忆了他童年时代对母亲的那份原始的爱的渴求和冲动:

妈妈夜里从没来过,哦,不,来过一次。那晚我哭闹个不停,小姐赶来了,女管家茜弗森、车夫乔治也赶来了,可他们全都没辙。最后他们无可奈何,只好把童车推到我父母那里去。他俩正在参加一个盛大的舞会,大概是在王储那里吧……这时,隔壁房里传来了轻微的声响,接着妈妈进来了……我一反常态,又惊又喜地抚摸起她的头发,保养得很好的瘦脸,耳垂上冰凉的宝石和肩头上散逸着花香的丝带。我们母子俩就这么亲昵地流着眼泪,相互亲吻,一直到父亲进来,我俩才不得不分开。

众所周知,"乔治·桑"这个名字与她的一位情人于勒·桑多有关。于勒是一位法律专业的学生,那时才19岁,生得英俊潇洒又略显瘦弱苍白。奥罗尔(乔治·桑的原名)认识于勒后,很快陷入热恋中,并做出了惊世骇俗的举动,坚决和丈夫分居,离开了故乡诺昂来到巴黎和于勒开始新生活。他们共同创作了《玫瑰红与雪白》,此后奥罗尔又单独写就了《安蒂亚娜》,并首次以"乔治·桑"署名。可以说,乔治·桑这个伟大名字的诞生见证了奥罗尔和于勒的爱情。但是,最终两人还是因为种种矛盾而分手。

于是,在乔治·桑之后的小说《奥拉斯》中,男主人公奥拉斯就是一个自私虚荣、对爱情不负责任、不成熟的年轻人。他的身上无疑蕴含了于勒的许多特质。乔治·桑那一段段爱情故事,或者说,她对爱情的追求,说到底不过是对柏拉图式的"美的理念"("爱的理念")的追求——她的每一位情人身上都有其不同的美。于勒的俊美外形、缪塞的才华横溢、肖邦的忧郁高贵……这形形色色的美都曾让乔治·桑痴迷过。她毫不理会世人的闲言碎语,她向往的是与情人相处的快乐和美好。这个感情丰富的女人,在爱中倾尽全部激情,并享受着爱的过程,对她而言"结果"已不是最重要的了。正是在对爱的不断追寻过程中,生命的价值得到凸显,而她的小说则是对其生命价值的表达。

考琳·麦卡洛的《荆棘鸟》是悲剧爱情小说的范本,几乎看不到幸福的爱情。也许读者会问为什么麦卡洛的笔下尽是些不幸的爱情呢?这个问题也许还是要追溯到她儿时观察到的父母的婚姻生活。父母不幸的婚姻一直是麦卡洛心中的一根荆棘。从心理学的角度来看,麦卡洛的写作是一种存在于潜意识里的行为,儿时面对父母不幸的婚姻使得麦卡洛幼小的心灵受到了巨大的创伤,虽然长大后凭借自己的天赋和努力在很多领域取得了非凡的成就,使儿时的创伤在她心中都淡化了,甚至她自己也不能意识到。可是在她的小说中一旦触及婚姻和爱情,她便在不知不觉中根据她所观察到的和经历过的父母的爱情悲剧以及她对爱情的某种悲观认识来刻画《荆棘鸟》中的主人公。

殊途同归:文学大师爱情心理学的优势和特色

在《心理学大师的爱情与爱情心理学》中,我曾指出,"作为一门科学,爱情心理学也不同于文学家和哲学家对爱情的绝妙洞察,它重在揭示爱情发生的心理机制和心理状态上。爱情心理学之所以是科学,就在于它力图发现任何一种爱情心理现象的机制。"那么,文学大师的爱情心理学,较之心理学家的爱情心理学,有什么独到的优势和特色呢?

首先,文学家天赋的"常识心理学"比一般心理学家要更发达、更敏锐。所谓常识心理学,是指我们一生下来就具有的——只要大脑没受损害——天赋的心理知识。我们在谈论我们同伴的心理活动时,经常使用一些日常心理词汇,像"愿望"、"意图"、"信念"等。简而言之,常识心理学把人当做是有信念、愿望和意图的,并在此基础上推测和解释他人的行为。而今天心理学家的"科学心理学"也正是建立在常识心理学的基础之上,或者说,科学心理学总是离不开常识心理学。也就是说,心理学无论怎样"科学",它都离不开常识心理学的概念和说明方式。如果一个心理学家的常识心理学不发达,那么他的科学心理学也就不怎么样。按照这个逻辑进一步推论,如果一个心理学家本身爱的能力有限,或者说他一生根本就没有体验过爱情,那么要他建立一种爱情心理学理论,则完全是不可能的。

在一般意义上,可以把文学看做是人类常识心理学知识的直接而形象地表达。因为常识心理学的概念(或日常概念),如痴迷、颠狂、炽烈、陶醉、苦闷、焦灼、祈盼、迷幻、哀怨、孤独、悲恸、绝望、悲怆和沉思等,往往是"只可意会,不可言传"。说到底,它不是一个下定义的问题,而是一个用形象生动的言语(如比拟、象征、寓意、诙谐地模仿等)去描绘的问题;不是一个"科学"问题,而是一个"人文"问题;不是一个理性问题,而是一个非理性问题。而文学家,特别是文学大师,正是那些常识心理学特别发达的天才。他们那天赋的、洞察一切的心理知识,不仅与芸芸众生不同,而且与心理学家也有着惊人的差异。在这个意义上,弗洛伊德作为"心理学家",无论如何不会比作为"文学家"

的普鲁斯特高明——一部《追忆似水年华》,就堪称一部"心理学百科全书";几乎不可能在普鲁斯特那里找到一个他不曾涉足的所谓"弗洛伊德式主题"。

如果文学家比心理学家的常识心理学发达,如果文学家的爱情经历和体验总是要比心理学家丰富,那么文学家拥有独特的爱情心理学,就是顺理成章的了。

爱情心理学的核心主题,我倾向于把它归结为所谓"柏拉图式的爱情"所包含的意义或要旨。在《柏拉图的〈会饮〉与"柏拉图式的爱情"》一文中,我曾将"柏拉图式的爱情"的要旨概括为以下四个方面:

1. 柏拉图式的爱情,不是所谓纯粹的精神恋爱——没有任何肉体接触的纯浪漫情怀,而是指"身体爱欲与灵魂爱欲"的统一,或"身心合一者"。

2. 柏拉图式的爱情也强调爱情高于性("爱欲"高于"快感")。

3. 柏拉图式的爱情也暗示着性与爱情、爱情与婚姻、性与婚姻的可分离性(或功能独立性)。

4. 柏拉图式的爱情,只不过是通过爱慕一个又一个美的身体而追求"美本身"("美的理念")的一种永无止境的"理想"。换句强势的语气(口吻)说,柏拉图式的爱情是指,爱情说到底是属于理想世界("理念世界")的东西,在现实(世俗)世界中实际上是不可能的。(此要旨可视为柏拉图式的爱情之精髓或实质。)

这四个要旨在文学大师那里都有精到的描写和阐述。要旨一强调"灵与肉"的一体化,对于一次真正的爱情来说,没有脱离"灵"的肉,也没有脱离"肉"的灵。不用说,西方经典的爱情小说家都深谙这一要旨。

要旨二强调爱情高于性,或用柏拉图的话来说,"爱欲"高于"快感"(性欲)。在爱情与性欲焦灼的对峙中,凸显爱情对于性欲的调控和驾驭功能。这方面的代表作有:奥斯汀的《傲慢与偏见》、夏洛蒂·勃朗特的《简·爱》、艾米莉·勃朗特的《呼啸山庄》、普鲁斯特的《追忆似水年华》等。而歌德的那句"我爱你,所以我希望我不成为你的负累;我爱你,所以希望你能拥有更多的幸福;我爱你,所以与你无关。"很好地诠释了茨威格《一个陌生女人的来信》中女人的心境。

要旨三所表达的是性、爱情与婚姻这三者的功能独立性或分离性。这是爱情心理学中最难的主题。只有大师级文学家方能驾驭它。在这方面,福楼拜、托尔斯泰、昆德拉、耶利内克、杜拉斯等,最擅长此道。在昆德拉的《不能承受的生命之轻》中,主人公托马斯就是一个灵肉分离的人,他一方面深爱着特蕾莎,想要每天与她执手共寝,另一方面却无法割舍他的"性友谊"。促使托马斯去追女性的不是感官享乐,而是征服世界这一欲念。他的一生都在寻找和发现女人身上那隐秘的百万分之一的不同,而只有在性上,那百万分之一的不同才显得珍贵,所以他更要去征服。"征服女人在他眼中仿佛是又征服了世界的一角,仿佛用想象的解剖刀,从宇宙无尽的天幕上切下细薄的一条"。而深爱着特蕾莎又是他不断思考后的答案,他曾经否定过,也曾经对这种"否定"否定过。两者之于他来说都是那么的重要。

要旨四之所以是柏拉图式的爱情之精髓或实质,是因为它表达的是,爱情,无论是之于个体,还是之于人类,永远都是可趋于无限接近的一种理想或目标。但这种理想的实现——在"过程"(一段段的爱情)中实现,又不可避免地使爱情陷入一个悖论:爱的忠贞和背叛都既可能又合理。一方面,只与一个伴侣长相厮守、白头偕老也有某些美妙和值得赞赏之处;另一方面,人的一生中总是会被许多美的身体所吸引和诱惑,从而导致背叛。

福楼拜是对要旨四进行完美阐释的顶级大师。无论是福楼拜本人的爱情生活,还是《包法利夫人》所表达的主题,都体现了福楼拜的这样一种爱情观:在现实的世界中,爱情实际上是不可能的。换言之,爱之"不能",或情路"难",始终都支配着福楼拜本人和他的女主人公爱玛的一生。对于爱玛来说,"天国的情人和永恒的婚姻"是永远无法合拢的两极——"情人"只能是属于"天国"中的东西;而只有婚姻才是"永恒"的。对于福楼拜来说,"爱玛之死"更是具有象征意义:作者传达的不仅是爱玛的身体死了,而且爱玛的婚外恋——作为爱情的一种形式——也是不可能的,甚至是没有意义的。

对福楼拜来说,爱玛的情形表明,对爱情的幻想、期待和渴望越多,那么从恋爱过程中所得到的实际幸福就越少!这正好应验了柏拉图式的爱情之精髓:"爱情"只是"理念世界"中的东西。作为"理念"的爱情,它是真实的、永恒的、纯粹的、不变的;而作为世俗现实中的爱情(诸如爱玛的爱情),是虚妄的、短暂的、有杂质的(物欲的)、可变的。人类的爱情永远只是一种"理想"! 对于人类来说,乃至对任何个人来说,一次次的恋爱,一次次的艳遇,一次次的婚外恋,都只是向理想的"理念之爱"无限的接近,永无止境的追求,但永远也不要指望会达到它!这也许是福楼拜在他的小说中所要表达的东西。

1 莎士比亚：属于所有世纪的爱情心理学大师

Sha Shi Bi Ya Shu Yu Suo You Shi Ji De Ai Qing Xin Li Xue Da Shi

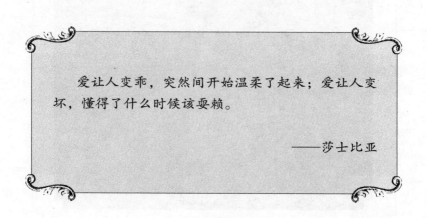

爱让人变乖，突然间开始温柔了起来；爱让人变坏，懂得了什么时候该耍赖。

——莎士比亚

威廉·莎士比亚（W. William Shakespeare，1564—1616）

1 莎士比亚：属于所有世纪的爱情心理学大师

威廉·莎士比亚是近现代世界范围内最有影响力的剧作家,也是英国人民引以为傲的诗人,他更是英国文艺复兴时期卓越的人文主义思想代表。他被马克思誉为"人类最伟大的戏剧天才"。关于莎士比亚的是是非非(他的作品、家庭、婚姻)几百年来不绝于耳。甚至有人怀疑莎士比亚真人是否存在?撇开这些纷繁的干扰,让我们涤荡心灵,徜徉在由莎士比亚构建的戏剧小镇中……

主要人物

威廉·莎士比亚　新生儿,后来的著名戏剧作家
约翰·莎士比亚　威廉·莎士比亚的父亲,曾经的佃农,后来做皮革生意,再后来的政府官员
玛丽·莎士比亚　威廉·莎士比亚的母亲,曾经的地主女儿
安妮·哈瑟维　威廉·莎士比亚的妻子
其他:接生婆、神父、人群、莎翁戏剧中的人物等

第一幕　幸福的童年

第一场　平凡的诞生

地点:艾汶河畔的斯特拉福
[接生婆和约翰·莎士比亚上]
(嗯啊……嗯啊…… 一阵阵婴儿的啼哭)
接生婆:生啦,生啦,老爷,太太生啦!
约翰·莎士比亚(下简称为约翰):(来回踱步,非常焦急)生了吗?是男是女?快抱过来给我看看!
接生婆:是个男娃!长得可像您呢!(说着把婴儿抱给约翰)
(约翰接过接生婆手上的婴儿,瞅了又瞅,满脸欣喜,亲了下婴儿的脸,随后跑到玛丽的床边,又亲了亲玛丽。)
约翰:多可爱的孩子啊!玛丽,你辛苦了,快躺着好好休息吧!
玛丽:约翰,你说我们给孩子取个什么名字呢?(玛丽顾不上生产后的虚弱,兴奋地问约翰)

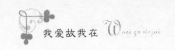

约翰：让我想想……嗯……就叫他威廉吧！怎么样？

玛丽：威廉，威廉，嗯！不错的名字！就叫他威廉！（玛丽赞同地点点头，就用"威廉"这个名字去逗儿子了。）

背景介绍：这是1564年4月23日，在美丽的亚登森林环抱下的斯特拉福镇，约翰和玛丽的第三个孩子降生。他们给他取名为威廉·莎士比亚。谁知道原本一个普普通通的名字，若干年后竟会成为全世界都知晓的几乎是"戏剧"的代名词呢！

第二场　背起书包上学堂

地点：威廉·莎士比亚的家　　时间：下午五点

［威廉和玛丽上］

威廉：妈妈，我回来啦！（语气轻快）

玛丽：哟！这么高兴，发生什么事啦？

威廉：今天老师表扬我了！我背课文是全班最好的！

玛丽：嗯！真了不起！要继续努力哦！（玛丽温和地摸了摸威廉的头，洋溢着赞许的笑容）

背景介绍：在威廉·莎士比亚七岁的时候，约翰任市财务官，家境比较富裕，就送莎士比亚去文法学校接受拉丁文、文学和修辞学的学习。虽然文法学校的教育非常严苛，但这为他奠定了扎实的文学基础。

第三场　与女王的第一次接触

地点：肯尼沃斯城堡

［约翰和儿子威廉上，大街上为迎接女王的到来而举行了隆重的欢迎仪式。］

威廉：爸爸爸爸，这是什么花啊，好奇特哦！爸爸爸爸，这些人打扮得怎么这么特别啊？爸爸爸爸，这里的烟花好漂亮啊！［对于每个新鲜事物，威廉总忍不住问这问那。］

约翰：尽情欣赏吧，威尔（威廉的昵称），这一切都是为了迎接我们至高无上的女王的到来啊！瞧！女王来了！

［随着约翰的话音刚落，人群发生了一阵骚动，大家都为了一睹女王的真人风采而争先恐后。］

背景介绍：1575年，在威廉11岁时，伊丽莎白一世女王驾临斯特拉福，而在斯特拉福邻近的肯尼沃斯城堡为女王陛下的到来举办了盛大的招待会。这热闹的场面,不仅使得莎士比亚感受到了女王的权力与人们对她的爱戴,更使得莎士比亚因为参加了女王的庆典而与戏剧有了较深刻的亲密接触。

第二幕　青少年风暴

地点:莎士比亚的家　　时间:晚饭时分

[莎士比亚一家上]

[三个人默默地吃着晚饭,很安静,约翰时不时地叹口气。]

约翰:明天把女佣辞了吧!

玛丽:嗯……也只能这样了。威廉,你明天开始就不要去学校了,妈妈帮你找了工作,你明天就去做吧!

威廉:可是……哦……知道了妈妈。(极不情愿地点了点头。)

背景介绍:1579 年约翰·莎士比亚由于忙于政务疏忽了生意而导致他经营的谷物、羊毛等货品亏了本,被逼得只能抵押玛丽的陪嫁房产。1580 年,约翰又由于没有出席威斯敏斯特英国高等法院的传唤,而被罚了 20 英镑,同时,还因为他曾担保的另一个人也犯了和他类似的错误,所以他还必须为他担保的人赔款 20 英镑,共计 40 英镑。凡此种种一连串的打击几乎在同一时间到来,使得莎士比亚一家没有了往昔的笑声。这时,"生理需要"占了家庭的主导地位,使得莎士比亚不得不暂时放下对于戏剧的热爱,为生计而努力赚钱。

让我们暂时撇开戏剧场景,回到现实中来。幸福的童年让莎士比亚过着无忧无虑的生活,他可以接受良好的教育,可以接触到上流社会的人和事。而青少年时期的变故又让他过早地担负起了家庭的重任。弗洛伊德关于任何心理方面的障碍都可以归结到童年时期的经历这一经典观点,表明一个人的童年对于他整个一生的心理健康的作用之大。童年时期的幸福与青少年时期的艰辛所形成的巨大反差,是否会对莎士比亚青年期的恋爱、择偶、事业等产生影响呢?那就请继续看第三幕。

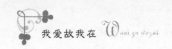

第三幕　爱情与婚姻

地点：斯特拉福教堂
[神父、莎士比亚和安妮·哈瑟维上]
（奏响婚礼进行曲……）
神父：（对莎士比亚）威廉·莎士比亚，你愿意娶安妮·哈瑟维为妻，无论富有与贫穷，健康与疾病，你都会陪在她身边，不离不弃吗？
莎士比亚：是的，我愿意。
神父：（对安妮）安妮·哈瑟维，你愿意嫁给威廉·莎士比亚，无论富有与贫穷，健康与疾病，你都会陪在他身边，不离不弃吗？
安妮：是的，我愿意。
神父：我已见证你们互相发誓爱对方，我万分喜悦地向在座各位宣布你们为夫妇，现在新郎可以吻新娘了。（新婚夫妇亲吻……众人鼓掌，欢呼。）
背景介绍：由此，我们拉开了莎士比亚青年期的序幕，也拉开了莎士比亚的恋爱史。莎士比亚应该属于偷尝"早恋"禁果者。早在1582年，当时只有18岁的莎士比亚就与怀有其骨肉的26岁的安妮·哈瑟维喜结连理。莎士比亚急于要举办这场婚礼，但究竟是出于爱安妮还是出于"奉子成婚"，也即"爱之切还是爱之怯"的问题，在学界曾经有不少争论。但是暂不论莎士比亚的早婚行为对其此后婚姻生活的影响，就新郎新娘的年龄差距的悬殊这一点而言，使得我们不得不审视一下莎士比亚当时的心理。18岁的男孩正是情窦初开的时期，根据埃里克森的心理社会发展理论，建立亲密关系是这一时期的主题，所以很自然这时的莎士比亚也在寻觅着自己的亲密爱人。安妮·哈瑟维的出现满足了莎士比亚释放自身情感的需求。为何莎士比亚喜欢比他年长不少的安妮，是因为她主动投怀送抱于莎士比亚？还是她的容貌、身材、性格吸引着当时渴望爱情的威廉？抑或其他什么原因，现都已无法考证。但从进化心理学的角度来看，小男生喜欢年纪稍长的女性是有其依据的。巴斯在其《进化心理学》中提到，"虽然从全世界不同文化来看，婚姻中普遍存在着男性的年纪要较女性稍长，但从本质上来说，男性所要求的并不是女性的年轻这一品质本身，而是与此相关的繁殖价值或生育力。从这个角度来看,可以得出青春期的男性的年龄偏好与直觉相违背的预测,即青春期的男性应该偏好比自己稍微年长的女性,因为稍微年长的女性比青少年同龄人有更高的生育能力。"当然,莎士比亚本身未必会意识到这一点,因为这种心理类似于荣格所说的"集体无意识",是长久以来就存在于我们内心深处,我们虽无法意识到却会影响到我们行为的心理根源。然而,青少年时期的想法往往不够成熟,过于仓促地确定婚姻关系难免会导致今后一系列问题的产生,莎士比亚也用他的亲身经历证实了这一点。

莎士比亚婚后一两年就由于某些原因前往伦敦,并且多数时间都居住在那儿,而他的妻子则带着孩子仍旧待在斯特拉福镇。试想一下这对新婚夫妇结婚没多久就分居两地,即使原本感情很好也会由于地理距离的疏远而阻隔彼此表达爱意的机会。而其实,有一个非常可能导致莎士比亚在婚后那么快离开自己家乡的原因,就是他想脱离这个家庭,更确切地说是想脱离哈瑟维。因为有传记学家曾提到哈瑟维是一个唠叨之人,致使莎士比亚无法忍受而离家出走。笔者认为他们的这次婚姻显得欠成熟。他们两人由于欲望或由于欲望的结果而在一起,但仅靠热恋期的激情是无法维系婚姻一生的承诺的。更何况年轻的莎士比亚也许根本没有做好从恋爱时的激动到婚后承担柴米油盐等现实的家庭问题的心理准备,所以他的急于离开也显得情有可原。

来到伦敦,莎士比亚开了眼界,几部经典著作均完成于这一时期,达到了他事业的巅峰。

成为名人的莎士比亚不乏追求者,也常追求别人,所以莎士比亚也挡不住婚外的诱惑,坠入了情网。根据传记作家的描述,莎士比亚所作的154首十四行诗中,有129首很有可能都是写给一位叫南安普顿的伯爵。其初衷本是向他阐述自恋之弊,并且劝说他早日步入婚姻殿堂。但是,有违初衷的是,莎士比亚反而在诗中告诉那年轻人,他的自恋还不够深。并且在一些诗中,作者描绘的这位青年有着一头浅色的头发和一副犹如美女的面容,这不由得使人猜想莎士比亚对这位年轻的伯爵的暧昧感情,是纯粹的友谊,还是另有隐情?历史上有不少传记作家分析了莎士比亚的性取向,发现他很可能是个同性恋者。而南安普顿伯爵对正常婚姻的拒绝也可能说明他在某种意义上也是一位同性恋者。但是,对于这一说法的可靠资料仍然有限。有人提出反对意见,认为这只代表了莎士比亚的诗中大多表达友谊而非爱情,可见莎士比亚更多地重视友谊。

另一个莎士比亚的情人是一位神秘的"黑肤女郎",据说十四行诗的其余25首都是与这位女郎有关,且诗中表意暧昧。其实,说莎士比亚同性恋也好,说他重视友谊也好,说他与黑肤女有染也罢,归根到底还是因为他对于自身婚姻的不满意,所以会导致一些婚外情的产生。当时,约在1585—1587年,孤身一人来到伦敦的莎士比亚年少气盛,血气方刚,夫妻分居两地使得莎士比亚的欲望没法满足,便以诗歌的形式来排解心中炙热的情感。这在某种程度上是一种良好的自我防御机制:升华。因为根据精神分析理论,人的心理能量,也就是"力比多"(Libido),①总会以某种方式向外界发泄,有时表现为生本能,如繁殖、生存;有时表现为死本能,如攻击等。如果"力比多"的能量借助一些有益于社会的活动如文艺创作以及其他创造性活动得以宣泄,这样就可以避免一些的心理问题的产生。所以,笔者认为,仅凭莎士比亚的爱情诗或友谊诗中描写的内容来推断他的个人情感经历未免有失偏颇。

纵观莎士比亚的婚姻生活,就像前面提到的许多史学家都发现他们夫妻之间的婚后关系并不和谐,以至于莎士比亚在许多作品中都透露出希望年轻人不要过早的在婚前发生性关系,尽量选择比自己小的女生结合;以至于他描写的求爱场景很多,美好的婚后生活却很少;以至于他在身后的遗嘱中只留给妻子一张二等床及床上用品……再看一下莎士比亚的个人感情经历,虽然上述已提到一些可能的情郎、情妇,以及另外一些这里未曾提到的情人,可他真正的感情世界仍旧扑朔迷离,没有公开的情书表明心迹,只有无穷无尽的诗作让后人猜测推断。而这些臆断的真实性仍然引来争论不休。这就是莎士比亚,他的一切都会成为后人的谈资。但是,即便如此,莎士比亚对于爱情的观点还是在他的那些伟大的作品中多少有所透露。

第四幕　莎翁经典作品

第一场　爱情经典之作《罗密欧与朱丽叶》

地点:凯普莱特家花园

---

① 首先由弗洛伊德提出。精神分析学认为,力比多是一种本能,是一种力量,是人的心理现象发生的驱动力。

1 莎士比亚:属于所有世纪的爱情心理学大师

[罗密欧和朱丽叶上]

朱丽叶:啊!换一个姓名吧!姓名本来是没有意义的;我们叫玫瑰的这一种花,要是换个名字,它的香味还是同样的芬芳;罗密欧要是换了别的名字,他的可爱的完美也绝不会有丝毫改变。罗密欧,抛弃你的名字吧;我愿意把我整个的心魂,赔偿你这一个身外的空名。

罗密欧:那么我就听你的话,你只要把我叫做爱,我就有了一个新的名字;从今以后,永远不再叫罗密欧了。

背景介绍:作为莎剧经典代表作之一的《罗密欧与朱丽叶》,其主人公似乎已经成了爱情的代名词。有着世仇的两户人家的子女因为爱而不顾家庭之间的仇恨由相恋走向婚姻,但最终逃不过噩运,又由婚姻走向死亡,所有的这一切只发生在短短的四五天内。这四五天内情节的急转直下,让人不得不赞叹戏剧大师莎士比亚对于观众心理的把握,让观众揪着心看到了他们不想看到却又十分合情合理的结局。许多人会认为罗密欧与朱丽叶的故事从开始便注定了他们悲惨的命运。因为中国传统观念认为,他们相遇、相爱的时间过早(罗密欧约16岁,朱丽叶14岁)。早恋在中国往往是不被看好的。但是,其实这正是为何称莎士比亚为爱情心理大师的一个关键之处。大家都知道14岁、16岁正是青少年情窦初开之时,莎士比亚不选其他年纪偏偏选择这一花季年龄让两位主人公邂逅,纯粹而又炙热的欲火冲破内心束缚燃烧起来,点亮了后来一系列让人难忘的爱情场景。另外也有人认为他们相恋后直接跳过了许多现实方面的实际问题,很快进入最后的谈婚论嫁的阶段,没有任何的物质基础支撑,虽然看似浪漫美丽,但其结果已被许多人证明未必圆满。更有甚者认为罗密欧与朱丽叶相遇时的一见钟情本身就使得爱情显得不那么牢固。可是,殊不知,纵观莎士比亚戏剧中的爱情场景,有很多男女主人公一见钟情,这几乎成了莎翁对于爱情开始之初描摹的一个特点。这瞬间产生的男女之爱——源于脑中的"爱情物质",像多巴胺、内啡肽等的分泌——其实也就是我们俗话所说的有"眼缘"。这是许多爱情产生的根源,也是"首因效应"——当人们第一次与某物或某人相接触时留下的深刻印象——在男女心中播下了爱的种子。对于"一见钟情"的产生是有心理学依据的。根据进化心理学的观点,男女双方都对外貌有着一定的要求和偏好。如男性喜欢年轻、漂亮的女性。她们光洁的皮肤、红润的脸颊、亮泽的头发、适当的腰臀比例等都会吸引男性的注意力。因为这些其实都是具有繁殖价值的表现。女性虽然对于外貌的偏好不如男性,她们更关注的是这个男性所能提供的资源,包括经济资源、社会地位等。但是,在潜意识中,女性认为拥有较好容貌的男性往往更容易获得较多的繁殖资源。同时,从孕育下一代的角度出发,双方也都更倾向于选择面容较好的另一半。这种对于外貌的偏好产生在人身上,就会引发人类所特有的高级情感——爱情,产生在动物身上则反应了动物的繁殖本能,但两者的最终目的都是为了将自己的基因延续。

再回过头来看罗密欧与朱丽叶的爱情。虽然许多文学评论家认为,一开始莎翁就已借由朱丽叶之父凯普莱特之口说过"早结果的树木一定早凋"来暗示他们爱情的未来结局不容乐观,但是这句话的针对性还是有待考证的。前面笔者提到过,莎士比亚本人的婚姻也是一棵"早结果的树",他在评论男女情爱的词句中,曾说过"恋爱是个偶然的机遇,有的人是被爱神的箭射中的,有的人是自己跌进爱神所设的罗网中的。"从他的婚姻中可以看出他属于后者。他那棵"早结果的树"也时刻面临着"早凋的危险",所以我们有理由相信,他在作品中无意流露的这句话,很有可能是在映射自己对于爱情婚姻的态度。

其实,细心的读者会发现,莎士比亚在这部剧中还是处处暗示这场爱情的悲惨结局。当罗密欧得知朱丽叶是凯普莱特家的人时,他就一声感叹"哎哟!我的生死现在操在我的仇人手里了"。当朱丽叶也得知了罗密欧的身世时,同样悲哀地感叹:"昨天的仇恨,今日的情人;这场恋爱怕要种下祸根。"另外,当罗密欧从朱丽叶的房间爬下,两人经历分离的痛苦时,朱丽叶产生了一种不祥的感觉:"你现在站在下面,我仿佛望见你像一具坟墓底下的尸骸。"其实,这次见面是他们在有生之年的最后一次相会。也许,莎士比亚一开始把他们之间的爱情描写得那么美好,那么纯真,那么富有激情,就是为了与最后有情人不能终成眷属形成对比,让人感到很大程度的心理落差,使得悲剧效果更突出。然而,此时就产生了一个疑问,为什么要设置这样一个悲剧?美好的爱情为何不能像童话故事里那样王子和公主经历了种种磨难,最后"幸福地生活在一起"?

这里就涉及爱情和婚姻的关系问题。人们历来很自然的想法便是爱情的最终结果就是婚姻,认为婚姻能够给予爱情以保障,而这种保障对于女性尤为重要,因为男性天生有着想要让自己的基因尽可能多地传递下去的内部倾向,所以期望着尽可能多的性伴侣。婚姻的约束力使得现代社会以一夫一妻制来保证男女双方对于爱情的忠贞。可是,心理学家们已经发现爱情和婚姻的心理机制其实是不同的。爱情的产生是情感系统起作用的结果,凭借"知觉"。准确地说,爱情产

1 莎士比亚：属于所有世纪的爱情心理学大师

生的心理机制是知觉。而知觉本身带有主观色彩，具有选择性。同一事物，在不同的人眼中会有不同的效果。莎翁经常将爱情的萌芽比作"闪电"，比作"火花"，这一方面体现爱情的产生是突然而又强烈的，另一方面也包含着仓促、鲁莽的意味。这些都是大脑的情感系统——"深层边缘系统"和"前额叶皮质"——被激活的标志。而婚姻是人类社会发展到一定社会阶段的产物，是社会为了约束男女双方承担生育责任和照顾家人责任的一种契约。如果说爱情的功能是"为幸福而幸福"，那么婚姻的功能则是"为繁衍而繁衍"。两者功能的不同其实就说明两者是完全不同的实体。另外，恋爱是自由的，婚姻则是约束了人们再一次恋爱的自由性，所以本质上两者也是不同的。作为一位爱情心理大师，莎士比亚也许早已明了两者的关系，故而在作品中隐晦地向世人揭示爱情未必导致婚姻，婚姻也未必能保障爱情。这一暗示是否也为他的婚外情做了很好的辩解呢？

导致罗密欧与朱丽叶最后双双殉情的幕后推手是他们两家的世仇。起初，劳伦斯神父在犹豫着是否要为这两个年轻人证婚时，也因为考虑到也许两家的联姻可以化解彼此多年的矛盾而欣然答应，并进行了随后的一系列策划，其初衷是好的，却没有想到好心办坏事。正当两个年轻人突破重围，经历了"神圣的仪式"可以名正言顺地在一起时，事情又节外生枝。罗密欧因杀死朱丽叶的哥哥而被迫放逐，这便开始了悲剧的苗头。想要逃脱家庭包办婚姻的朱丽叶服下了劳伦斯神父给她的"假死药"，却不想罗密欧不明真相以为朱丽叶真的已逝，便不顾一切地追随她而去。当朱丽叶醒来，却只发现了罗密欧的尸体时，伤心欲绝的她也自刎而死。虽然最后两家终于和好，但是为时已晚，已无法挽回他们子女的性命。莎翁在此可能想再一次重申，爱情应该是自由的，婚姻无法为爱情建造坚实的壁垒城墙。

心理学家斯腾伯格认为所有的爱情都由三个要素构成，即亲密、激情和承诺。完美的爱情这三者缺一不可。让我们回过头来看罗密欧与朱丽叶的爱情故事，他们之间激情占了很大成分，这也是当下许多青年男女都追求的"浪漫之爱"。这种爱产生和消失得都很快，爱的对象都被暂时地理想化了。用"流星"或"闪电"来形容这样的爱颇为恰当，美丽动人却又稍纵即逝。不过，罗密欧与朱丽叶的爱情也未必不能长远，只是一切停止得太快而来不及预见未来。

的确，爱情中存在一种逆反心理，即当外界给予当事人的主观愿望相反的意见、想法或感觉时，当事人会更坚持自己原有的想法或做法的一种心理。这也就是通常对于"争论往往会使我们更坚持自己的观点"这句话的科学解释。在这一心理状态中,如果男女双方相爱遭到家庭因素的牵绊,则这对恋人会爱得更加炙热坚决。西方心理学家将此称为"罗密欧与朱丽叶效应"。这一效应在许多文学和影视作品中都有体现,男女主角因为家人的反对而双双私奔的情节,屡见不鲜。

第二场　悲剧经典之作《哈姆雷特》

地点：城堡中一室

[波洛涅斯上]

波洛涅斯：(哈姆雷特的信)"你可以疑心星星是火把；你可以疑心太阳会移转；你可以疑心真理是谎话；可是我的爱永没有改变；亲爱的奥菲利娅啊！我的诗写得太坏。我不会用诗句来书写我的愁怀；可是相信我,最好的人儿啊！我最爱的是你。再会！只要我一息尚存,我就永远是你的,哈姆雷特。"

背景介绍：作为莎士比亚四大悲剧之一的《哈姆雷特》,其享有的声誉不亚于《罗密欧与朱丽叶》。由于哈姆雷特王子父王的灵魂告诉了他真正的死因,使得哈姆雷特开始了精心布置的复仇计划。莎士比亚在这部又名《王子复仇记》的剧本中对于人物心理的刻画入木三分,让人不由得再次称赞莎士比亚为最早的心理学家。其至连精神分析创始人弗洛伊德也在莎士比亚这部戏剧中发现了一些情节可以印证他的"恋母情结"理论。然而,我们在关注哈姆雷特、葛特露(哈姆雷特之母)和克劳狄斯(哈姆雷特的叔父,后来的国王)三人的恩怨情仇时,却忽略了其中有关于爱情的描写。虽然在整部戏剧中,对爱情仿佛轻描淡写,但其实爱情却贯穿于整个事件发展过程的前前后后。其中有两条爱情线值得关注。一条毫无疑问就是哈姆雷特与奥菲利娅这两个年轻人之间的感情,而另一条则是哈姆雷特之母与哈姆雷特生父以及叔父之间的情感纠葛。就哈姆雷特的人物形象来看,虽然"一千个人眼中有一千个哈姆雷特",但是普遍的观点认为他为人敏感、优柔寡断。可是与他实施复仇计划的前思后虑形成鲜明对比的却是他对于奥菲利娅的爱。他曾疯狂地给奥菲利娅写情诗,向她表明心迹。可是为了复仇大业却只能通过装疯来隐藏他对于这份感情的追求。为了替父报仇,他曾对好友说过"女人也不能使我发生兴趣"。可是爱情的欲火是无法完全被压制住的。在第三幕第一场中,哈姆雷特与奥菲利娅的对话显示出了他内心的挣扎。

这前后矛盾的对话显示出哈姆雷特的爱情之火烧得如此强烈以致

1 莎士比亚：属于所有世纪的爱情心理学大师

在稍不经意间就会冒出些许星火。当奥菲利娅不慎失足落水淹死，哈姆雷特在其葬礼上失声痛哭："哪一个人的心理装载得下这样沉重的悲伤？哪一个人的哀痛的词句，可以使天上的流星惊疑止步？那是我，丹麦王子哈姆雷特！"他的爱情和罗密欧与朱丽叶的爱情都显得那么痴迷、癫狂、炽烈，但相比于罗密欧与朱丽叶的两情相悦来，似乎奥菲利娅显得更为被动。奥菲利娅，一个柔弱的"乖乖女"，被父亲和哥哥保护得很好，听从着他们对于她的爱情忠告，一再要求她不要那么容易就被哈姆雷特的"爱情攻势"所屈服，应该抬高身价。但是，一向乖巧听话的她对于哈姆雷特芳心已动，义无返顾地对她父亲说："父亲，他向我求爱的态度就是很光明正大的……而且他差不多用尽一切指天誓日的神圣盟约证实他的言语。"当哈姆雷特为报父仇而疯疯癫癫地否认爱她时，奥菲利娅的心理防卫崩溃了，体会到了爱情过程中最大的挫折——失恋。莎士比亚自己也曾说过"我承认天底下再没有比爱情的惩罚更痛苦的"。失恋的人往往感到内心的空洞与愁苦，这是没有经历过的人无法体会的。奥菲利娅一方面受不了哈姆雷特的情变，另一方面又收到父亲去世的消息，双重打击之下神情恍惚而失足落水，导致又一悲剧收场。

莎士比亚爱情悲剧中的男女主角最终都不能走在一起，让人遗憾的同时又不由得让人产生为何作者对于这样悲剧式爱情刻画得如此细腻而栩栩如生？笔者猜想，是否莎士比亚身上就有过这种情感历程呢？这里插播一段有关莎士比亚结婚登记时的小插曲。1582年11月28日，伍斯特主教府事务处发布了威廉·莎士比亚结婚的通告，但是新娘的名字却是安妮·惠特利而非安妮·哈瑟维。对于这一突然冒出的名字，坊间又开始争论不休。其中之一便是认为此安妮（安妮·惠特利）才是莎士比亚真正爱的女人，并且是真正想要与之共度一生的女人，却由于另一个安妮（安妮·哈瑟维）的从中作梗而使得莎士比亚不能得到真爱，这也与莎士比亚婚后生活的不美满相吻合。因为有情人未能终成眷属，所以在描写这类场景时，莎士比亚尤为感同身受，故而下笔如有神。也可能因为这个原因，莎士比亚将自己对于爱情的美好追求融入到他的爱情喜剧中，所以也格外温馨动情。

在《哈姆雷特》中另一条往往被大家忽视的若隐若现的爱情线索便是王后与前任和现任国王的情感纠葛。这三者不是我们通常意义上的三角恋关系，因为王后与前任国王曾经也有过海誓山盟。而与现任国王的和睦关系是莎士比亚所表现的为数不多的婚后良好夫妻关系的典范。但是，将这良好和谐的夫妻关系放到一对为自身利益而杀人的夫妇身上，怎么都无法让人对其产生艳羡。其实，莎士比亚也许

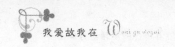

只是想通过另一角度来表达他对于婚姻的不看好,不相信神仙眷侣般的夫妻生活的存在。

第三场　性嫉妒心理的典型之作《奥赛罗》

地点:塞浦路斯岛

苔丝狄蒙娜:但愿上天眷顾,让我们的爱情和欢乐与日俱增!

奥赛罗:阿门,慈悲的神明!我不能充分说出我心头的快乐;太多的欢喜窒住了我的呼吸。一个吻,再一个吻,这就是两根心弦间能奏响的最嘈杂的声音。(两人接吻)

背景介绍:《奥赛罗》是莎士比亚的又一经典爱情悲剧。讲述的是一个拥有地中海棕色皮肤的摩尔将军与一位白人女性不顾众人反对而结婚的故事。但是婚后短暂的恩爱却由于丈夫听信奸徒谗言而激起对妻子深深的怨恨,最终将妻子杀害。在得知一切都是小人编造时,满怀着内疚与后悔,自杀于妻子身旁。不同于《哈姆雷特》和《罗密欧与朱丽叶》中描写的年轻人特有的激情式的爱情场面,奥赛罗与苔丝狄蒙娜的爱情显得更为理智。他们并非因为一见钟情或外貌的吸引而结合,对于彼此的爱情他们有着更深入的认识,就像奥赛罗对众人所说的,"她为了我所经历的种种患难而爱我,我为了她对我所抱的同情而爱她"。按常理,这样的爱情应该是经得起考验的。可是,正如前面所说的,莎士比亚本人对于婚姻就持有悲观态度,所以他笔下美满的婚姻生活少之又少。奥赛罗与苔丝狄蒙娜的结局也不例外,甚至比那些没有能够结合的恋人更显悲凉。在没有奸人伊阿古挑拨之前,对于奥赛罗,苔丝狄蒙娜就是光明。但是,一步步踏入伊阿古设置的圈套而无法自拔的奥赛罗到后来竟然称苔丝狄蒙娜为"你这个人尽可夫的娼妇",并且让苔丝狄蒙娜"发一个誓,让你自己死后下地狱吧"!从自己深爱的人口中说出这么残忍的话语,让人不由得心如刀绞。而一直深爱着丈夫的苔丝狄蒙娜至死仍然为奥赛罗辩解,到死都不愿承认是奥赛罗杀死她的。奥赛罗变得冷漠无情、尖酸刻薄与苔丝狄蒙娜的悲惨命运,奸人伊阿古的确"功不可没"。许多文学评论家都认为这场家庭悲剧缘于奥赛罗的轻信与伊阿古的邪恶。但是,这"轻信"背后真正导致杀人动机产生的心理因素又是什么呢?其实,一方面的确是由于奥赛罗自身人格的缺陷,疑心病太重。另一方面,狡猾的伊阿古也不止一次地在与他人对话中透露了他计谋得逞的真正原因:"(嫉妒)那是一个绿眼的妖魔,谁做了它的牺牲,就要受到它的玩弄。"足见伊阿古正是利用了爱情当中普遍存在的嫉妒心理以及奥赛罗的人格缺陷达到他自身卑鄙的目的。

从心理学上讲,嫉妒是一种针对性的感受,它产生于当现实的和期望的各种关系受到威胁之时。它是一种既羡慕、又敌视的矛盾情绪。而这种矛盾情绪在爱情中尤为常见,这主要是由于爱情的排他性所致。爱情中的嫉妒心理即性嫉妒(sexual jealousy),指当恋爱中的一方感觉到有第三方对于自己的爱情产生威胁时而产生的痛苦、不满与愤恨。奥赛罗刚开始受到伊阿古的蛊惑开始怀疑苔丝狄蒙娜时,说"啊!婚姻的烦恼啊!我们可以在名义上把这些可爱的人儿称为我们所有,却不能支配他们的爱憎喜恶;我宁愿做一只蛤蟆,呼吸牢室中的浊气,也不愿占住了自己的心爱之物一角,让别人把它们享用……"便恰如其分地表达了这种心理。性嫉妒存在于任何恋爱的人之中,可谓是人之常情,是成年人对于自己所喜爱的异性的占有欲的表现。其实在动物界也有类似的雄性之间的嫉妒,其表现为雄性动物之间的竞争与冲突。然而,人类的性嫉妒有更明确的指向,它不再只是雄性之间的冲突而是男女双方都会有的心理。根据进化心理学,性嫉妒是进化而来的心理机制。它用来防止性背叛的产生。男性用它来保证自己后代的确定性,女性则用它来防止自己的丈夫将资源流向其他女人。人类男女对于性嫉妒存在着差异。男性无法忍受伴侣的性背叛,因为这可能意味着携带自己基因的后代的减少,同时也可能意味着自己要在不知情的情况下辛辛苦苦地抚养别人的孩子。另一方面,男性对于女方的不忠或越轨行为,其愤怒的矛头往往指向女方本身,这也是我们在奥赛罗从心理变化(由不相信苔丝狄蒙娜会发生这种事,到怀疑她、不再信任她,再到产生想要杀了她的想法)到行为产生(杀死苔丝狄蒙娜)这一系列转变过程中所看到的。所以,性嫉妒往往是导致家庭暴力,甚至是家庭中违法犯罪产生的源头。而女性作为较弱的一方,无法容忍丈夫的感情背叛,因为这意味着资源的流失。她们对于男性不忠的愤恨统统都发泄到那个第三者身上。所以,我们试想一下,如果是奥赛罗背叛了苔丝狄蒙娜,故事很可能就会朝着截然不同的方向发展。由此看来,适当的嫉妒心理有利于捍卫恋人之间的两人世界不被他人干扰。但是,一旦过度就会蒙蔽爱人的双眼,严重的甚至会产生像奥赛罗杀妻这样的后果。

对于性嫉妒,弗洛伊德关于"伊底普斯情结"(即恋母情结)的概念似乎也解释得通。男性儿童为了其能独享母亲的爱,从小便在内心深处有"杀父娶母"的想法(女性则反之)。但是迫于父亲的强大和自己

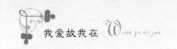

的弱小,害怕自己被父亲"阉割",即产生"阉割焦虑",因而使得这一想法不敢实施,便被自我压抑了下去。但压抑归压抑,其在潜意识中仍然会影响到个体的行为,表现在对于同一爱慕对象的同性之间的较量,如婆媳之间的矛盾、丈人和女婿之间的矛盾,都可以在某种程度上归为性嫉妒。另外,根据弗洛伊德的观点,由于男性从小便在脑中留下了对于母亲的美好印象,故而男性对于伴侣的选择会无意识的以他的"母亲"为蓝本,那些所谓分手是因为性格不合等说法纯粹只是表面现象,其内在的根本是因为该女性不符合男性心中"母亲"形象。

总之,性嫉妒在这场家庭悲剧中起着至关重要的作用。一个小小的嫉妒心理却引发了让人看了心情沉重的爱情悲剧,这对于所有正在恋爱或是已成眷属的人而言都是个警示!

三篇剧作让我们感受了三种不同的爱情,但是莎翁的戏剧远不止这些。而无论是喜剧还是悲剧,爱情主题始终贯穿其中。爱情悲剧似乎都有共识,那就是男女主人公在戏剧发展的中间就走到了一起,但是最终的结局却是分道扬镳。这不是与莎士比亚本人的婚姻很像吗?这是一种巧合还是刻意为之?逝者远去已无法一探虚实,留给我们无尽的遐想倒也是莎士比亚的魅力所在。在经历了感情的波折、事业的起伏,已入"知天命"的莎士比亚又会带给我们什么呢?

第五幕 当"莎翁"真正成为莎翁

看做场景:莎翁在斯特拉福镇自己的"新地"家的花园树荫下坐着摇椅乘凉,他的妻子在一旁品茶陪伴。(画面中伴随着鸟语,伴随着虫鸣,伴随着斑驳的树影,纵深向远方……)

背景介绍:叶落还是要归根的。在经历了事业的起步、成熟到巅峰,在经历了一系列幸运的和不幸的事情之后,1613年莎士比亚决定封笔退隐,回到拥有着美好回忆的家乡,准备安享晚年。但是,事情往往难遂人愿。没有了戏剧工作的烦扰,家庭琐事又迎面袭来。莎士比亚的大女儿苏珊娜被人诽谤为不检点,小女儿又与风流浪子结合,这一切都让莎士比亚伤透了脑筋。1614年斯特拉福又遭遇到了严重的火灾,54家居民房被烧毁,所幸的是,莎士比亚的"新地"(莎士比亚晚年住所)幸免遇难,才使得后人能够一睹这位文豪的故居。同一年,斯特拉福的一桩影响面极广的"圈地案件"又牵涉到了莎士比亚,因为他拥有那块土地的部分产权。事情虽然接踵而至,但是所有的这一切都凭着莎士比亚个人的威望以及处事能力得以解决。随后的两年倒是一切风平浪静,我们这位文豪与笔友会面,与友人畅聊,关注着他隐退后戏剧界的后起之秀,生活得安详而又充实。1616 年的 3 月,当时 52 岁的莎翁在家里接待了本·琼生(即莎士比亚之后又一位震撼戏剧界的剧作家)和诗人德雷顿,由于开怀畅饮,导致身体不适,便一病不起,最终于 4 月 23 日去世。其实,对于莎士比亚去世的原因就像对于他的出身一样众说纷纭。有一种说法是,因为他从伦敦一路颠簸回来,年老体衰经不起旅途劳累而致。无论如何,这一位被本·琼生称为"不是属于一个时代,而是属于所有世纪"的文坛巨匠最终早早离我们远去了,但是他的作品却经久不衰地被一代代后人品评,他的身世也被千千万万的史学家所猜测考证。歌德的一句话诠释了这一切:"莎士比亚就是无限",无限的猜测,无限的遐想,无限的说法……

尾声:心理学大师弗洛伊德眼中的文学巨匠

　　莎士比亚是一种世界经典的中心,这个经典不仅局限于他对于世界文学的影响,更在于他对于文学领域以外的贡献。就心理学而言,受莎士比亚影响最深的非弗洛伊德莫属。就像不懂西方文学的人至少会听说过莎士比亚一样,不懂心理学的人多少都听说过弗洛伊德,可见这两位在各自的领域中的影响力。但其实,莎士比亚之于弗洛伊德更像是一位引领他开创自身理论的导师。此话怎讲?弗洛伊德自己曾经说过,莎士比亚通过对于人物心理活动的深刻把握与细致刻画而发明了精神分析,而他自己只是在此基础上认知和描述了它。这一说法颠覆了心理学界普遍认为的弗洛伊德才是精神分析学派的创始人的看法。其实,追究心理学中某一流派的真正鼻祖对于我们而言,其意义不如将其更好地发展来得重大。但是从弗洛伊德的这句话中,我们可以看出,一方面是大师的谦虚,另一方面更是莎士比亚对于心理学的贡献,故而将莎士比亚称为"爱情心理大师"并不为过。

　　前面我们提到"一千个人眼中有一千个哈姆雷特",弗洛伊德对这

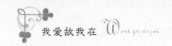

位复仇王子的心理解析直接使得他为他的"伊底普斯情结"找到了经典的证据。哈姆雷特真的是个犹豫不决、唯唯诺诺的人吗?是,也不是。根据弗洛伊德的理解,哈姆雷特可以随意让侍臣们去送死,可以轻松处决雷欧提斯,可以果断刺杀在帷幕后面的窃听者。但是,在面对真正杀死自己父亲的克劳狄斯时,却放弃了一个又一个好时机,显得优柔寡断。这其中另有隐情,而这一隐情是连哈姆雷特自己都无法意识到的"伊底普斯情结"在潜移默化地起作用。克劳狄斯其实反映了哈姆雷特真正的内心,是哈姆雷特在3岁时便产生的"杀父娶母"想法的实施者,所以哈姆雷特在潜意识里认为自己和克劳狄斯是同一类人,他一再延迟复仇计划实际是为了摆脱内心的矛盾冲突。弗洛伊德甚至在哈姆雷特身上发现了他著名的"歇斯底里"症,在他致威廉·弗利斯的一封信中提到,"他(哈姆雷特)与奥菲利娅交谈时表现出性冷淡,本能地排斥生儿育女,他对父亲的复杂感情最终转移到奥菲利娅身上,这一切不正是歇斯底里的典型症状吗?他最终不是采取了和我的歇斯底里病人完全相同的手段,结果引火上身,经受着和他父亲相同的命运,被同一个对手毒害吗?"哈姆雷特是否有"伊底普斯情结"我们不得而知,但是弗洛伊德显然是有莎士比亚情结的。

  不仅对于《哈姆雷特》有着深刻的研读,弗洛伊德对于莎翁的其他作品也有着独到的见解,如对于《李尔王》。弗洛伊德认为这位风烛残年的老人,到死也不愿舍弃女儿的爱,坚持让女儿们表明对他的爱有多深,是一部主要反映父女关系的剧作;又如对于《麦克白》,且不论其行为的残暴、其结果的悲哀,在弗洛伊德眼中,它其实是反映一部"无嗣"的戏剧,因为仙女曾预言他人的儿子将成为国君……美国极富影响的文学理论家哈罗德·布鲁姆在其著作《西方正典》中说,"弗洛伊德实质上就是散文化了的莎士比亚。因为弗洛伊德对于人类心理的洞察是源于他对莎剧并非完全无意识地研读。这位精神分析的奠基人毕生在研读英文的莎士比亚著作。弗洛伊德发现自己在交谈、写信和创作精神分析文字时,总是会有意无意地引用莎士比亚。"所以,很难说,究竟是弗洛伊德先有了自己的理论然后再在莎剧中找到了对应的证据,还是弗洛伊德在莎剧中发现了可以提炼的精神分析学理论。总之,在心理学成为一个正统学科之前的好几百年,莎士比亚就以自己的方式,启发了人们对于人类心灵的深刻认识,而我们后人则一步步跟随着他的脚步,受着他的影响。

2

奥斯汀：爱情点亮文字

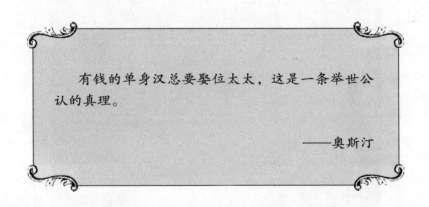

有钱的单身汉总要娶位太太，这是一条举世公认的真理。

——奥斯汀

简·奥斯汀（Jane Austen, 1775—1817）

2 奥斯汀：爱情点亮文字

简·奥斯汀被誉为20世纪伟大的英国小说家。爱尔兰著名作家、文学评论家弗兰克·奥康纳曾赞美奥斯汀是"英国文学最伟大的技巧巨匠之一，她在文学方面炉火纯青就像莫扎特在音乐方面完美无缺一样"。她的代表作《傲慢与偏见》不仅是英国文苑的奇葩，也是世界文库的珍品，被英国著名小说家和戏剧家毛姆列为世界十大经典小说之一。

家庭：知识与欢乐的海洋

简·奥斯汀于1775年出生在英国南部汉普郡一个乡村牧师的家里，在家中的八个孩子中排行第七，也是家中仅有的两个女孩之一。父亲乔治·奥斯汀是汉普郡斯蒂文顿的教区神父。

这一家人住在一幢破旧的神父公馆里，过着欢快的中产阶级生活，也算是幸福的一家。奥斯汀夫妇还收了几个男孩子作学生。他们寄宿在公馆里，就像家里的孩子一样。奥斯汀夫人曾把自己的家戏称为"知识大厦"，"那里是一家人整天学习的地方，偶尔也会玩一会儿"。家中处处洋溢的关爱与欢笑，为孩们的成长创造了愉快的环境。奥斯汀家的男孩们和家里的寄宿生一样，都是由父亲来教育的，而强大的保守势力让卡桑德拉（简的姐姐）和简两个女孩子不能和他们一起上课，这对她们而言是一种遗憾。然而，她们在潜移默化中学到了很多知识。当时女童教育还很受限制。但是在1783年，也就是简七岁的时候，事情出现了转机。卡桑德拉和简连同她们的表姐一起被送到了考利太太办的一所小学校里。学校环境很宽松，孩子们在这里学习日后成为淑女所必备的最基本技能，如刺绣、舞蹈、法语等等。除此之外，也可以做一些自己想做的事。姐妹三人于1786年离开学校，回到家中。至此，她们的正规教育也告一段落。然而，她们在家中所受的非正规教育却比学校教育要好得多。短暂的教育经历为简后来的写作打下了坚实的基础。后来，简曾称"我想我是有史以来最无知愚昧的女性成为作家的第一人，我认为我可以这样自吹自擂"。当然，从简的作品中可以清楚地看到，她绝不是她所说的那种无知愚昧的人。事实上，她比很多人显得更有学问和教养。她博览群书，表达清晰。她

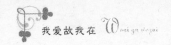

对历史有自己合理的,甚至是特殊的理解。

成长在相当浓厚的文学气氛中,周围都是聪明活泼的学生,再加上丰富的各类藏书,一个聪明的孩子还能做些什么?恐怕只有学习了。简·奥斯汀在阅读方面涉猎颇广,且手不释卷,尤其偏爱18世纪古典作家的作品。当时,小说还是非主流的文学样式,但她和家里的其他人并不排斥小说,也会读一些当时流行的恐怖和感伤类的娱乐性小说。而那些无聊小说中的荒诞情节则成了一家人最好的消遣。就像《傲慢与偏见》中每当贝内特一家吃完晚餐就要有人来朗诵一段诗文一样,想必这也是奥斯汀一家每晚的保留节目。宽松的家庭氛围是简·奥斯汀成长的沃土,她能从中充分吸收各种知识养分,从而可以成长为世界文学史上最绮丽的"英伦玫瑰"。

姐妹情深

简·奥斯汀小时候很害羞,总是藏在姐姐卡桑德拉的背后。她和姐姐的关系也一直非常亲近。她们的母亲曾这样说过:"即便卡桑德拉要把自己的头砍掉,简也一定会坚持和姐姐一样么做的。"成年之后,简和卡桑德拉依然亲密无间。两个人一旦不在一起,就会互相通信,细诉飞短流长以及日常琐事。简在信中总要与姐姐分享生活中的点点滴滴,比如她去拜访了什么人,然后仔仔细细叙述主人家的装饰布置和主人的言谈举止等。若是简参加了某个舞会,则不免向姐姐介绍最新的服饰流行趋势,以及所见的形形色色的人物。简·奥斯汀的研究者和爱好者大部分是通过简和姐姐卡桑德拉的书信来了解她的生活的。卡桑德拉也一直是简书信的忠诚守护者。直到简因病离开人世之后,卡桑德拉才慢慢公开一部分简的书信。简有一段时间内的书信被卡桑德拉销毁了,人们随即猜测这段时间简的感情生活发生了重大的变化,而姐姐卡桑德拉为简永远封存了这段记忆。

虽然在当时,妇女只能在其所生长的阶层的圈子中生活,社会习俗禁止她们在社会的任何其他领域里活动。但简·奥斯汀出身中产阶级家庭,与之交往的都是乡间那些乡绅贵族的绅士淑女,从简的信件来看,她似乎总是在社交圈中不停地周旋。信中总在谈论各种舞会、狂欢、到别人家做客等等诸如此类的社交活动,而且描述中都带有夸张的幻想和不相干的幽默。奥斯汀非常善于观察周围的人,她那略显狭小的社交圈竟成了她无尽的素材库,这也使得她的小说成为当时大社会的一个缩影。作品中尖刻的幽默直到今天仍像当初首次问世的时候一样引人入胜。

爱情点亮文字

简·奥斯汀和她的姐姐形影不离,常常会互诉衷肠。想必卡桑德拉的爱情遭遇对简的爱情观也会产生巨大的影响。卡桑德拉的未婚夫汤姆·福勒在西印度群岛死于黄热病,得知这个消息时,她的心静静地碎了。此后,她也再没有过结婚的念头。她这样的决定是不是在潜意识中影响了自己的妹妹?简跟卡桑德拉如此亲密,她不可能不受影响。也许这件事让简在自己的爱情道路上变得格外谨慎小心。她曾经爱上过一个追求者汤姆·勒弗洛伊,他是奥斯汀家的朋友。然而,当汤姆为了前途或是继承财产而不得不离开时,简并没有逼迫他留下,只是反过来嘲笑自己罢了。简在汤姆·勒弗洛伊离开后这样写道:"终于,这一天还是来了,这时我和汤姆·勒弗洛伊最后一次一起嬉戏调情。当你收到这封信时,一切都结束了。这样的伤感让我泪流满面。"简曾经是那么期望汤姆会向她求婚,如果真是那样,简很有可能会答应。简当时流下的是眼泪,还是强忍眼泪的自我保护?后来,有一年夏天,另外一个年轻人可能俘获了她的芳心,可是没等他们重逢,那个年轻人就离开了人世。听到这样的噩耗,简可能想起了姐姐卡桑德拉的遭遇,觉得自己或许也不能幸免。以致当好朋友的弟弟哈里斯·比格·韦瑟向她求婚时,她虽然当时是答应了,但是第二天就反悔了,说自己头天晚上犯了一个可怕的错误,不能履行婚约。是不是那些痛苦的记忆,或者是与卡桑德拉的姐妹情深,让她改变了主意呢?也许是她自己不想失去相当自由的生活。因为当时她已经开始写作,尽管还是偷偷摸摸地,当时她写得很认真。她开始相信她可以靠她的笔来养活自己,而不是某个男人。

现实生活的冷酷,使姐妹俩时时遭遇爱情和死亡的坟墓。她们以

为自己可以冷漠无情,笑对一切。在奥斯汀写给姐姐的信中揭示了能够让自己坚强的要素,那就是自我解嘲和相互嘲笑。玩笑可以拿来当做恐惧的挡箭牌。这一点在简·奥斯汀的作品中亦随处可见。

作品中的"举世真理"

简·奥斯汀的小说总离不开男女之间的婚姻纠葛。婚姻成为小说每一个情节发展的基础。她把能不能结婚当做同一阶层女性的头等大事来看,而且,如果一个女人不想再过自己并不喜欢的穷日子,那么她就必须结婚。能否结婚成为像简这样女性生命中最重要的"适应性问题"(即生存与繁衍的问题)。简曾在给姐姐卡桑德拉的信中写到,"要知道,我们必须嫁人……父亲可不能一直养着我们,等我们到了人老珠黄,一贫如洗,遭人耻笑的时候,那可就太惨了。"最糟糕的就是,一个女孩子既不能在自己的社交圈子里找到理想的丈夫,也没有一个足以养活自己的富裕家庭,那么到了那种地步,她就只有两条路可走了:一是靠做家庭教师来养活自己,挣的钱虽然少得可怜,但总算还可以受人尊敬;再就是像货物一样被运到印度或其他地方,任由那里还没有结婚的英国年轻人挑选。那些年轻人要么是去国外"淘金"的,要么就是被家里赶出去的。然而在奥斯汀的眼中,就算女孩子找不到自己的如意郎君,也绝不应该稀里糊涂地嫁给自己根本不爱的人。她认为没有爱情的婚姻是极端错误的。奥斯汀一直在强调这一点,她曾经借《傲慢与偏见》中伊丽莎白·贝内特的口告诫人们"没有爱情,千万不要结婚"。她自己也在一封信中写道:"什么事都能忍受,除了没有爱情的婚姻。"当然,她也清楚地看到,在现实生活中,女人往往依赖男人生存,想找到一个彼此相爱、对方又非常有钱的丈夫,这完全只能靠碰运气了。不过,她至少可以让这样的事情在自己的小说里发生。同时,她还不忘在自己的小说里嘲笑一番那些一心想得到"美满"婚姻的女孩子,甚至还有她们的母亲。她们的行为实在太可笑了。在《傲慢与偏见》的开头,她就说:"有钱的单身汉总要娶位太太,这是一条举世公认的真理。这条真理早已深入人心,因此,每逢这样一个单身汉搬到一个新地方,左邻右舍虽然完全不了解他的性情和为人,但都把他看做自己某一个女儿应得的一笔财产。"

奥斯汀将婚姻看做人生头等大事,这与进化心理学家的观点不谋而合。进化心理学认为婚姻为下一代的健康成长提供了必不可少的支持。健全的家庭提高了下一代的存活几率,这一点是毫无疑问的。

奥斯汀笔下的女性

奥斯汀笔下的女主人公们虽然面临婚姻这样的重大适应性问题,但在男人面前她们都还能把持得住,而且经常在口舌之争中占据上风。就像在动物界,当一只雌鸟要接近一只雄鸟时,雄鸟立即会用力扑腾翅膀以展示自己的窝巢,雌鸟则会仔细检查窝巢是否牢固,以此决定是否要在此产卵。而人类女性,就像那雌鸟一样,会花大量的精力去鉴别,同时也更偏爱"筑巢本领高"或是拥有更多资源的男性作为自己的配偶。根据进化心理学的亲代投资和性选择理论,女人作为为后代投资更多的一方,她们要付出 9 个多月的怀孕时间以及以后更多地照顾孩子的重任,因此她们在择偶的时候会显得更加挑剔。因为选错了人,会让女人蒙受巨大的损失。奥斯汀小说中的女性在恋爱、婚姻中所作出的一系列选择都不是出于偶然,那是因为现代的女性就是拥有这些"择偶偏好"的远古女性的后代,带着人类远古祖先的基因密码,因而有着深厚的进化心理学意义。

在奥斯汀的小说里,女性从不掩饰对男性经济实力的偏好。《傲慢与偏见》开篇的"举世公认的真理"也仅限于"有钱的单身汉"。那是因为自古以来,女性所能获得的资源相对于男性而言是很少的。奥斯汀所处的时代还相当封建、保守,女性既不能受到系统的教育,也没有光明正大的工作机会。因而女性要想过上体面的生活,顺利抚养健康的下一代,唯有依赖于有经济实力的男性,当然也包括具有未来潜力的优秀男性。因此,几乎在任何场合,达西先生那超过一万镑的年收入和壮观的彭伯利庄园是他最好的标签。除了经济资源,较高的社会地位也是非常重要的,因为社会地位被视为判断资源的有力线索。《傲慢与偏见》中的卢卡斯公爵总是不忘在各种场合提及觐见女王的辉煌时刻,而达西先生虽然不讨人喜欢,但他拥有教职任命权还是很让人敬畏的。因为,受人尊敬的社会地位往往意味着能够控制更多的资源,这意味着能给予子女更多的机会,而这才是女性真正在乎的事。此外,英俊的外表、挺拔的身材也是讨女孩喜欢的重要武器。《傲慢与偏见》中的维克姆便是最好的代表,他英俊秀气的脸庞和优雅的举止不知迷倒了多少痴情少女。这让人不禁想到"孔雀羽裳之谜",想想雄孔雀华彩炫目的羽毛,它们看上去完全违背生存法则。而这是因为在远古女性看来,外貌与健康有着千丝万缕的关系,亮丽的外貌意味着更好的健康,而健康则是女性和她未来子女最大的保障。然而,千万不要以为奥斯汀所塑造的女性个个都唯利是图,相反,她们格外重视爱情与承诺的重要性。爱是一种普遍存在的现象,同时,爱的行为的一个重要功能就是它们标志着承诺。在跨文化的研究中,绝大多数女性声称即便其他所有条件都被满足,她们还需要爱才能结婚。由此可见,爱是婚姻中必不可少的重要因素。《傲慢与偏见》中虽然柯林斯先生有着不错的牧师俸禄,深受德·包儿夫人的器重,还将继承贝内特家的全部家产……伊丽莎白仍然断然拒绝了柯林斯先生的求婚。伊丽莎白告诫大家,"没有爱情,千万不要结婚"。那是因为,对爱的需求是女性确保能获得与她们为男人付出的代价相当的资源承诺。

　　当然,女性在选择配偶的过程中并非总是能够随心所欲的。她们还必须对自身的资源情况有一个准确的评估。性魅力和年轻是女性配偶价值的两个指标。年轻而迷人的女性往往会有更多与异性接触的机会,而这也"宠坏"了她们的品位。夏洛蒂在这一点上就做得很好,她明知自己没有伊丽莎白的美貌与智慧,自己也没有什么可以炫耀的财产,眼看着就要成为碍眼的老处女了,所以当柯林斯先生对伊丽莎白的求婚失败的时候,夏洛蒂向他适时地抛出了橄榄枝。最终为自己找到了一个不错的归宿。

　　就像所有的爱情故事一样,女性在每一段感情中除了有亲如姐妹的倾诉者,还少不了潜在竞争对手——情敌的出现。《傲慢与偏见》中爱慕达西先生的宾利小姐早就把伊丽莎白当做自己的最大竞争对手。面对这样的"同性竞争",女人的策略无非就是诋毁情敌。而这种诋毁又可分为两类,一类是诋毁对手的外貌,宾利小姐不只一次当达西先生的面说伊丽莎白的脸长得毫无特色,谈吐举止与上流社会风行的样式差了十万八千里。另一方面就是诋毁对手的性忠贞,伊丽莎白母亲的粗俗举止和她的妹妹们的放荡行迹都会是宾利小姐最好的素材。

奥斯汀笔下的男性

　　较之女性,奥斯汀所描绘的男性形象则风格迥异。《傲慢与偏见》里既有威严的达西先生、阳光潇洒的宾利,也有徒有外表的维克姆和滑稽古怪的柯林斯先生。他们对待爱情、婚姻的做法虽然各有不同,但都是为了婚姻承诺的适应性收益。女性将结婚作为一个重大适应性问题,那么男性也必须获得适应性收益才会愿意给出婚姻承诺。进化心理学家从功能的观点,认为婚姻就是为了"繁衍",甚至是"为繁衍而繁衍"——也就是中国人所说的传宗接代。男人需要婚姻来解决特定的适应性问题。就男人来说,婚姻可以增加"父子关系的可信度";可以增加男性吸引异性的成功概率——给出可信的承诺和"爱"的行为表现,进而传递更多的基因;能够提高人类子女的存活率;而婚姻中父亲的亲代投资,能进一步促进他的子女的成功繁衍。

在挑选另一半的时候,奥斯汀认为男性是非常注重外貌和年龄的。明亮的眼睛、有光泽的头发和匀称的体型是必备要素,这一点从达西先生对伊丽莎白最初苛刻的要求到后来为她迷人的眼睛所打动就可以看出。此外,女性还最好拥有轻盈的步伐、生动的表情和充沛的精力,宾利小姐在晚餐后坚持要伊丽莎白和她一起在达西先生面前绕圈散步用意就在于此。年轻、美貌都象征着繁殖价值,男性自古以来就继承了这种偏好,以便养育更健康的下一代,从婚姻中获得最大的收益。这也可以理解《傲慢与偏见》中的德·包儿小姐虽然家财万贯,但她羸弱的身体让达西先生丝毫提不起兴趣。也许每个时代都会有各自的流行风尚。物质匮乏的年代以丰满为美,而物质过剩的年代,时尚风向标又转向了"骨干美"。但女性的腰臀比率却有着跨文化的一致性,成为男性辨别女性性魅力的重要指标。

除了年轻与美貌,女性的性忠贞也是至关重要的。其中,婚前贞洁意味着婚后的忠贞,而婚后忠贞能更好地确保父子关系。这也就是为什么在《傲慢与偏见》中,当大家听到伊丽莎白的小妹妹莉迪亚随维克姆私奔时会如临大敌般慌乱。因为,莉迪亚的不检点会影响到姐姐们的名誉,怪不得伊丽莎白接到信后会忍不住大哭起来。

尽管男性在择偶时有这样那样的偏好,但较之女性,他们对待爱情还是会显得更为主动,甚至是浪漫。这一点在《傲慢与偏见》中的滑稽可笑的柯林斯先生身上得到了最好的印证。他仅仅用了不到一周的拜访时间就决定了向谁求婚,并且非常自如地向简表达了自己的心意。更令人诧异的是,当贝内特太太向他示意大姐简已有心上人时,他立即将目标转向了伊丽莎白。而伊丽莎白作为一个女人在爱情上则慎之又慎,知道断然拒绝柯林斯先生的可笑求婚,也懂得与维克姆没有结果的感情要适可而止。男性与女性在此问题的差异源于男性在养育后代上的投入较少,因而他们也更愿意去冒险。而女人往往要承担起抚养后代的重大责任,所以她们必须慎之又慎。

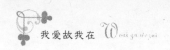

永远的流行，永恒的经典

纵观奥斯汀笔下的男男女女，即使他们对待爱情、婚姻的态度和行为各不相同，但他们都逃不过进化心理学的这张大网。正如上文所述，无论女性长期择偶策略还是男性长期择偶策略都是我们人类祖先通过一代又一代的基因遗传下来的。因为，唯有在性选择中胜出的男性和女性，才有机会将自己的特殊择偶偏好保留下来。进化心理学中关于择偶行为的假设在奥斯汀的小说中得到了很好的印证，这至少说明在简·奥斯汀的时代，人们是普遍具有这样的择偶偏好的。而直到如今，人们一如既往地喜爱简·奥斯汀的小说，欣赏她喜剧性现实主义的表现手法，记忆她对爱情、婚姻的绝妙把握。这从某一侧面证明简·奥斯汀时代的青年男女的择偶偏好在今天依然具有现实意义，因为这种种偏好是进化而来的，是我们每一个人身上的基因密码。

当然，遗传本身还包括着变异。我们所处的社会与简·奥斯汀所处的时代已经大不相同了。当今社会，男性选择处女为妻的绝对性正在受到怀疑。以前人们视婚前贞洁比生命还重要，而如今越来越多的年轻人开始接受婚前性行为。然而，这种转变依然可以用进化心理学的理论来解释。女性重视贞洁是因为女性在经济上对男性的依赖性。男性重视女性的贞洁是为了增加父子关系的可信度，以免自己的宝贵资源浪费在别的男人的后代上。而如今，越来越多的女性出来工作，这样她们在经济上相对独立，这份独立性让女性更重视自己的感受而不是某个男人的感受。另一方面，随着物质生活的极大丰富，对于男性而言，自己的资源若足以丰富就不在乎去抚养别人的后代了。这也就是为什么在女性地位相对较低的亚洲国家，社会对女性有更高的性忠贞要求，而在女性地位较高的欧美国家却相对弱化了这一点。

简·奥斯汀的时代可能永远都回不来了，但这并不妨碍一代又一代的读者用各自的方式喜爱她的小说，欣赏她的智慧与幽默，感悟她对爱情、人生的独到见解。那是因为奥斯汀笔下的青年男女遇到的问题我们今天依然会遇到，小说里的爱情选择也在很大程度上是我们的选择。这位伟大女性将永远陪伴着一代又一代的读者。

3

拜伦：恋爱中的诗人

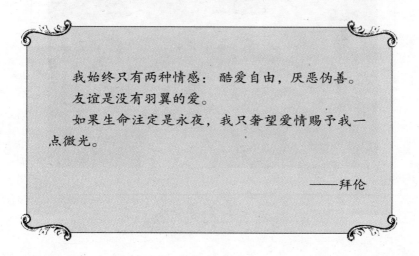

我始终只有两种情感：酷爱自由，厌恶伪善。
友谊是没有羽翼的爱。
如果生命注定是永夜，我只奢望爱情赐予我一点微光。

——拜伦

乔治·戈登·拜伦（George Gordon Byron,1788—1824）

3 拜伦：恋爱中的诗人

乔治·戈登·拜伦是19世纪英国浪漫主义文学的杰出代表，天才诗人。在前赴后继的浪漫主义诗坛上，他手握如椽之笔，流金溢彩；在如火如荼的民族解放的政治舞台上，他又是身披戎装，叱咤风云，为民主和自由而战的坚强斗士。

拜伦出生于一个没落的贵族家庭，继承了父辈传下来的男爵头衔，也正因为如此，才使得他成年以后有资格进入当时英国的贵族院，能自由出入上流社会的社交场所，有机会同那些达官贵人的夫人和小姐们周旋。他一直生活在感情漩涡中，逢场作戏的爱情俯拾即是，故而引发出一系列轰动英国上流社会的风流韵事。

父母与他

拜伦的父亲约翰·拜伦是英国陆军军官，他身材魁梧，玉树临风，上帝不吝啬地赋予他迷人的眼睛、挺直的鼻子和刚劲的下巴，浑身散发着男子汉的气质。他性格豪爽，慷慨大方，这样的英俊相貌再加上豪爽的性格，试问，怎能不让女人为之动心呢？

约翰在22岁那年，放弃了陆军上尉的头衔，跻身于英国伦敦的社交界，来往于明达显贵之间，过着奢靡的生活。他很快便成了贵族夫人和小姐嘴边的"常胜将军"，许多女人为之倾倒，甚至甘愿为其牺牲一切，包括地位、金钱和家庭。

卡尔马瑟侯爵夫人从父亲那里继承了每年4000英镑的收入。于是约翰设法掳走了卡尔马瑟侯爵夫人的芳心。婚后，约翰便暴露出其暴烈的真性情——粗野的行为，整日花天酒地、豪饮滥赌，大肆挥霍着侯爵夫人从她父亲那里继承来的家产。但是，4000英镑的年收入到底还是维持不了他的奢侈生活，何况还要清偿巨额赌债。两人只好离开英国，逃到法国，在那里生下女儿奥古斯塔，她就是拜伦的同父异母的姐姐。生下女儿不久，卡尔马瑟侯爵夫人由于郁郁寡欢，操劳成疾，不久便告别人世。

这位失去每年4000英镑收入的浪荡子又悄然回到英国，看上了出生于苏格兰贵族家庭的名叫凯瑟琳·戈登的少女。虽然她其貌不扬，丝毫没有伦敦社交界丽人淑媛们的风雅和气质，却拥有着23000

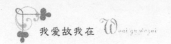

镑的财产——这对拜伦的父亲来说太有诱惑力了。

于是,他向凯瑟琳发起了进攻。在舞会上,身材魁梧的约翰把矮小的凯瑟琳旋得双脚离地。在一支又一支的华尔兹舞曲中,她被他征服了,她跳得头晕目眩,不知方向,眼前的美男子已令她灵魂出窍。

凯瑟琳就是拜伦的母亲。新婚后回到北苏格兰凯瑟琳·戈登的家中,约翰·拜伦的赌博、好酒和放荡的生活很快又把戈登家的财产挥霍完了。夫妇俩只好变卖了土地和家产,移居到法国,生活一天天地贫困起来。

看到这里,我们不禁疑惑,为何这样一个浪荡子还有女人愿意对他不离不弃?首先应该从时代背景的角度去考虑。当时的英国,处于18和19世纪的浪漫主义时期,人们相信爱情是无法控制的,男人和女人都会失去理智地坠入爱河。康德坚信爱情是不能控制的,因为它是感官的一部分。博斯韦尔也认为爱情"不是一个推理的问题,而是一个感觉的问题,因此涉及爱情就没有什么共同的、一个人可以用来说服另一个人的原则。"亨利·普尔写道:"爱情是这么一种柔情,它在我们心里激起汹涌波涛,使我们整个身躯感受到一种不可抗拒的兴奋与激动。"关于爱情是一种不可抗拒的激情的看法,反映了这样一种浪漫主义的观点:人不完全是理性的,人的经验的某些部分是不能按照逻辑的方法来观察的。总的来说,爱情的观念跟某一特定时期盛行的、占支配地位的关于人性的观点有密切联系。

拜伦的母亲是个性格复杂的女人,一方面脾气暴躁,心胸狭隘,固执倔拗;另一方面又显得思想开明,同情受压迫者。虽然她未受过什么好的教育,写书信也错漏百出,但她具有一种非同寻常的诗歌鉴赏力,她后来甚至经常评论拜伦的诗歌。

父亲给了拜伦美男子的容颜,豪放的侠气。母亲给了他诗人的才情,细腻敏感的性格,不畏压迫的战斗精神。于是,在精密的遗传和变异中,造就了一个诗歌天才,一个无数窈窕淑女为之痴狂的情种——拜伦。

童年:压伤的芦苇

精神分析理论认为早年家庭中的亲子关系对儿童的社会化有重

大影响。成年期所有的人际关系都是建立在幼年与父母的关系基础上的,儿童期遭遇的重大事件将会对人的一生产生重要影响;同时,一个人当前的行为在很大程度上是早期发展阶段某一内化模式的重复。童年是人格形成的关键阶段,许多病态人格和畸形人格的形成与童年经历的不幸和家庭环境有着直接的关系。

拜伦童年的家庭环境是怎样的呢?他的父亲是个十足的浪荡子,与他母亲相遇时正负债累累。结婚后,他的浪子习性不仅没有改掉,反而变本加厉了。他大肆挥霍妻子的金钱,却从不把妻子放在眼里。拜伦一出世便注定成了父亲的替罪羔羊,母亲将自己对丈夫的不满、失望和怨恨全部发泄到拜伦身上,对拜伦拳脚相向,毫不顾忌母子之情。因此,年幼的拜伦并没有体会到来自父母的温暖。拜伦的性格多疑而敏感,除了遗传上的原因外,与他早年的生活经历不无关系。

心理学家发现婴儿有不同的"依恋"类型,包括安全型、回避型和焦虑矛盾型。安全型的人对情感的亲密和相互依赖感到很自在;回避型的人不喜欢依赖和亲近,而焦虑矛盾型的人则是过于依赖人的、占有性很强的人,他们寻求更多的亲密和安慰,而这常常超出人们所愿意提供的范围。对儿童早期依恋的研究是有一定意义的,因为它对成年后恋爱和婚姻中的依恋有一定的预测作用。更直接地说,早期的亲子依恋关系将会转变成恋人或夫妻间的依恋关系。一般来说,相比回避型和焦虑矛盾型,安全型的人对人会更加信任、投入感情,对浪漫关系更为满意。他们在爱情关系中也会体验到更多积极的情感、更少消极的情感。整体来说,安全型的人比不安全型的人会拥有更为满足、更加相互依赖和更加亲密的浪漫关系。

而拜伦,典型的是一个焦虑矛盾型的个体。对于女人,他又爱又恨;对于爱情,他更是想靠近却又不敢靠近,生怕自己会受到伤害。拜伦是比较典型的焦虑矛盾型的依恋者:一方面他想要与他人建立亲密关系,因为从小没有从母亲身上体验到爱,他想通过恋爱关系来获得;另一方面,敏感而多疑的性格又使得他不敢与他人建立亲密关系,生怕自己会受到伤害而深感焦虑和矛盾。

如果说父亲的背弃和母亲的神经质性格造成了拜伦无法得到家庭的温暖,那么在他的幼年,他的家庭教师兼保姆梅·格蕾对他的影响简直就是无法泯灭的伤痛。

1821年,拜伦在《随想》中提及,"我很小的时候就有了情欲,年龄之小,说出来很难有人会相信。小小年纪就有了那种欲望,还做了那样的事情。"拜伦与梅·格蕾有过非同一般的关系。梅·格蕾不仅虚

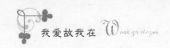

伪、残酷,而且在性生活上也放荡不羁。

拜伦继承男爵的头衔以后,搬进了纽斯台德的老宅。当时,母亲去伦敦向政府申请给新男爵的年金去了,于是梅·格蕾便肆无忌惮地对待拜伦,把一些最低贱的人(如马夫)带进自己的房间厮混,毫无顾忌地在里面寻欢作乐,享受鱼水之欢。拜伦从小关注宗教的事情,并被要求按照教条去行事,而现在,那个每天教他诵读《圣经》的女人却是个放荡、无耻而又背信弃义之徒,这给拜伦幼嫩的心灵带来了无尽的伤痛,也给他的爱情观产生了消极的影响,使他对女性和爱情产生了玩世不恭的态度。他认为,如果有什么女人想同他产生爱情,那也只是想玩弄他的感情以及满足她们的虚荣心而已。拜伦自然就把女人当成了对手。每当他遇到一个女人,他不是去想怎样与对方建立真正的亲密关系,而是想着怎样应付甚至制服对方。

千疮百孔的初恋

在家乡祖居,拜伦经历了初恋。这给他的整个少年时代留下了抹不去的印记。

1798年,拜伦10岁。当时,他是个身有残疾的贫儿,同他那脾气暴躁的不幸寡母住在苏格兰一座小城里。在纽斯台德,青灰色的天穹下,雅致的灰色哥特式主体建筑,耸立于坂田贝路边的一泓阔远的湖水旁,显得那般宁静而美丽。像所有天资聪颖、富于想象的孩子一样,拜伦的心中早已勾勒了一幅美好生活的蓝图。

在纽斯台德的旁边有一座孪生姐妹建筑,名叫安娜雷斯,里面住着美丽的玛丽·恰沃思。

玛丽芳龄17,恬静的脸上卧着两条齐整的柳叶眉,秀发由一条中缝分覆两颊。她十分天真,对生活几乎一无所知。她怎会料到,自己的举手投足会让拜伦如此狂热地爱恋自己。暑假里,拜伦每天都会去安娜雷斯,早先的家族仇恨也没有给这两个少男少女造成什么隔阂,反倒为他们提供了开玩笑的话题,促使两个人走得更近了。不久,玛丽的家人就为拜伦准备了一间房间,免去了他在路途上的劳累。他觉得安娜雷斯无比美丽,不止有优美的风光,还有姑娘的秀脸。他对她的凝视总感觉难

3 拜伦：恋爱中的诗人

以尽兴。拜伦将玛丽唤作"拂晓的星辰"、"安娜雷斯的晨星"。

拜伦痴情地认为玛丽小姐也非常中意自己。其实她一直把拜伦当做小弟弟，而她自己心中另有他人。玛丽总是禁不住与喜欢自己的人调情，以此得到乐趣。玛丽送给拜伦一张自己的肖像和一枚戒指。可怜的孩子早已魂不守舍了！就在这个时候，有一天晚上，拜伦听到了玛丽和仆人的谈话，"你以为我会爱上那个瘸子吗？别开玩笑了！"这话犹如晴天霹雳般打在拜伦的身上，他的心顿时被撕成千片万片。他冲出大门，发疯似的一口气奔回了纽斯台德。他悲愤欲绝，想自己了断"卑贱的"生命，甚至想杀人，这种爆裂的感情整整折磨了他一个通宵。他想尽快摆脱这种"恋爱"的痛苦，但是他不能，因为他的自尊心被打击到了冰山脚下。因为他是个瘸子，所以不会有女人爱他——他心中不断重复着这一令他痛苦到窒息的想法。

无奈的他，只好离开让他伤透了心的地方，回到了学校。体残，使他不敢在别人面前行走，生怕招来别人鄙视的眼光和冷嘲热讽，或者，别人在发现他身有残疾时所表现出来的惊讶和怜悯。自童年时起，他就为自己的腿残而感到自卑，后来又意识到他在家庭的地位卑微，更是难堪，加之与玛丽的那一段插曲，使他对女人产生了惧怕。他对女人又爱又恨。恨她们，是因为爱慕过深，于是他决定他要征服那些神秘的尤物，羞辱她们，让她们经受痛苦，以雪心头之恨；怕她们，是因为惟恐自己的情不自禁换来的又是内心的伤痕累累！

水与火的交融

在拜伦的一系列情人中，卡罗琳娜是最让他头疼的。今天是如水般的温柔，明天却又如火烧般灼人心，所谓女人的"善变"在卡罗琳娜身上体现得淋漓尽致。从拜伦给卡罗琳娜的一些书信中可以看到，当他希望结束他们之间暴风雨般的恋情时告诉她：自己必须这么做，目的是为了不让"傻瓜议论，朋友伤心，聪明人遗憾"。

1814年7月，拜伦在给岳母的信中表达了对卡罗琳娜的强烈憎恶，说她是"世上最让他讨厌、憎恶的人"。然而不久，他又写信给卡罗琳娜，说她是"世界上最聪明、最让人不可思议且令人神魂颠倒的小东西"。可见在拜伦的心中,卡罗琳娜确实是一个捉摸不透的小精灵。

这位在拜伦心中激起如此矛盾情感的女人,没受过什么正规教育,仆人就是她的"家庭教师"。长到15岁,她还是个桀骜不驯的顽皮姑娘。也正是这时,她发现自己有语言才能,还意识到自己在音乐、美术、戏剧和口才方面的天赋。当时,威廉·兰姆刚从剑桥毕业,即将成为律师,常来她家中做客,并为她的聪颖所倾倒。

兰姆苦苦追求了卡罗琳娜三年。虽然她躲躲闪闪,但也颇为有意。这是性格迥异的一对。她聪慧活泼,一束金黄色的短发飘洒在一双褐色的眼睛周围,显出一脸的天真。而兰姆总是带着嘲弄的微笑,表现出有教养的人才有的那种玩世不恭的模样。他天真,聪明,而那刚愎自用的习性很快就被她自然执拗的天性所折服。1805年的一个夜晚,他们步入了婚礼的圣殿。

开始几年,夫妻俩都沉浸家庭的欢乐之中。从早到晚,家里宾朋满座,偶尔两人在一起谈谈政治和古典文学,并不失时机地生养了三个孩子。不幸的是,长子患痴呆症而死,另两个孩子也在幼年夭折。婚姻的新鲜感消失后,卡罗琳娜便不安分起来。做妻子的那些陈规陋习让她厌烦。她决心要找到一个让自己激动不已的新的梦幻世界。

心理学研究表明婚姻的幸福感会随着时间的推移呈下降趋势。这主要是由于两个原因:其一,作为婚前恋爱阶段特征的炽热的浪漫情怀逐渐消失,以及亲昵关系、和谐性生活的不可避免地减退。其二,"角色紧张",即因夫妻双方谁该做什么而引发的一种冲突。

在一次舞会上,拜伦第一次见到了卡罗琳娜。舞会上众多的女性崇拜者并没有吸引到他,而卡罗琳娜却让他一见倾心。经介绍,拜伦提出要拜访卡罗琳娜,而她一句话没说便转身离开了。回到闺房,卡罗琳娜记下了这第一面的感觉:"那张美丽白皙的脸就是我的命运。"几天后,拜伦来拜访卡罗琳娜。当时,卡罗琳娜刚骑马回来,正满身尘土的与别人坐在一起,一听说拜伦来了,马上跑去把自己从头到脚修饰一番。他们之间的恋情从此便开始了。然而,拜伦当时很矛盾,他并不喜欢这种瘦弱又有点变态的女人,但他无法抗拒那火辣辣的激情。

卡罗琳娜与拜伦的私情不久便受到来自各方面的指责。与此同时,拜伦也开始讨厌卡罗琳娜歇斯底里的怪僻行为和疯狂的占有欲。他决定告别这段情缘,他给卡罗琳娜写了一封绝交信,但卡罗琳娜的情感犹如跷跷板在爱与恨之间上下起伏,并没有答应他绝交的请求。

1815年,拜伦与表妹结婚。但正如卡罗琳娜所预言的那样,两人第二年便解除了婚约。从此,拜伦永远地离开了英国。卡罗琳娜仍然对旧情耿耿于怀。她出版了一本名为《格兰那温》的情节剧小说。书中的人物一眼就能对上号,拜伦在书中被刻画成一个小妖怪,他看后对此嗤之以鼻。不久卡罗琳娜开始出现精神分裂的症状。

跨越友谊和爱情

在拜伦遭受初恋挫折的时候,就开始有了一个说心里话的人,那就是他同父异母的姐姐奥古斯塔。16年前,拜伦出生时,奥古斯塔被寄放在她的外祖母家里,两人还从未见过面。

外祖母过世,拜伦的母亲认领了这个丈夫与前妻生的女儿。姐弟俩一见面,奥古斯塔便喜欢上了自己的弟弟。而拜伦除了他那令人生畏的母亲外,举目无亲,当他发现还有一个可以同自己做朋友的姐姐时,兴奋至极。奥古斯塔美丽端庄,举止温顺,完全符合拜伦一直向往的亲人形象。

奥古斯塔此时已经同表兄乔治·莱赫上校订了婚。她认为爱情是非常凝重的感情,说自己甚至爱到了"痛苦的程度"。在信中,拜伦表示了对姐姐的理解和安慰,并表明了自己对爱情的漠视,以及对女人的轻视。

拜伦由失恋而变得玩世不恭。在玛丽宣布结婚后不久的日子里,拜伦仿佛被抛进了茫茫大海。早前,奥古斯塔一直认为弟弟是个意气风发的温柔青年,可是当他们再度见面时,拜伦的性格变得简直让她认不出了。他就像一只刺猬,动不动便容易对别人造成伤害。

奥古斯塔是一个贞洁女子,从小接受的是祖母作为一个虔信派教徒,给她塞了满脑子古怪的道德信条。由于自己的丈夫热衷于赌马,常年不在家中,偶尔回来一次。奥古斯塔要照顾三个孩子,其中一个孩子正生着病,还得设法躲避马场登记赌注者和债主,迫于无奈,她投奔了住在贝内大街的弟弟。

一见姐姐,拜伦便被她吸引住了。首先,她的体态立即迷住了拜伦,她有着拜伦家族的一切优点。拜伦一向对自身的血统怀有好奇心,遇到另一个活像自己的美妇,免不了又惊又喜。两人的精神面貌也很相似。奥古斯塔有拜伦家族的人的腼腆,又有相当的野性。在社交场合,她和拜伦都默不作声,但当两人突然相对而视,顿时感到自由惬意。也许因为他俩是姐弟,也许因为两人间有无数相同的回忆以及那个轻率的、朝三暮四的父亲。两人从接触的第一天起,便非常融洽。拜伦厌恶陌生人,因为他们丝毫不了解他的生活,也不知道他的敏感之处,他倒霉的腿疾,不幸的童年。但是和奥古斯塔在一起,一切都那么自然和谐,可以随心所欲,因为她对拜伦既温情又宽容。

两人非同一母亲所生,也不属于同一个家庭,在他俩不同寻常的姐弟情中,已经不知不觉地潜移进了一种柔情蜜意。在拜伦的眼中,奥古斯塔不仅可以同他的任何一个女友一样让他快乐,而且还有足够的可能诱惑他。拜伦曾动笔表露心迹,说他喜欢让女子把自己当成"既非常受宠、又有点乖戾的姐妹"。

此时,乱伦的念头已在拜伦心中作祟。想象一份充满危险的爱情,难道不足以让他信服命中注定吗?拜伦心知有"罪",他将自己想象得比实际还要恶劣,从中体味有罪的乐趣。那种对自己无能为力的超越,已经让他深深陷入了这份罪孽中,无法得到救赎。拜伦在奥古斯塔身上寻找的,依然是他自我的影子;在对她的兴趣里,想必夹杂着他那种奇特的孤芳自赏。

拜伦心中始终抱着对完美爱情的期盼。这在他的《唐璜》中也可窥见。他称赞唐璜与小莱拉的精神之爱为"最高贵的爱情"。拜伦用近乎理性的描写手法,把唐璜对小莱拉的痴心迷醉刻画得细致入微,用唐璜在小莱拉身上瞥到了柏拉图"美的理念",从而将这种美的理念投射到了小莱拉这个现实的"美本身"上去,进而由于对"理念"的爱而产生了对小莱拉的爱。唐璜与小莱拉的爱情是完全建立在"精神"之上的。这种精神之爱也是一种超现实的浪漫主义情怀的反映,它是由于在现实世界中无法达到而表达的一种理想境界。

在19世纪浪漫主义文学时期,柏拉图的哲学在所有人的思想里都占据着不可动摇的位置。在拜伦的一生中,他用自己的行动展示了对精神之爱的追求。要说拜伦的身边最不缺少的就是女人,但令他一生念念不忘的,却只有奥古斯塔一个人,这又是为什么呢?说起来她并不是那么美丽,也并不是那么温婉动人。她所做到的只是在精神上给予拜伦无限的寄托和慰藉,正是这种精神之爱使得拜伦把她放在了心中最重要的位置。

然而说到奥古斯塔,为何她没有阻止这一切的发生呢?因为在她身上最突出的是心地善良,这种善良几乎使她不受任何道德和其他规范的约束。只要她心爱的人高兴,即使是去犯最严重的罪行,她也不会认为是件坏事。为此,她那十分纯洁的灵魂做出了最癫狂的举动。由于这样一种爱情包含罪孽,幸福里掺杂着悔恨,拜伦从中感受到了强烈刺激的乐趣。与之相比,以往的那些艳遇则显得平淡乏味多了。

乱伦!拜伦违反了人类最古老的一项禁忌。而奥古斯塔就像一只小鸟,蹦跳在自己的思想表面,自娱自乐,将一切内疚和罪恶感抛之脑后。后来,拜伦饱尝悔恨之苦,屡次要同她一起反省,奥古斯塔却每每灵活地避开这个话题,还试图逗他开心。

最终,由于挡不住外界的压力和自己内疚感的作祟,他们俩觉得应该是结束这一"犯罪"的时候了。然而两人谁都不知道如何来浇灭他们之间的熊熊爱火?于是,奥古斯塔提议,让拜伦娶一个妻子来为他料理家事,那么自己也就没有理由再长久住在弟弟家里了。好说歹说拜伦才同意了,并且他们共同"锁定了"安娜贝拉·米尔班克。此时,奥古斯塔已经怀上了身孕,安娜贝拉的悲剧开始了。

"堕落天使"的困惑

安娜贝拉·米尔班克是在卡罗琳娜家的舞会上遇到拜伦的,她是卡罗琳娜的表妹。一见拜伦,她就为他的帅气所倾心,但由于从小受着教条思想的束缚,而不敢表露自己的内心感受。拜伦对安娜贝拉的第一印象是她是一个过于教条化的女子,有点像一个四边形,所以也经常叫她为"四边形公主"。他们两人之间不管是在身份还是在性格方面都有非常大的反差,安娜贝拉出生于贵族世家,从小接受很好的教育;拜伦,出生于破落家族,虽受到了良好的教育,但由于家庭不幸福,导致了畸形的性格,以及表现出一幅无法拯救的"堕落天使"的样子。

虽然,拜伦不喜欢安娜贝拉这样的女子,但由于自己还背着父亲所欠下的赌债,并且在姐姐一再劝说下,他终于通过墨尔本夫人向安娜贝拉求婚,但遭到了安娜贝拉的拒绝。两年后,安娜贝拉却主动回信同意与拜伦交往,于是他们相爱了,并且结为夫妻。但是,新婚的喜悦并没有保持多久,拜伦与安娜贝拉便产生了巨大的矛盾。安娜贝拉一边发狂似的爱着拜伦,一边想以自己的宗教信仰拯救拜伦。她认为"如果不是自己变成拜伦,或者拜伦变成自己,就难以保持家庭的和平"。她就像运算数学题一样,详细地分析拜伦的一言一动。天性酷爱自由的拜伦对安娜贝拉的这些做法感到十分苦恼,"一天比一天更加感到自己结婚的错误"。后来,拜伦从母亲那里继承下来的坏脾气终于发作了,他将安娜贝拉赶回了娘家。回到娘家的安娜贝拉认为再也无法同拜伦生活下去了,于是在父母的帮助下决然与拜伦办理了分居手续。拜伦知道分居的消息后好似一个晴天霹雳,因为"他自己虽然被不可压制的激情苦恼着,但是内心还是爱安娜贝拉的"。但是,现实中的英国社会却扼杀了诗人重拾美好婚姻的念头,给诗人的身心及社会地位带来了致命的打击。别林斯基对那个时代的英国做过精辟的论述:"任何地方也不像英国这样把个人自由扩展到无限的程度,任何地方也不像英国这样压制和约束社会自由。"基于这样一个社会背景,加上拜伦的亲身经历以及所遇到的痛苦,使拜伦不羁的性格通过诗歌得到了充分展示。他对自己的爱情和生活理想都在这样一个社会中遭到扼杀提出强烈的控诉,《唐璜》中对自由、真挚爱情的扼杀的揭露正是他控诉之声的最强音。

  《唐璜》中有一个最突出、最成功的地方就是对唐璜母亲的描写。唐璜的母亲伊内兹是一个貌似"十全十美、无与伦比",实则是一个彻头彻尾的伪君子。她声称:"早熟是万恶之源。"她在教育唐璜时,不允许他接受一点"不健康的"思想和言论,并且使这种"俗不可耐的东西"与她的儿子彻底隔离,更为甚者,连年轻的婢女也不准雇佣。正是这个"女界的圣徒都望尘莫及"的"贤母",却过着放荡的生活,与朱利亚五十多岁的丈夫有着不可见人的私情,还卑鄙地收买了朱利亚作为自己的好友以制止"流言",并反诬自己的丈夫患了神经病而找医生证明。后来,仿佛是报复这个偷别人丈夫的女人,唐璜母亲小心看管的儿子却被少妇朱利亚偷了。鹤见祐辅认为:"拜伦对这位母亲伊内兹的辛辣描写,正是对安娜贝拉的笔诛。"对唐璜的父母家庭不和的描写,同样暗示着诗人生平唯一的一次婚姻的不幸。英国上流社会也曾借诗人婚姻的不幸事件,大肆渲染,造谣中伤。

  拜伦在《唐璜》中肯定精神之爱的同时,也对夫妻之间互相欺骗,贪图纯肉体之爱,尤其是对上流贵族妇女的纵欲无度,进行了无情的揭露和严厉的批判。诗人用毫不晦涩的语言描绘了贵族女子荒唐无稽的生活:"那儿每个人都有不同的目标。一个要如愿以偿,一个另有心计的单身女子愿意改变她的孤单。而太太都想替小姐承担这麻烦。"在这群人中,除苏丹王妃古尔佩霞、俄国女皇喀萨琳、苏格兰女王伊丽莎白、阿德玲勋爵夫人之流外,还有唐璜的母亲伊内兹。然而,事实究竟是这样的吗?从表面上看来,无论是作品中的唐璜,还是现实生活中的拜伦,他们都有数不尽的风流韵事,都似乎是那种生活放荡、贪图肉欲的好色之徒,丝毫无半点道德可言。但是,只要我们认真分析一下,不难发现在这种表面现象之下却另有深意:唐璜和拜伦曾经也想追求心灵和肉体相融合的真挚爱情,只不过他们在追求这种真爱的过程中,撕去虚伪的外套,求真求实。鹤见祐辅指出:"拜伦走着与那些内心毫无道德而表面上道貌岸然的人恰恰相反的道路,他痛恨英国社会的伪善。他之所以做出一些诡异的行为,正是对这种伪善的针锋相对的讽刺。他在忠实于自己的信念这一点上,实在是少见的有德者。"面对当时英国上流社会对诗人"没有道德"、"不负责任"、"放纵"、"乱伦"等的指责和污蔑,作者将自己长期以来的痛苦和仇恨,转化成在《唐璜》中剥去上流社会的虚伪的爱情面纱,暴露其贪欲、荒淫的本来面目加以嘲讽。这样,《唐璜》中对上流社会"贵族爱情"的嘲讽和揭露,正是"拜伦主义"的本质的体现,"它既表现了贵族阶级分子的道德堕落,又表现了对贵族阶级的反叛",也构成了诗人对社会现实生活批判的重要内容。

尽管拜伦的态度异常强硬,内心却是虚弱的。他黯然离开了阴冷潮湿的伦敦,离开了"密不透风的岛国",去意大利沐浴地中海灿烂的阳光,就像中毒者获得了解药。命运自有安排。在那里有一位17岁的美女特瑞莎·奎齐奥利将成为他新的守护神。"我至少已从堕落中得到了那种好处,名副其实地去爱。这将是我最后的冒险……"拜伦用忘忧的语气这样说。与意大利烧炭党人的秘密交往,揭开了他生命中最为波澜壮阔的一章,而他与特瑞莎在流放地出生入死的爱情,更闪耀出英雄美人患难与共的壮丽色彩。

爱情无价

在拜伦一生众多的恋爱故事中,可以开列出一长串美女的名字:表姐玛格丽特·帕克、"安娜雷斯的晨星"玛丽·恰沃思、死缠烂打的卡罗琳娜·兰姆、信奉卢克莱修哲学的奥克斯福夫人、同父异母的姐姐奥古斯塔、古典情怀的弗朗西斯·安思莱、"飞蛾扑火"的克莱尔·克莱尔蒙特、布商之妻玛丽安娜·西格蒂、村姑小姐玛格丽特·科格尼、爱情至上的特瑞莎·奎齐奥利——此外，安娜贝拉·米尔班克小姐显然是一个很少得到同情的牺牲品。拜伦高兴时称这位热爱数学的优雅女子为"四边形公主"，不高兴时则称她为"冰柱"，可她的理性却并没有帮助自己赢得应有的幸福。拜伦一直对婚姻的期望值很低。他说："我想要有个伴儿，一同打打哈欠。"安娜贝拉却满怀宗教热诚，以为自己能扮演好天使的角色，能一举将拜伦男爵从堕落的道路上挽救回头。可是不管她怎么努力，这次数学与文学离奇的结合并未如她预想的那样达成琴瑟和谐的效果。拜伦相中安娜贝拉，首先是因为她高贵的门第和洁白无瑕的名声。尽管拜伦把英国上流社会的闺阁搅得天无宁日，但他害怕自己有朝一日也会成为被愚弄欺骗的丈夫；其次才是因为她聪明的头脑和优美的身段。这场婚姻简直比拜伦贫血的脸色还要苍白，比他敏感的心灵还要脆弱。

在拜伦短暂的一生中，爱情不仅是重要的，而且是决定性的。"唐璜式的"高傲、狂野、乖戾、阴郁、脆弱、叛逆、胆大妄为、见异思迁和逢场作戏，这些坏性子，都在他恋爱过程中得以充分发挥，表现得淋漓尽致。早在拜伦之前，17世纪的法国剧作家莫里哀就曾在笔下调侃他的唐璜："我喜欢这种爱的自由，每当一张漂亮的脸孔向我索取真心的时候，我就会毫不迟疑地付出我的感情。当然，这是在我有一万颗心的情况下。"而拜伦只有一颗心，却顶一万颗心用，他用得游刃有余。如果说他的爱情是病态的，那么那个充满激情的时代也就是病态的；如果说他是伟大的，那么那个充满激情的时代也就是伟大的。

36岁的拜伦为希腊民族解放运动献出了生命，这是他的必然抉择。一代诗魂不幸凋殒。法国作家莫洛亚将他与拿破仑相提并论，称之为"双峰耸峙的文武巨才"。

诚然，无论拜伦再怎样伟大，也挡不过明处和暗处的强大敌人的腹背夹击。但他轰轰烈烈地活过，他了无遗憾。恋爱中的拜伦既非天使，也非恶魔，而是一位敢作敢当的诗人。他表现出了诗人之为诗人的一切弱点，也表现出了诗人之为诗人的全部优美之处。

4

巴尔扎克：理想在现实中绽放出真挚的爱

Ba Er Zha Ke Li Xiang Zai Xian Shi Zhong Zhan Fang Chu Zhen Zhi De Ai

> 爱情是我们心中一种无限的情感与一种有形的美好理想相结合的产物。
>
> ——巴尔扎克

奥诺德·德·巴尔扎克（Honoré de Balzac, 1799—1850）

4 巴尔扎克： 理想在现实中绽放出真挚的爱

奥诺德·德·巴尔扎克是19世纪法国伟大的批判现实主义作家，欧洲批判现实主义文学的奠基人和杰出代表。1829年他发表长篇小说《朱安党人》，使他迈出了批判现实主义创作的第一步。1831年出版的《驴皮记》使他名声大震。为使自己成为文学上的拿破仑，他在19世纪30至40年代以惊人的毅力创作了大量作品，写出了91部小说，合称《人间喜剧》。《人间喜剧》分"风俗研究"、"哲理研究"和"分析研究"三大类，原定书名为《社会研究》。1842年，巴尔扎克受但丁《神曲》所谓"神的喜剧"的启发，遂改为《人间喜剧》——把资产阶级社会作为一个大舞台，把资产阶级的生活比作一部丑态百出的"喜剧"。《人间喜剧》真实地反映了当时的社会生活，描写了贵族阶级的注定灭亡，揭露了资产阶级的贪婪、掠夺和一切建立在金钱基础上的社会关系。全书共塑造了两千四百多个人物，并且一个人物往往在多部小说中出现。

缺乏爱的悲惨童年

你真不知道我母亲是怎样的一个女人，她是一个妖精，同时又是一个妖精似的怪人。在我那可怜的劳伦斯和我祖母被毁了之后，目前她又在想方设法把我姐姐赶入坟墓。她有一大堆理由来恨我，她甚至在我出世之前就恨我了。我和她已濒临关系破裂的边缘；这几乎免不掉了。然而，我却宁愿继续受罪，这是一个无法愈合的创伤。我们相信她是疯了，于是请了一位和她有三十三年交情的医生来给她看病。但他说道："不，她没有疯，她只是存心不良而已。"……我母亲就是我一生中所遭到的全部不幸的根源。

——致德·韩斯迦夫人

巴尔扎克于1799年5月21日出生于法国图尔，原名奥诺瑞·巴尔扎克。他的父亲是一位由农民起家的中产阶级，母亲是一个银行家的女儿。巴尔扎克的父亲兴趣广泛、性格开朗，喜欢无忧无虑地生活；而他的母亲却是属于惹人讨厌的类型——她心胸狭隘，戒律多，喜欢

无休无止地抱怨。

巴尔扎克刚出生,他古怪的母亲就马上把他送走,好像他是一个麻风病人似的。他在农村的一个宪兵家里度过了生命早期的四年。后来,尽管他们家的房子很宽敞,他还是不准住在家里,只有星期天才能回家一趟。他不能跟他年幼的弟弟妹妹玩耍,没有玩具,生病了也没有父母在身边陪伴。当巴尔扎克7岁时,父母把他送到旺多姆一个条件很差的寄宿学校——奥瑞多利教会学校,在那里他待了六年。这所位于旺多姆市中心的学校,光线阴暗,围墙厚实,从外表看很像是一座监狱。在这几年里,巴尔扎克几乎没有回过家。由于母亲的漠不关心,他没有暖和的手套和内衣过冬,总是手指冻僵,两脚生满冻疮捱过冬天。而更残酷的是,由于巴尔扎克的与众不同,他在学校常常受到严厉的体罚,直到他发生了一次精神崩溃,才使他离开这所"童年的监狱"。回家后不久,巴尔扎克又被送到利辟特寄宿学校。在那里,他依旧没有得到他所需要的关爱,一直有一种被摒弃的感觉。他的父母也从来不给他零花钱,对他在学校里的生活漠不关心。

寄宿在别人家里,寄宿在学校,巴尔扎克就这样慢慢成长起来。在他的童年时代,他从来没有真正体验过爱的滋味,没有人给予他关爱,有的只是惩罚和责备。不过,这些不幸并没有压抑和抹掉巴尔扎克天生的乐观和自信。从小缺失母爱的巴尔扎克,一直在寻找一个具有母性特征的女人,这就决定了他一生所爱的女人之模型——具有"母性"特质的成熟女人。

一生无悔的爱

她是我的母亲、朋友、家人、伴侣和顾问。她使我成为一个作家。她给了我在我年轻时所需要的同情,她指导了我的审美力.她像一个姐姐一样,和我一起哭泣,一起欢笑,她每天来到我的身边,犹如一次包治百病、减轻人们痛苦的睡眠……

——巴尔扎克

4 巴尔扎克：理想在现实中绽放出真挚的爱

1822年,23岁的巴尔扎克创作不成,经商失败,从而负债累累。这是他最困难的一年,但就在这一年他获得了人生的第一份爱情——大他整整22岁的德·柏尔尼夫人走进了他的生活。

当时德·柏尔尼一家是巴尔扎克家的邻居。为了逃避讨厌的母亲无休止的抱怨和指责,巴尔扎克主动承担起为柏尔尼家的孩子做家教的责任,他常常花一整天时间待在这个家,这也使他注意到了已步入中年的柏尔尼夫人。当年45岁的柏尔尼夫人是9个孩子的母亲,她的身材胖得略显福相,她那女性的魅力已经完全融入母性之中。不过,这种母性正是巴尔扎克童年时所渴求的,也是他的母亲所不能给予的。正是这种母性打动了巴尔扎克的心。

巴尔扎克有着向人倾诉的爱好,而他的母亲是绝对不允许他这么做的,并把这个看成是"天大的放肆"。而这个年纪与母亲相仿的女人,总是耐心倾听他的话,体贴地指导他,温柔地对待他。对于柏尔尼夫人来说,她只是想用自己的人生经验去指导这个不成熟的、浮躁的傻小子而已。她把巴尔扎克的羞涩,看成是他对她的年纪和社会地位的尊重。她对自己在鼓励他时所释放出来的魅力以及对他所产生的影响毫无察觉。她做梦也没想到,巴尔扎克会忽略年龄的差异而爱上她。

柏尔尼夫人一直尝试着抵抗这种荒唐的情感,她试图把他们两人的关系限制在友谊范围内。但是巴尔扎克百折不挠地追求她,加上她本身对自己婚姻的失望,渐渐地她爱上了这个热情如火的小伙子。

这份真挚的感情使这个曾经很羞涩、不敢在女人面前讲话的男孩,变成了一个有勇气且具备了男子汉气概的男人。这个时候,巴尔扎克生活的焦点已经从他的父母转移到柏尔尼夫人那里。不管是家人的恳求还是责备,也不管镇上的流言飞语,都无法动摇他献身给他所爱的女人的决心。

巴尔扎克和柏尔尼夫人的爱情持续了整整十年之久。这十年里,柏尔尼夫人适时地指导巴尔扎克,在他遇到困难的时候,无私地帮助他,为他分忧解难。这份感情,让巴尔扎克真正体验到了爱的无私和美好。后来由于柏尔尼夫人渐渐衰老,在肉体上对年轻的巴尔扎克的吸引越来越少,这种关系才逐渐转变为友谊。

1833年7月27日,柏尔尼夫人去世。巴尔扎克离开巴黎,前去她的坟墓吊唁。在那一刻,他感到自己的青春也被埋葬到柏尔尼夫人的坟墓里去了。她无法再保护他,鼓励他了。尽管当时巴尔扎克在乌克兰和巴黎都有新的情妇,但他还是感受了一种前所未有的孤单。

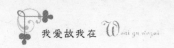

巴尔扎克和柏尔尼夫人的爱情在他生命中起着决定性的作用。这份爱情不但让这个处于绝望中的年轻人发现了自我,重新找回自信,让这个草率从事、粗制滥造的作家成为真正的巴尔扎克。而且,还决定了他今后一生会喜欢的女人的"原型"。他说过,40岁的女人将为你去干一切——20岁的女人则什么也不干。

昙花一现的爱

德·亚勃朗台公爵夫人是于诺将军的遗孀。巴尔扎克于1829年左右在凡尔赛遇到她,当时她已经非常穷困潦倒了。不过,头衔和高贵的姓氏永远对巴尔扎克有一种吸引力。做一位公爵夫人的朋友,甚至做她的情夫,这让他得意不已。

对巴尔扎克来说,能与一个知道"历史秘密"的女人同床共枕是大有裨益的。亚勃朗台公爵夫人曾在她母亲家中遇到过拿破仑,当时拿破仑还只是一个小小的将军。巴尔扎克后来有关拿破仑题材的小说,如《一桩无头公案》或《夏倍上校》,都充满了文件性的详细材料,这都应该归功于他和亚勃朗台公爵夫人之间的关系。在这段关系中,与双方的肉欲相比,真正的爱情只占了很小的一部分。

作为一场恋爱来讲,它只是昙花一现,但某种友谊却保持了下来。他们俩有类似的生活经历,都曾债台高筑,尝尽了生活的酸甜苦辣。当他们之间的关系趋于平淡时,他们曾在相当长的一段时期内,以挚友的身份相互帮助过。她把他介绍给其他贵族朋友,而他也帮她把回忆录给出版商。后来,亚勃朗台公爵夫人渐渐在巴尔扎克的生活中淡出了。

无结果的示爱

她是一位真正的公爵夫人。平易近人、和蔼可亲、灵敏、聪颖、娇

4 巴尔扎克：理想在现实中绽放出真挚的爱

媚,和我从前所见者完全不同。稍一进展,这女人就退避三舍。她口口声声说她爱上了我,而倘若她随心所欲的话,就可以把我看管在威尼斯的神宫里……这女人要我专为她写作。对这样的女人,除了倾心崇拜之外,别无他法,她们一声令下,只能双膝下跪,去征服她们,真是天下第一快事。

——致珠儿玛·卡洛

1831年10月5日,一封信转交到巴尔扎克手里。信纸的质量、书写的笔迹以及措辞的语气,都使他预感到写信的人必定是一位身份尊贵的女人。

写信人是德·卡斯特利侯爵夫人,最终因继承的关系而享有"公爵夫人"的头衔。她有着在圣·日耳曼郊区所能找到的最优秀的纯正贵族血统。父亲是德·麦莱公爵,一位前法兰西元帅,他的盾形纹章可追溯到11世纪。德·卡斯特利公爵夫人芳龄35,是一个多愁善感、郁郁不乐的女人。从这些方面来看,她可能是最符合巴尔扎克的要求的女人。巴尔扎克在还没有见到卡斯特利公爵夫人的时候,他已经"深深地"爱上了她。

后来,巴尔扎克得到她的邀请,到德·卡斯特兰宫拜访她。他们之间的关系越来越热乎。他向她示爱。卡斯特利夫人爱慕巴尔扎克的才华,她虽没有用冷淡的态度对待他的小小的亲昵行为,但却拒绝以身相许。

在埃克斯旅游的时候,巴尔扎克为卡斯特利公爵夫人改变了自己半夜开始写作的习惯,将晚上的时间都留给她。但是她并不领情,仍然拒绝奉献自己。夏天即将过去,昂西湖畔的树叶渐渐变黄,开始凋零,然而巴尔扎克和她之间的关系相比六个月前在德·卡斯特兰宫并没有更多的进展。在去意大利旅行的途中,巴尔扎克在日内瓦向她发出了最后通牒,她还是严词拒绝了。决绝的态度深深地激怒和刺痛了他。他怒气冲冲地冲出了房间。后来他决定向这个虚伪的女人报复。他在《德·朗热公爵夫人》这本书里,描绘了她"冷酷无情的"面目。

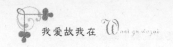

一个陌生女人的来信

  如果你能看到你的信件对我产生的影响,你就会立刻领悟到一个钟情男子的感激之情、由衷的信赖、一个儿子对母亲的纯洁的感情……一个青年对一位妇女的诚挚的敬意和他对天长地久和炽热如火的友谊的美妙希望。

——致陌生女子

  巴尔扎克已经确定了写《人间喜剧》的目标。为了完成这个宏大的计划,为了能够全身心地投入工作,他还需要一个富有的妻子和一个稳定的家庭,使他能从肉体的苦闷、债务的骚扰、与出版商的斗争中解脱出来。

  1831年的一天,巴尔扎克的桌上放着一封女性寄来的信件。这信寄自遥远的俄罗斯,并用法文签上"陌生女子"。巴尔扎克猜想只有富裕的贵妇人才能写这么好的法文,并有能力承担起订阅巴黎最新出版物的昂贵的邮资。正如巴尔扎克所猜想的,写信给他的正是俄罗斯一位尊贵的男爵夫人——德·韩斯迦夫人。

  韩斯迦夫人是俄罗斯一富裕的波兰贵族文塞斯拉夫·韩斯迦男爵的夫人,她会讲法语、德语和英语,爱好文学。年方三十的她,虽略趋肥胖,却体格健美,模样迷人。

  韩斯迦夫人一家住在维口霍维尼的一所很大却寂静的贵族豪宅里。为了打发时间,韩斯迦夫人经常阅读巴黎的各种最新出版物,并与她的两个外甥女和家庭女教师就出版物上一些事件进行讨论。1831年,她们对巴尔扎克的小说展开了激烈的讨论,最后她们决定给他写一封带有捉弄语气的信。她们没有想到,这封信会给巴尔扎克带来如此大的震动。后来,在韩斯迦夫人的要求下,巴尔扎克在报纸的启示栏里告诉她信件已经收到,并希望能够跟她进一步通信。韩斯迦夫人瞒着自己的家人,并在家庭教师的帮助下,开始偷偷地跟巴尔扎克通信。巴尔扎克欣喜万分,他在信中把他那夸张而又热情的情感倾

4 巴尔扎克：理想在现实中绽放出真挚的爱

泄到这位孤独的、生活在文明边陲的女人心中。他在给她的第三封信中就开始向她示爱。这激起了韩斯迦夫人心中的热情，为了能和巴尔扎克见一面，她劝她的丈夫去西欧旅游。

1833年初，一大队人马从维口霍维尼出发了。韩斯迦夫人选择较为接近法兰西国境的纳沙特尔作为夏季的住处。一个月后，巴尔扎克经过四个日夜辛劳的奔波于9月25日到达了纳沙特尔。巴尔扎克和韩斯迦夫人第一次见面无疑是愉快的，他们对彼此都很满意。对于她来说，在乌克兰的堡垒里，是遇不到像巴尔扎克这样热情的人的，她愿意跟他谈情说爱，甚至让他在无垠的麦田里偷偷地吻她。而对于巴尔扎克来说，韩斯迦夫人无疑是他这么多年来所遇女子中最符合他要求的。她年轻漂亮、教养有素、博览群书、会多国语言、聪明睿智。她的丈夫虽然不是亲王或伯爵，但是他拥有几百万的家产，这是巴尔扎克在小说中都很少敢杜撰的数目。因此，巴尔扎克将她定位为世界上唯一为他留着的女人——他的"北极星"。

回到巴黎之后，他越发勤奋地写作。在这期间，他完成了《欧也妮·葛朗台》这部不朽的巨作。同年12月份，这本书出版了，他有了去日内瓦旅游的费用。1833年的圣诞节，巴尔扎克心情舒畅地住进日内瓦的德·拉克旅馆，首先向他表示欢迎的是一枚贵重的戒指，戒指上的小囊里放着韩斯迦夫人的几根黑发。这是一个永结同心的爱情信物。终其一生，巴尔扎克都把它当做护身符戴在手上。在这个旅馆房间里，巴尔扎克和她缔结了白头偕老的誓言。

后来，巴尔扎克和她又在维也纳相聚了一次。在那次分别后的整整七年，他们没有再相见过。他们之间的感情也渐渐淡下来，通信中也常是对彼此的责备。而这段时间，有另一个女子一直陪在巴尔扎克身边，她就是美丽的吉多波尼·维斯贡蒂伯爵夫人。

坦荡的爱

1835年的一个晚上，在奥地利大使馆举行的盛大招待会上，巴尔扎克认识了约30岁的美丽、纤长、白皙、丰满的吉多波尼·维斯贡蒂伯爵夫人。维斯贡蒂家族是米兰的公爵，至于吉多波尼家族则是意大利首屈一指的贵族世家。这个高贵的姓氏就足以让巴尔扎克爱上这个女人。巴尔扎克开始狂热地追求她。在经过一系列竞争之后,巴尔扎克终于胜过了情敌,获得了她的爱。

维斯贡蒂伯爵夫人从不拿小心眼的嫉妒和暗中监视来折磨巴尔扎克,她任他自由行事,对他和其他女人的艳遇仅仅付诸一笑。虽然她的富裕不及韩斯迦夫人的十分之一,但当巴尔扎克遇到经济困难的时候,她总是尽力帮助他,前后达十几次之多。

和韩斯迦夫人相比,维斯贡蒂伯爵夫人其实更加豁达。她一旦决心和巴尔扎克相好,就毫无保留地倾心相待,对其他人是否知道此事毫不在意。她同他一起出现在歌剧院的包厢里;当他在找寻躲避债主的住所时,她把他带到自己家里;巴尔扎克在乡下造了一所房子,她就也搬到乡下与他为邻。

韩斯迦夫人比其他任何女人都更深刻地了解巴尔扎克,她在文学上的见解无疑比维斯贡蒂伯爵夫人明智得多,因此她抱着充当巴尔扎克的"指导人"和"顾问"的野心。而维斯贡蒂伯爵夫人却更加了解巴尔扎克对于女人的需要。她看出他是怎样的烦恼和苦闷,知道他消遣的迫切需要,尽管她并不富有,她还是尽力替他安排了两次意大利之行。每当巴尔扎克穷途末路、无计可施的时候,前来帮助他的总是这个女人。

他们的关系持续了五年之久,可奇怪的是,后世的文学评论家却很少关注这个女人。这与伯爵夫人不在意身后的文学名声有关。我们可以想象,巴尔扎克一定给她写过不少热情洋溢的信件,但她既没有给这些信件编号,也没有像韩斯迦夫人那样把它们收藏在锦盒里。她并不希望在文学里留下自己的名字,而只是想在巴尔扎克还活着的时候,更加全心全意、真诚坦率地为他付出,让他幸福。这就是她和他之间的关系一直很轻松,没有紧张感的原因。

不过,伯爵夫人和巴尔扎克的爱情,从一开始就注定是与婚姻无关的。她只能将巴尔扎克定位为"情夫",她不可能为他放弃自己的丈夫。巴尔扎克也爱她,但是她毕竟没有韩斯迦夫人那么富有,还有一个年老力衰的丈夫。因此,韩斯迦夫人而非维斯贡蒂伯爵夫人才是巴尔扎克想要娶的女人。

与德·韩斯迦夫人步入婚姻

哦,我亲爱的人。但愿我们终于能够心心相印地住在一起,互相照顾,无拘无束!我有时候想到这事,就变得傻头傻脑起来。我问自己,这十七个月是怎样过的,我在这儿,而你在远方!

——致韩斯迦夫人

1842年1月5日的清晨,巴尔扎克收到韩斯迦夫人的信,他得知她丈夫去世的消息。他激动得双手发抖。这意味着,曾与他有过海誓山盟的女人,他曾经发誓永远热爱的女人,现在已经是一个寡妇,还继承了她丈夫的无数家财。他对她的爱情死灰复燃。他决定再次征服这个女人,娶她为妻。他给她回了一封信,告诉她,他唯一爱着的人一直是她,她一直是他生活的全部,并希望她能遵守过去的诺言嫁给他。

韩斯迦夫人从朋友那里了解到巴尔扎克和维斯贡蒂伯爵夫人之间的关系,对他已经失去了信任。她拒绝了他的求婚,将承诺一笔勾销,她决定把自己的有生之年奉献给自己的女儿。可巴尔扎克并没有放弃。第二年的七月份,韩斯迦夫人终于答应巴尔扎克去圣彼得堡见她的请求。见面之后,巴尔扎克力劝她与他结婚,这次她没有坚决拒绝,只说在她女儿没有嫁出去之前,她是不会考虑结婚的。于是,巴尔扎克又开始等待。

1846年10月13日,韩斯迦夫人的女儿与一个有钱的青年贵族结了婚。巴尔扎克似乎终于要实现他多年的梦想了。第二年二月,韩斯迦夫人第二次居留巴黎。此时巴尔扎克的身体状况已经开始变坏,他的医生们都认为他绝不能够再恢复健康了。韩斯迦夫人了解到这个情况,在良心不安的作用下,她终于答应嫁给这个追逐她这么多年、命不久矣的男人。结婚典礼订于1850年3月里举行。

3月14日在乌克兰柏尔地契夫城的圣巴拉礼拜堂里,他们结了婚。婚礼十分秘密,没有客人,唯一的证人只有教士的一个亲属和梅尼齐克伯爵。但是,婚后的生活并没有巴尔扎克所想象的那么幸福。

他的身体每况愈下。而当他躺在床上奄奄一息时,他的新婚妻子却依然逛街购买各种贵重的珠宝。

韩斯迦夫人真的爱巴尔扎克吗？一个真正看出巴尔扎克的伟大的女人,应该会去珍惜他的感情,而不是以高高在上的姿态来对待他。尽管她很聪明,也认识到巴尔扎克的价值,但是她一直错误地评估了自己的价值。她没有意识到自己只不过是俄罗斯一个普普通通的贵妇,而巴尔扎克却是注定要名垂千古的伟人。在这段感情中,韩斯迦夫人一直认为是自己宽宏大量,是自己降低身份成全了这份感情。像她这样浑身都是等级偏见的女人,当然不可能毫无顾虑地献出自己。即使在和他结为夫妇的时候,巴尔扎克也从来不是她最亲密的人。她信赖的人一直是她愚蠢的小女儿,而巴尔扎克却始终是一个卑微的不速之客。

理想的婚姻

请你替我留神一下,看是否能够找到一个有财产的富孀……还请代我向她吹嘘一番——一个极好的青年,二十二岁,相貌堂堂,有着一双活泼的眼睛,真是一团火！是自古以来诸神烹调出来作为丈夫的一盘最佳菜肴。

——致姐姐劳拉

巴尔扎克在婚姻市场上的叫价一直是：一个有财产的富孀,即一个女人加一笔财产。这种女人,一方面可以改进他的工作状况,使他摆脱不得不把工作当成生财之道的局面,同时,又可以不让她因为他让她帮他还债而感到为难；另一方面,这个女人在把他从物质和金钱的困难中拯救出来的同时,也能满足他对爱情的需求。当然,出于巴尔扎克天真的势利心,这个女人最好是个贵族后裔。

巴尔扎克想娶一个有钱的妻子,与他的出生和所处的经济状况有关。巴尔扎克的父母属于小资产阶级,有着典型的小资产阶级的吝啬和贪财,他们总提倡省吃俭用,把花钱看成是最大的罪恶。正是这种

4 巴尔扎克：理想在现实中绽放出真挚的爱

观念，让巴尔扎克的童年过得贫穷且凄惨，他没有零花钱，没有好吃的食物，没有暖和的衣服。因此，巴尔扎克痛恨这种节省的观念，他也崇尚金钱，承认金钱的伟大作用，但他又认为金钱的作用是通过花费体现出来的。他希望自己能够挣更多的钱，希望能够通过金钱过上自己喜欢的奢华生活。因此，虽然他同他父母一样爱钱，他父母爱的是钱本身，而他爱的是钱能够带来的好处。总之，金钱一直对他有致命的吸引力。而且，自从他经商了之后，就欠债累累，他的一生都没有摆脱这些债务，曾经还被投入欠债人监狱。但是，他并没有被债务压垮，他一直是个乐观的人，即使在绝境中，也能够找到希望。在他看到自己的小说无法为他偿还债务的情况下，他就把希望寄托在投机和娶一个很有钱的妻子身上。他认为只要有好的运气就足以让他还清所有债务，所以他并不担心。而这种运气很大程度上来源于他对婚姻的期望。

出于巴尔扎克天生的势利心，以及他对贵族的盲目崇拜，他一直希望自己能够晋升为贵族之列，希望自己的名字里也有一个"德"字，事实上他就是擅自这么做的。因此，现在我们都叫他奥诺瑞·德·巴尔扎克。为了能够得到贵族身份，他一度热衷于各种政治运动，希望能够步入政界，但最终没有成功。因此，他将这个希望寄托在能够娶一个贵族女人上。这样，他那丰富的想象力和乐观的态度就足以让他在娶到一个贵妇人之后，将自己也当成一个伯爵或侯爵。从他所爱的这些女人来看，不管是德·柏尔尼夫人、德·亚勃朗台公爵夫人、德·卡斯特利公爵夫人、吉多波尼·维斯贡蒂伯爵夫人，还是德·韩斯迦夫人，都有着高贵的姓氏，有或曾有过贵族夫君，有着高贵的社会地位。这类身份尊贵的女子对他总是具有一种致命的吸引力。一个女人，无论她是美是丑、是好斗还是温柔、是苗条还是肥胖，只要她具有一个高贵的姓氏，就足以让巴尔扎克爱上她。

童年缺少母爱的巴尔扎克，在得到了德·柏尔尼夫人的爱后，重拾信心。她是他的母亲、老师和情侣，她给他鼓励、指导和真挚的爱。这种爱使巴尔扎克终身难忘，他一直希望找一个像她这样的妻子，重温他的爱情旧梦。因此，他也在寻求这样一个成熟的女人，能够在适时的时候支持他，帮助他。

因此，我们可以总结出巴尔扎克的终身伴侣的理想标准模型是：高贵姓氏＋一份财产＋成熟女人。这就是巴尔扎克在脑海中清楚描绘的自己理想伴侣的形象。这个理想标准模型引导着巴尔扎克在其生活中，寻找符合这种标准的女人。

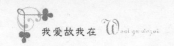

巴尔扎克的爱情心理学及其启示

真正的爱情有条件吗?

巴尔扎克虽然将自己对金钱的需求和虚荣心融入了婚姻观念中,但并不能说他对将来的妻子是没有爱情的。事实上,富有和名望对巴尔扎克产生的吸引,就像一个美女或一个很温柔善良的女人对其他男人所产生的吸引那样,足以让巴尔扎克产生真挚的爱情。符合巴尔扎克理想的妻子的女人,必然是他所爱的。我们或许觉得巴尔扎克"花心",其实他表面上的花心并不是因为他喜欢寻花问柳,而是因为他一直在寻找一个满意的妻子。应该说巴尔扎克是一个对爱情和婚姻真挚的男人。他一旦爱上某个人,是全身心付出的,不存在虚伪和欺骗,因为他本身就是一个直率的人。他对自己的情侣是有条件限制的,真正的爱情应该是理想和情感的结合。

事实上每一份爱情都是有条件的。有人天生就喜欢善良温柔的女孩,然后,某一天他遇上了这样的一个女孩,就陷入了爱河。爱情不能说是永远"唯一"的,真正的爱情不是至死不渝,而是能够在建构每段感情时都很专一。世界上的某些宗教中,要求本族女人只能爱自己本族的男人。因此有很多女孩,即便与很优秀的外族男孩在一起也不会动心。这并非是因为这个男人没有吸引力,而是这个女孩在其成长过程中,被塑造起来的爱情观念深深地影响着她。她的潜意识就要求自己所爱的对象也是信奉自己的宗教的,这就使得她不会对缺乏这种"条件"的男人动心。因此,真正的爱情是有条件的。

巴尔扎克让我们明白,真正的爱情不是从它产生的过程去定义,而是应该从当事人的感觉去定义的。有人认为中国人的婚姻是没有爱情的。事实上中国人的婚姻也存在着爱情,尽管很多时候,它产生于结婚之后。所谓的"先结婚,后恋爱",就像电影《李双双》中所表现的那样。也就是说,过程对于爱情来说是不重要的。你们是怎么相遇的,你们发生了什么,他因为什么爱上了你,都不会影响到最终他爱上了你、选择了你这一结果。这就是爱情。这种爱情是由一种彼此依恋的幸福的"感觉"来定义的。如果一个女人真正爱上一个男人,那么她会百依百顺,会为这个男人着想。同样,一个男人如果爱上一个女人,就会有迫切地与她呆在一块或要娶她的想法,并且双方都希望自己能够给对方带来幸福。这种感觉才是爱情的精髓。

爱情和婚姻的分野

巴尔扎克一直希望找到一个符合自己要求的妻子,但他并不排斥注定没有婚姻的爱情。例如,他和维斯贡蒂伯爵夫人、柏尔尼夫人的爱情。巴尔扎克的爱情和婚姻是分离的。他要求未来的妻子有财产,能够帮他偿还债务,但是他对情人却没有类似的要求。在婚姻上,他遵循自己理想标准模型的引导,而在爱情上,他却往往只看重高贵的姓氏、女人的成熟。他对情人的要求明显低于对终身伴侣的要求。他会一时爱上穷困潦倒的亚勃朗台公爵夫人,而将条件优异的韩斯迦夫人选定为世界上唯一为他留着的女人。

长期择偶和短期择偶的心理机制的不同,导致了巴尔扎克在寻求爱情时的条件就没有选择婚姻配偶时那么苛刻。情侣不可能无私地帮自己偿还债务,因此,情侣有钱没钱对他的影响是不大的。因为情侣的钱不可能成为他自己的钱。但情侣的名声对他还是有影响的。巴尔扎卡看中自己的爱人是否有贵族身份,因为这直接决定他的虚荣心是否会得到满足。想到自己是与某个亲王的女人同床共枕,就会让他觉得无比自豪。因此,在选择情侣时,一个贵族的名称就足以让巴尔扎克动心了,至于这个女人是否年轻漂亮,是否有钱,都不是太重要。当然,他也希望能够找到一个像柏尔尼夫人那样的人。他认为成熟女人比较有可能对他好,因此,他也追求这种成熟的,且包括那些对自己生活失去希望或对自己的生活不太满意的女人。而在长期择偶,即在寻找自己的妻子时,巴尔扎克的要求就提高了,他会看中对方是否有钱,是否有地位。而且,他也希望对方温柔体贴,是个有文化修养的女人。他对情侣的要求是明显低于他对妻子的要求的,这种要求降低体现在对女性的年龄、魅力、性格等各方面。巴尔扎克寻求爱情,但很多时候,他并不强求他所爱的人与他步入婚姻殿堂。他爱柏尔尼夫人,但他从未想过要娶她。他也爱维斯贡蒂伯爵夫人,但是,他们之间的关系从一开始就似乎与婚姻无缘。

我们可以认定,巴尔扎克的婚姻是有爱情的。巴尔扎克期待婚姻,希望婚姻能够将他从泥塘中拯救出来,同时满足他获得爱的需要。

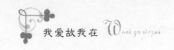

这样的婚姻能够使他全身心投入到创作中,不为债务烦恼,并且能够享受优越的物质生活。从马斯洛的需要层次理论上看,这是出于被尊重的需要,甚至是自我实现的需要。但现实生活是残酷的,巴尔扎克一直都没有找到一个理想的妻子,因此他退而求其次,寻求爱和归属的需要,即在没有达到步入婚姻的条件之时,他也常常只寻求爱情。因此,我们可以说,巴尔扎克对婚姻和爱情的追求是不矛盾的。

在巴尔扎克的观念中,爱情和婚姻是可以分离的,但是婚姻一定要建立在爱情之上。对爱情的需求仅仅是为了满足爱和归属感的需要。这种强烈的需要与巴尔扎克小时候的经历有关。从小失去母爱的他渴望尝尝爱的滋味,这种对父母的爱的渴求,在他长大成人之后,就转化为对异性的爱的渴求。根据爱情的"依恋"理论,幼儿时的依恋会影响成人以后为人处事和谈恋爱的方式。幼年的巴尔扎克是渴望父母的关注的,他一直对父母存在着期望,对爱也存在着期望。这种对父母依恋的渴求,在他成人之后,就演变为对爱情的追求。

爱是理智的还是非理智的?

巴尔扎克的爱情是受自己心中的理想模型支配的,亦即是属于理智的。但他的爱情中也有不理智的成分。首先,他虽然确定了爱人的具体类型,但他并没有具体确定该爱谁、不该爱谁。他是一个具有浪漫主义色彩的人,他常会非理性地爱上一个人。在还没有见到卡斯特利伯爵夫人之前,他就已经疯狂地爱上了她;在给韩斯迦夫人的第三封信中,就向她示爱。巴尔扎克虽然偶尔会将自己的情感夸大,但他本质上不是一个爱撒谎的人,我们应该相信他对这些女人的非理性之爱的真实性。而且,他对爱常常是奋不顾身,真心付出的。在对待柏尔尼夫人的感情上,他不顾家里人的反对、周围人的闲言碎语,誓死爱着这个年纪与自己母亲相仿的女人。在追求卡斯特利伯爵夫人的过程中,不管多忙,他都会每天到卡斯特兰宫去拜访。而且,在埃克斯旅游期间,他为她改变自己的作息时间,将自己每天一半的宝贵时间奉献给她。因此,巴尔扎克的爱情很多时候是非理性的,但这种非理性中又夹杂了理性。正如巴尔扎克所说:爱情是情感和理想的结合。其中,情感就是爱情中非理性的成分,而理想则是爱情中理性的成分。非理性的情感使巴尔扎克爱上一个女人,而理想则决定了这爱的浓烈程度和持续的时间。

"一厢情愿"的爱情

在巴尔扎克的爱情辞典中是不存在"单恋"这个词的,他一旦爱上一个女人,就会尽自己全力去征服她。如果长期的努力依然得不到这个女人,他就会放弃。从他追求卡斯特利伯爵夫人的过程就可以看出来,他绝不会凄凄惨惨地过单相思的生活。在爱情方面,他一直坦坦荡荡,该爱就爱,该放就放。他觉得只有两人倾心相随,互相爱恋,才是真正的爱情。这种爱情也值得珍惜。他讨厌那种口口声声说爱他,一直吊他的胃口,让他为之疯狂,而实际上却捉弄他的女人。

巴尔扎克是个乐观的人。他遗传了他父亲能够无忧无虑地生活的特点。没有什么事情能够让他陷入苦恼,他也不是那种喜欢自找苦恼的人。因此,令人伤心、耗费精力的单恋不是他所寻求的。他认为爱情就是要"得到",而那种没有两情相悦的感情,只能称作友谊。我们不妨勾勒一下他的爱情发展过程图:

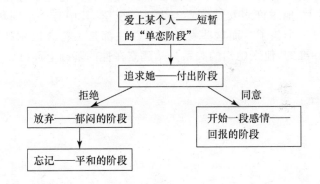

性与爱情的关系

爱情若缺失了性,那就是友谊了。从进化心理学的观点看,爱情的存在是出于种族繁衍的需要,而繁衍就需要性。一旦男女双方产生感情,这种原始的繁衍的本能就会在意识层面上通过与对方结合的迫切需求体现出来。因此,真正的爱情是会有对性的渴求的。我们难以想象,在远古时代,会有男人为了一个不可能与自己交配的女人付出那么多。如果真是这样,那么这个男人的基因也就会被淘汰。他费太多的心思在那些没有性的"爱情"上,就会真正忽略了能够为他献身的女人。因此,男人进化出了倾向于爱上可以和自己性交的女人。

在巴尔扎克的爱情观念中,爱情是不能缺少性的。在他与柏尔尼

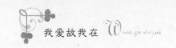

夫人的关系持续了十年左右之后,她已经是个50岁左右的老妇人,而巴尔扎克正好处于30岁的黄金时期。这时她对巴尔扎克来说已经不再有性方面的吸引力,性慢慢地从他们的关系中退出了,于是他们之间的爱情就变成友谊。无疑巴尔扎克依然在精神层次上是依赖她的,他依然需要她的鼓励和指导,而她依然充当着巴尔扎克的母亲、朋友和教师的角色。就是因为他们之间缺少了性,他才把这种关系定义为友谊。在追求卡斯特利伯爵夫人的过程中,巴尔扎克因为她拒绝以身相许,而怒从心来,认为她欺骗了他的感情。

当然,我们也不能说所有的性都是与爱情相联系的。这里又要提到进化心理学了。男人的本能是将自己的基因传递下去,因此,他们自然不可能放弃可得的性交机会。在某些情况下,即使他还没有产生爱情,而只要女方表现出性关系的需求,他一般也不会拒绝。因此,男人总是对那些潜在的性交机会很敏感,他们总是把女人的一些不经意的小动作或微笑当成是性的挑逗,那些不需要承诺的性关系对男人往往具有很高的吸引力。巴尔扎克自然也不会放弃这种不存在爱情的性,事实上,他跟许多女性读者发生过一夜情,其中有一个叫玛丽,还为他生过一个孩子。而这些女性读者往往都是不符合巴尔扎克的婚姻择偶标准的,他跟她们的关系只是建立在性的基础上而已。

5

雨果：与浪漫同行

Yu Guo Yu Lang Man Tong Hang

> 爱情是各种激情的混合物，包括对肉体的崇拜和精神的崇拜。
>
> ——雨果

维克多·雨果（Victor Hugo, 1802—1885）

5 雨果:与浪漫同行

漫步于塞纳河畔,行走在香榭丽舍大街,"浪漫"这个词似乎始终与法国形影不离。在这里,曾经有一篇《〈克伦威尔〉序言》横空出世,它如同一道厉雷闪电,划破了古典主义学派桎梏阴冷的天空,震起了浪漫主义澎湃的浪潮。就这样,维克多·雨果,19世纪法国文坛的一名巨匠,掀起了一阵浪漫主义的思潮。在法国的文学史上,有两位世纪作家,一个是18世纪的伏尔泰,他目睹了法国大革命前的18世纪;另一个便是雨果,他几乎活满了整个风雨飘摇的19世纪的法国,所以传记作家说"雨果不仅是一个人,他是一个世纪"。这位诗人、小说家、剧作家、政论文家和画家,在丰富多彩、跌宕起伏的一生中不断追求着他的浪漫……

希望中的完美

雨果一生著作等身,浩繁的巨著已然说明了他那非凡的成就。这个天资聪颖的大文豪出生于法国东部的贝尚松城,他的父亲是共和国军队的将军。然而雨果的降生实为一个意外。虽然雨果的母亲对他倾注了所有的母爱,但是她始终未能原谅丈夫强加给她的生育,于是在小雨果刚出世不久,这对夫妻的婚姻生活便出现了裂痕。而之后很长一段时间的婚姻纠葛、司法诉讼、孩子抚养权的争夺,无疑对年幼的雨果是个不小的创伤,或者可以这么说,从父母那里,雨果不曾体验到什么是"爱情"。

其实,雨果的母亲并不爱他的父亲,两人的结合只是因为前者想尽快地摆脱单身的困境。要知道,这位浪漫主义文学巨匠的父亲却是一个野蛮、粗暴的大兵,而他的母亲又是一个颇讲究情调的女人。两人的婚姻本身就没有爱情作为基础,那自然也毫无幸福可言。

雨果的铜像——
一个沉思的智者

幸而,雨果的童年是与母亲一起度过的,在雨果的记忆中,他曾经同母亲和哥哥幸福快乐地生活过,他们吃着香喷喷的面包,爬到修道

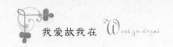

院的顶楼玩耍。在那里,雨果兴高采烈地发现了一本书,这本黑色封面的《圣经》便成了雨果的入门读物。书籍散发的香味深深地吸引着这个男孩,在阅读书籍的第一个字时,他便感到了一种前所未有的温暖和亲切。雨果便这样与书结缘。

正是书,让雨果体验到了前所未有的世界正向他敞开。或许正是因为《圣经》成为雨果的"入门"读物,所以在雨果的心中就早早勾勒出一个完美的世界,在对书籍的不断渴求、不断阅读中,雨果明白什么是爱情,渐渐地他也想去追求这么一种完美的生活,去追求一种他所希冀的完美爱情。也许正因为如此,雨果才能够成为浪漫主义的先驱。雨果对于完美的追求还体现在他那本由他的妻子阿黛尔署名,他本人亲自过目并"更正"过的传记作品中。雨果竭尽全力想去抹除那个不完美的痕迹,他试图将他的双亲与童年勾勒成一幅完美的图画。

爱不知足

在《悲惨世界》中,雨果这样说过:"爱是不知足的。有了幸福,还想极乐园,有了极乐园,还想天堂。"对于爱情,雨果曾经有过一份执著,年轻的他也曾渴望过一份纯真的爱恋。母亲的逝世和家中诸多的变故让雨果过早地成熟了起来,而他那羞涩和激情的性格也在他日后的爱情生活里充分地体现了出来。

无论是从雨果给他太太阿黛尔诸多的情书,还是从雨果同朱丽叶在一起或分开的那五十年的所有日子里,他从未间断地写给情人朱丽叶的两万多封组诗中,他一直在对这样一个问题的答案进行搜寻——爱情是什么。

他本痴情

阿黛尔·富歇这个邻家女孩走入雨果的生命时,那年他八岁,一种柏拉图式的爱恋将两人联系在了一起。雨果和阿黛尔的爱情一开始并没有得到双方家庭的祝福。雨果所尊敬的母亲,这位他童年时期的知己,居然也不同意他与阿黛尔的交往,这位老夫人考虑到门户方面的问题,也因为她与阿黛尔的父亲保尔·富歇的一些私人恩怨,使

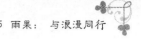

得这对年轻人的爱恋一直是见不得阳光的地下事件。直到雨果母亲的去世,才给了他公开与阿黛尔恋爱的自由,两人甚至在1819年秘密地订了婚。然而,女方的家长也不以为然,保尔甚至还禁止了雨果去看他的"未婚妻"。这位谨慎的公务员认为同这个没有收入,也没有前途的年轻人谈自己女儿的婚姻没有必要。

也许是1821年,这个年轻人在女方家中热烈的辩护,也许是因为1822年出版的《颂诗集》让他意外获得了1000法郎的年金,终于消除了女方家庭的忧虑。1822年10月,20岁的雨果如愿地同阿黛尔步入了婚姻的殿堂。

在《雨果的情书》中,从1820年1月—1822年3月间,雨果给阿黛尔几乎每日一封的通信中,他那敏感、骄傲、纯真的心灵让我们看到这位文学家在爱情上曾经如此清纯的一颗心。而从1821年开始的情书中,雨果给阿黛尔的信中便开始以"丈夫"自称。这种冲动虽然显得有些幼稚,但却显出雨果那强烈的占有欲。

雨果夫人阿黛尔

年轻时的雨果如痴如醉地描述着爱情的"纯洁",甚至可以说已经到了一种崇尚"贞洁"的地步。从1819年他与阿黛尔订婚时,这个年轻人便发誓他要迎娶一位处女。或许因为童年时父母的婚姻给雨果留下了阴影,他一直想成为一位婚姻中的佼佼者。他或许是在追求着一种柏拉图式的爱情,一种灵与肉的身心合一。他开始勾画一幅幸福、完美的婚姻蓝图。例如,在他给阿黛尔的情书中这么写道:

在我们内部有一个隐匿在我们身上的非物质的东西存在,这个东西好像放在我们肉体中。肉体消灭以后,它还是永远地存在着。这个本质上比较纯洁而个性比较善美的东西便是我们的灵魂。是灵魂创出了所有的力量、所有的深情……灵魂这东西高出与它相伴着的肉体,假使不许它在他人的灵魂中,寻找到一个能和它在永存的幸福及这个人一生之中分担着痛苦的同伴,那在世界上将永远处在不可忍受的孤独之中。当两个灵魂在人海中长久地如此寻找,当它们觉得它们是相配的,是相互了解的,总而言之,它们彼此是相似的,于是它们之间便安置起一种纯洁、热烈的结合。这种结合便是"爱",真正的爱,实际上是很少的人所能想到的。这种爱是信仰。能够神化爱的人,就使他生活在忠诚与热爱之中,而最大的牺牲,在他便是最甜蜜的快乐……

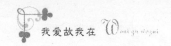

雨果对阿黛尔的爱情持续了10年,在这10年中,他们的几个孩子相继出生,雨果还把他最小的女儿也取名为"阿黛尔",可见他非常珍爱妻子。在这10年中,雨果是一个好丈夫、好父亲,他杜绝任何发生艳史的机会,埋头于文学创作之中。这多少有些"养家糊口"的意味。可是,雨果还是未能避开婚姻的"七年之痒"。阿黛尔与圣伯夫之间的暧昧终于浇灭了雨果对阿黛尔的热情。他曾经想挽救这段婚姻。1830年,雨果迁入香榭丽舍,以便排除圣伯夫的殷勤用心。可最终,虽然雨果在事业上蒸蒸日上,却终究与太太阿黛尔渐行渐远。

再觅爱恋

雨果说:"如果没有了光彩夺目的爱情,那生活简直就是不屑一顾的破衣烂衫了。"所以在他与阿黛尔的爱情渐行渐远之际,30岁的雨果邂逅了26岁的朱丽叶·德鲁埃。她,美丽、光彩照人;他,才华横溢、如日中天,于是一段持续了50年的法国浪漫史就这样展开了。

伴随雨果半个世纪的情人朱丽叶

朱丽叶进入雨果的生活是从一次艺术家的舞会开始的。当时,她在《吕克蕾丝·博尔日亚》一剧中成功出演了一个公主的小角色。或许是因为被"贞洁"这个爱情观念压抑得太久,妻子与圣伯夫的暧昧关系,让雨果对爱情的看法似乎从一个极端开始渐渐向另一个极端发展。在遇到朱丽叶后,雨果甚至觉得自己更优秀了,他渐渐从过去的"贞洁"转变为"宽容"。在他看来,朱丽叶是一个善良、友爱的女友。朱丽叶能原谅他的一切过错,而雨果也深深地爱着这个女人。雨果从与朱丽叶的相处中,他总结道:"爱,原谅,不是来自男人,而是来自女人。"

也许,是雨果在朱丽叶那里寻找到了久违的慰藉,发现了肉欲的快乐。他开始放纵自己的生活。至此,他不再拒绝艳遇。那些被他征服过的女人也足有长长的"一卷",她们之中,上至上流社会的贵妇人,下至各式剧种的女演员,其中甚至不乏才华横溢的女诗人。据说,雨果曾经还同自己的儿子争抢过同一个女演员!

但雨果仍旧有他对爱情的占有欲。当他和朱丽叶的关系已经成为众人皆知的"秘密"后,他似乎已经不能忍受朱丽叶再像过去那般流

5. 雨果：与浪漫同行

连在其他男人身边，于是他要求他的情人留在他身边，对他保持忠诚。而朱丽叶在认识雨果后，她的心也随着这位大才子安定了下来，她开始放弃过去奢侈阔绰的生活，留在雨果身边达半个世纪，心甘情愿地做他的情妇，照料他的生活，还为他誉写书稿，悉心收集资料。雨果和朱丽叶在一起的那段日子里，两人的脚步曾经遍布大半个欧洲，这些旅行也为雨果的创作带来了不少灵感。当然，朱丽叶的忠贞也让雨果分外感激，他告诉朱丽叶："跟你在一起，我无所不能。没有你，我甚至没有存在的勇气。"朱丽叶的爱情是坚贞的，甚至带有一点自我牺牲的意味。是朱丽叶的出现，使雨果又燃起了爱情之火，这火焰一直燃烧了半个世纪。据说，凡是雨果所到之处，朱丽叶都紧紧相随，她往往住在离雨果不远的一个地方，即使在雨果逃亡的阶段，朱丽叶仍旧不离不弃。或许，也正是因为朱丽叶的爱情的滋润，法国的大文豪雨果才能在那个风雨飘摇的法国大革命时代，创造出如此多的优秀作品。雨果曾为朱丽叶写过一本《爱情结合周年纪念册》的散文集。这本册子记载着他与朱丽叶爱情的点点滴滴。据说，这本纪念册经常放在他的枕头底下，伴随着他度过一个个夜晚。

我们看到，在雨果的爱情故事里有这样三个模块：性、爱情和婚姻。在雨果与太太阿黛尔的婚姻之初，雨果曾经想将爱情与婚姻融为一体。然而，当婚姻中的一方背叛后，雨果发现了性的快感功能，因此他开始了层出不穷的艳史。爱情是幸福的追求，而婚姻则有着繁衍的功能。雨果实际上是在身体力行地"验证"着性、爱情与婚姻这三个截然不同的功能方面。在与朱丽叶相识后，雨果仍旧安排着正常的家庭生活，虽然他曾经因为如此而经济上入不敷出，但是从雨果的一生看来，他还是很享受这样的生活。他始终坚持认为：非物质的爱情永远存在，因为携带它的生命不会死；是灵魂在相爱，而不是肉体……

爱的"症状"

爱情，人类所具有的一种崇高的情感。千百年来，她有着无可比拟的魅力。无数文坛巨匠探骊得珠，描绘着那美轮美奂的爱情。在雨果的小说里，从来都不缺少爱情，爱情甚至在他的作品里起着推动剧

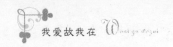

情发展的重要作用。至于爱情的真谛,雨果如是说:"爱情的最突出症状便是一种几乎无法按捺的感伤情绪。"

在雨果的作品里,人生总充满着一些残酷的现实。敲钟人卡西莫多面貌丑陋,令人不敢多爱;冉阿让只因为偷了面包就遭遇19年的牢狱之灾。在这些故事里,没有童话中王子与公主的完美搭配。在雨果的笔下,这种没有俊男美女的爱情显现出了一种残缺的美,如《巴黎圣母院》中所宣告的禁欲主义的破产,《笑面人》里对爱人情感的大起大落,《悲惨世界》中想爱却又不能爱。或许,在雨果日趋成熟的背后,他所认识到的爱情是给人带来一丝感伤的,"醉过方知酒浓,爱过方知情重"。千百年来,那些真正让人感觉很美、感到浪漫的爱情常常带有一丝苦涩,甚至有时会让人感到惋惜。悲剧的美,在于它能让人产生深沉的共感和心灵的震撼。这个世界上喜剧的结局常常只有一种,而悲剧的结局却各有不同。雨果这么告诉读者:那种无法按捺的感伤情绪常常就存在于爱情之中。

可为何知道爱的过程中会有感伤,人们却又一次次去追求这样一种情感呢?雨果告诉我们,"浪漫"不仅仅是爱情的代名词,它是一种自由的象征,是一股灵动的源泉,似乎在顷刻间就能从人们的心中喷涌而出,人人都有一双追求这种自由的翅膀。因此,追求爱情便是追求幸福,也追求了心灵上的自由。最深沉的爱情往往是精神上的和谐,是心灵上的沟通。那也正如雨果的《爱情结合周年纪念册》中所提到的那般:"有这样两个日子,一个是生命,一个是爱情。爱情超过了生命。"这不正应了那句名言"生命诚可贵,爱情价更高。若为自由故,两者皆可抛"吗?追求爱情的真谛不就是在追求一种自由的意志么?

雨果与朱丽叶的爱情史不是一般所说的"移情别恋"。我们之前说过,自从青梅竹马的妻子出轨之后,雨果的精神受到了巨大的打击,颠覆他对于爱情的看法。这种变化多少在《巴黎圣母院》中有所体现。弗洛伊德说过:"诗人在创作每一个诗作时都不止有一个动机,诗人的大脑里也不止有一个冲动。"想想《巴黎圣母院》创作于1831年,而雨果、阿黛尔同圣伯夫之间的情感纠葛也便是在1830年开始初露端倪的。虽然,如今世界名著《巴黎圣母院》被评价为有很高的道德价值与历史意义,但是不得不承认,这部作品或许有一些作者当时创作时留下的情感阴影。当我们聚焦于雨果的内心世界时,就会发现他或许是在情感冲突中再一次思考了爱情与婚姻、家庭的关系。

显然,雨果不否认纯洁爱情的存在。敲钟人卡西莫多在他丑陋的外表下却藏着一颗忠诚、纯洁、正义的心,他愿意守护着他心目中的

"女神"爱斯美拉达。故事的最后,卡西莫多与爱斯美拉达的尸骨紧紧抱在一起,当人们试图分开他们时,尸骨便化为了尘土,这样的结局极富有浪漫主义色彩,但我们不得不说这也折射出雨果当时并不想与阿黛尔分开的心境。早在雨果的成名作《〈克伦威尔〉序言》中,他就说过:"人是二元的,在他身上有兽性,也有灵性;有灵魂,也有肉体。"如果说,卡西莫多体现的是灵魂上的高贵,那么弗罗洛便是人面兽心,这个天主教的"副主教"是个禁欲主义者,却对美丽的爱斯美拉达垂涎三尺,甚至变态到既然自己得不到她,便要将她变成"女巫",然后再毁掉她。或许,在弗罗洛的身上多少也有些雨果本人的影子。之前提到过,雨果是一个占有欲很强的男人,他同阿黛尔交往,早早地便自称为"丈夫";之后,在与朱丽叶的交往中,他又希望朱丽叶能成为专属于他的情人。在雨果的潜意识中,他的占有欲望强烈。然而在生活事件的不断冲突中,雨果最终让弗罗洛被卡西莫多举过头顶扔了下去。小说的主题在这些自始至终强烈的反差中显示出来,虽然在1831年,他仍旧希望与阿黛尔的爱情、他们的婚姻还能够回头,但雨果也在小说结束时似乎懂得了婚姻与爱情的功能还是有区别的,虽然他仍向往着敲钟人纯洁的爱情,但是禁欲主义的解放恐怕是雨果更想说明的事实。

心灵阳光

爱情是亲和与依赖的需求,爱情是意欲帮助对方的倾向,同时爱情也具有排他性和独占性。爱情是对幸福的追求,她是每个人心中向往的一道阳光。爱情不同于婚姻,婚姻中的每一方都有责任,对另一位配偶的责任,也是对所处的这个家庭的责任。而爱就是爱,不爱便是不爱。在文学世界中,有多少大文豪的红粉轶事让人羡慕不已,有人说是他们花心,可或许在爱情之中从来就没有谁对谁错的问题,爱情这种纯粹的激情,谁又一下子说得清楚呢?

爱情是对幸福的追求,可以说,那便是一种"高峰体验"的享受。同时,爱情也永远暴露着人类自私的一面。雨果在给朱丽叶的《爱情结合周年纪念册》中这样写道:

"我爱你",这句话是最深沉的赞美。我的心灵在对你的心灵这样说。随着岁月的流逝,年龄把爱情从肉体中剥离出来,将爱情更深地推进到心灵之中,以至于心和灵魂融合为一,不可分离,这就是未来的全部生活。对爱情来说,是没有月份的。

爱情离不开人类的进化。进化心理学重视研究人的天性,认为人的天性是进化而来的、普遍存在的心理机制,这其中有一些固定性的东西,爱情也定然离不开人天性中的这些东西。在雨果的小说中,他始终在阐述着这样一个主题:有一些东西会决定人一生的命运,那便是"善良与仁慈"——即便在爱情中也是如此,那是心灵的阳光。

6

乔治·桑：我爱，故我在

Qiao Zhi Sang Wo Ai Gu Wo Zai

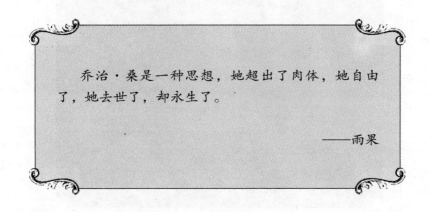

乔治·桑是一种思想，她超出了肉体，她自由了，她去世了，却永生了。

——雨果

乔治·桑（George Sand, 1804—1876）

乔治·桑，法国19世纪著名女作家，浪漫主义女性文学和女性主义文学的先驱。她一生笔耕不辍，仅小说便有六十余部，文集更达一百五十多种，是位名副其实的多产作家。为了纪念她的巨大成就，法国政府将2004年命名为"乔治·桑年"。然而，更为世人所津津乐道的是她那浪漫传奇的爱情故事。她征服了那个时代许多伟大的灵魂，使自己成为巴黎的中心。

让我们沿着历史的长河溯流而上，跟随她的生活足迹和作品，重新回味这位传奇女性的一生。

乔治·桑的一生

幼年生活

乔治·桑，原名露西·奥罗尔·杜邦，生于巴黎一个贵族家庭。父亲是第一帝国拿破仑时代的一个军官。由于父亲早逝，而母亲曾有沦落风尘的经历，所以她从小由祖母抚养。祖母为了把她培养成一个淑女，费尽苦心，而杜邦也没有令祖母失望，小小年纪便展露出卓尔不群的才华。在音乐、文学、艺术等领域都展现了极强的天赋。13岁她进入巴黎的修道院，在那两年中周围的人物和环境造就了她。她变得多才多艺，风度迷人，在性格中完美地融合了勇敢和优雅。

失败的婚姻

18岁时在对家庭生活的梦幻憧憬中，杜邦嫁给了贵族青年卡西米尔·杜德望，成为男爵夫人。但婚后，她很快发现丈夫是个粗俗平庸、没有志向的人，她无法在文学和音乐上与丈夫交谈沟通。而且卡西米尔追求的只是肉体的享乐，这对于热烈向往崇高爱情的杜邦而言是最大的折磨。她渴望的是灵与肉相结合的完美爱情，她需要丈夫的认可和爱慕。而面前这场粗俗的婚姻却使她的美梦被狠狠击碎。于是，在短短的两三年内，他们已经貌合神离。杜邦在她的日记中这样写道："结婚是爱情的最终目的。当婚姻里不再有爱情，或根本没有爱情时，所剩下的便只是牺牲。"

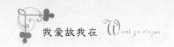

婚外"情人"

对婚姻失望的杜邦走出生活单调乏味的家庭,开始出现于公众场所,参加各类社交活动,很快就成为文化界的红人。她蔑视传统,崇尚自由。她抽雪茄,饮烈酒,骑骏马,穿长裤,一身男性打扮。但她的身上所拥有的一切——魅惑的眼睛、迷人的身材、不凡的才学,确实让周围许多人为之神魂颠倒。许多年轻人都向她示爱,恳求她的爱情,但是她都不轻易接受。尽管她强烈渴望爱情来拯救生活,但杜邦从小受到的教育让她始终保持着对丈夫的忠贞。

直到遇到了奥雷利安·德·赛兹,她才真正重燃爱火,寻觅到了生活的激情和意义。虽然两人爱得轰轰烈烈,但是杜邦一直克制着自己。这段精神恋爱维系了6年,最后不了了之。

"乔治·桑"问世

"乔治·桑"这个名字的产生和她的一位情人于勒·桑多有关。于勒·桑多是法律专业的学生,那时才19岁,生得英俊潇洒又略显瘦弱苍白。杜邦认识于勒后,很快陷入热恋中,并做出了惊世骇俗的举动,坚决和丈夫分居,离开了故乡诺昂来到巴黎和于勒开始新生活。他们共同创作了《玫瑰红与雪白》,此后杜邦又单独写就了《安蒂亚娜》,并首次以"乔治·桑"署名。可以说,乔治·桑这个伟大名字的诞生见证了杜邦和于勒的爱情。但是,最终两人还是因为种种矛盾而分手。

在她的小说《奥拉斯》中,男主人公奥拉斯就是一个自私虚荣、对爱情不负责任、不成熟的年轻人。他的身上有着许多于勒的特质。

对爱情的质疑

经历了一系列爱情的萌发及其破裂,乔治·桑开始对爱情有点失望,她开始思考爱情的真谛。小说《莱莉亚》是乔治·桑在和于勒分手后的痛苦中写就的。女主人公莱莉亚是个拒绝爱情的女人。她姿容秀美、人品高尚,但是像雕像一样冷漠。年轻诗人斯泰尼奥热烈地爱着她,试图让她感动,却是枉然。莱莉亚在爱情中有着强烈的母性。乔治·桑在爱情中也常表现出强烈的母性。

值得庆幸的是,乔治·桑虽然经历了那么多苦难,仍然相信有神圣美好的爱情。她在不断地寻觅那份属于自己的高尚爱情。

与缪塞的同居生活

1833年,在一次文学活动中,乔治·桑与阿尔弗雷德·缪塞相遇。缪塞是个身材单瘦、金发飘动、仪容英俊的年轻诗人,他当时23岁,比乔治·桑小6岁。他穿着讲究优雅,有种不可接近的高贵感。他是个有天赋的年轻作家,但也是个被女人惯坏的孩子。年少时他就狎妓嫖娼,过着放荡的生活。

尽管外界对缪塞大肆批评,但是乔治·桑却被他的一封信所打动。信中缪塞写道:"爱善于爱的人吧,我只会蒙受痛苦,我像个孩子一般爱您……""像个孩子",他找到了最能打动她的东西,于是他们坠入了爱河。乔治·桑给予缪塞无微不至的关怀。他们一起制订一些浪漫的计划,登巴黎圣母院的塔楼,去意大利游历。

可是好景不长,在去意大利游历的途中,两人产生了激烈的冲突。缪塞埋怨乔治·桑过于投入工作,没有把自己当做生命的全部意义,这让他感到被忽视。此时恰巧乔治·桑病倒了,于是缪塞在异国重新过起了从前那种放荡不羁的生活。他跑遍了威尼斯所有低级的酒吧,寻求舞女的亲吻,这让乔治·桑感到非常伤心和孤独。之后,缪塞也病倒了,乔治·桑却依旧悉心照顾他,并请来医生帕吉洛为他治疗。期间,乔治·桑和医生帕吉洛产生过一段极为短暂的恋情。不过,乔治·桑和缪塞的爱情,经过帕吉洛的这段插曲,却由悲剧变成了喜剧。

此后,两人一次又一次绝交,却一次又一次和好。在这些反反复复、分分合合中,他们的爱情不断经受着磨炼和考验。乔治·桑和缪塞都是以自我为中心的人。他们的自尊心让他们无法完全屈身于对方,导致这对文学界经历轰轰烈烈爱情的情侣以分手告终。

与乔治·桑之间痛苦纠缠的回忆,给缪塞的创作提供了丰富的灵感。他以两人的爱情为摹本,创作出了《一个世纪儿的忏悔》这部闻名于世的小说。

与肖邦的恋情

和缪塞分手后,乔治·桑自忖老了,不能再激起爱情,对未来也感到迷茫。尽管其后的一段时间内,她身边还是有很多爱慕者,可谓艳情不断,但是她似乎对真爱失去了信心。直到比她小7岁的肖邦出现,她才重燃起原本已渐渐枯竭的爱火。

1837年的夏天,年轻的钢琴家弗雷德里克·肖邦最令她神魂颠

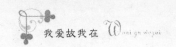

倒,她甚至认为肖邦似乎是上帝派给她的天使。肖邦相貌漂亮,身材中等而瘦弱,两手纤细,褐色的双眼给人一种忧郁的气息。乔治·桑迫切地想要征服这位不幸的波兰流亡音乐家,在许多次写作时,脑海中都浮现出肖邦那高贵忧郁的样子,使她的笔尖无法继续舞动。然而,起初肖邦对乔治·桑却并没有多少好感。

可是乔治·桑还是一如既往地关爱着肖邦,就像呵护自己年幼体弱的孩子,她内心深处强烈地渴望着去疼爱这位瘦弱的音乐家。终于,她的坚持感动了肖邦,他们成为了世人眼中无比艳羡的一对。但是不久肖邦就日渐衰弱,并患上了肺痨病。

此后,肖邦一直患病,体质十分虚弱,因此不适宜过性生活,但是肖邦、乔治·桑和她的女儿索朗芝还是愉快地生活在一起。每当乔治·桑写作时,肖邦就会让手指在黑白键上轻快地舞蹈,弹奏出美妙的乐曲陪伴乔治·桑。而乔治·桑也静静欣赏着他的天籁之音,并给予评论和鼓励。他们是一对艺术上的知音,彼此互相支持着。可以说,乔治·桑给予肖邦生活上的照料和事业上的支持,成为了他精神上的支柱。在肖邦演奏时,她会站在一旁,把手亲昵地放在他的肩上,喃喃道:"大胆些,柔软的手指!"

肖邦曾在日记中写道:"我要把一切都献给你,我只是为了你才活着,我会为你弹奏出优美的旋律。"可以看出,肖邦对乔治·桑充满了爱意。他们彼此欣赏。肖邦把乔治·桑当做母亲般依恋,而乔治·桑则如母亲般疼爱着瘦弱的肖邦。

但是,他们这段长达9年的恋情最终还是在乔治·桑的女儿索朗芝的挑拨下宣告破裂。然而即使分手后,乔治·桑依然关心着肖邦的身体,表现得很宽容大方。曾经相亲相爱的两个人,最后却分道扬镳、天各一方,直到肖邦生命的尽头两人都不曾再见面。

爱情心理学思想

乔治·桑与"柏拉图式的爱情"

在柏拉图的《会饮》里,所谓"柏拉图式的爱情"不是所谓纯粹的精神恋爱,而是指"身体爱欲与灵魂爱欲"的统一或"身心合一者"。其中,身体爱欲是指性,但是灵魂爱欲比身体爱欲更重要。同时,爱情要高于性,即"爱欲"是"快感"的主人。这点在乔治·桑与肖邦的爱情中有生动的体现。由于肖邦身体虚弱,不适宜过性生活。因此乔治·桑就特别注意减少两人性生活的次数,即使肖邦央求也不破例。可以想象,乔治·桑竭力压抑自己的性欲望是多么痛苦、多么困难,但是她为了肖邦的身体健康还是狠心地这样做了。她能做到性与爱的分离,可见她对肖邦的爱有多么深刻、多么浓烈!这份爱已经跨越了肉体的愉悦,上升到了精神的吸引和依恋。

此外,柏拉图还强调,爱情是一个过程,是通过爱慕一个又一个美的身体而追求"美本身"("美的理念")的一种永无止境的理想。从这个观点出发,我们就不难理解乔治·桑那一段段为世人颂扬的爱情故事。其实,她对爱情的追求即是对美的理念的追求——她的每一位情人身上都有其不同的美。于勒的俊美外形、缪塞的才华横溢、肖邦的忧郁高贵,这不同的美都曾让乔治·桑陶醉、痴迷。她毫不理会世人的闲言碎语,她向往的是与情人相处的快乐和美好。这个感情丰富的女人,在爱中倾尽全部激情,并享受着爱的过程,对她而言"结果"已不是最重要的了。正是在对爱的不断追寻过程中,生命的价值得到凸显。虽然乔治·桑的一段段恋情都以失败告终,不免让人为之遗憾,但是其中的美好和伤痛依然成为她生命中最美的回忆。那么,就她而言,一切足矣。

爱情与婚姻的分离

乔治·桑对于婚姻有其独到的看法。她曾借自己的作品公开宣称:"婚姻迟早会被废除。一种更人道的关系将代替婚姻关系来繁衍后代。一个男人和一个女人既可生儿育女,又不互相束缚对方的自由。"可见,乔治·桑已有了对婚姻制度的不满和反抗,她希望在不久的将来,人类能将婚姻与爱情分离开来。婚姻作为一种契约制度,束缚了人的自由,给人的情感铐上了枷锁。相反,爱情则带给人们幸福——这一人生的最高体验。

乔治·桑没有与任何一位情人建立婚姻关系,只是共同生活。婚姻并不是爱情的保险箱,一纸证书无法维系住那些已经丧失的爱情。而且婚姻还有可能使爱情趋于平庸,变成爱情的坟墓。此外,进化心理学关于男性婚姻择偶的研究表明,促使男性结婚的因素多种多样,而年轻、外貌美、性魅力、体形与腰臀比例、健康才是驱动男人结婚的主导因素。爱情固然重要，但它只是一个排在次要位置的因素。因此，婚姻不是爱情的"必然"结果，其中也许掺杂着许多不纯的世俗因素（如经济资源、社会地位等）。既然如此，乔治·桑那种为了爱而爱，不拘泥于"形式"的做法，何尝不让人佩服、不赞叹其高明呢！一场刻骨铭心的爱情远比被责任牵制一生的婚姻更珍贵。

母性的爱

长篇小说《莱莉亚》的女主人公莱莉亚是个拒绝爱情的女人。她美丽却冷漠。年轻诗人斯泰尼奥热烈地爱着她，试图让她感动，却是枉然。莱莉亚在爱情中表现出强烈的母性，把斯泰尼奥作为孩子来爱护。无独有偶，乔治·桑的生活中也有着类似小说中的主题。

乔治·桑是个强大的女人，在男女关系中占主导地位，充当男人保护者的角色，总是像母亲一样照顾柔弱的病孩子：于勒、缪塞和肖邦。在19世纪二三十年代的法国，"女权"尚未成为一个让人熟知的名词。人们默认女人本来就应该是男人的附属品，但乔治·桑却以女人的身躯展现了比男人更强大的精神力量。

进化心理学认为，女性在选择长期配偶时，偏好社会地位高、有良好经济基础、稍年长的男性，因为这些都体现了男性获取并控制资源的能力，可以保证女性成功地抚育后代。但是，乔治·桑却似乎偏爱年轻的男性作为情人，总是怀着一份母亲的疼爱去照顾、爱护年幼的情人，还称呼他们为"我的孩子"。她充满了强烈的母性之爱，在日常琐事中温柔耐心地照料着她的情人。无论是缪塞生病时她一步不离地陪伴，还是对敏感柔弱的肖邦的宽容和体贴，都充分展现了她骨子里那股浓得化不开的柔情和无私的母爱。不过，笔者觉得，乔治·桑的爱情并不怎么理想，虽然她一生经历了和许多男人的爱情，但是这些爱情都不够纯粹，或许称不上是爱情，更多的是母爱与友爱的混合体。她对男人有母亲般的保护欲，同时她也想要找到一个能主宰支配自己的男人。传记作家安德烈·莫洛亚这样总结乔治·桑的爱情："怎样的男人才能不让她失望呢？她理想的爱人是主人，是上帝，然而她选择的却只是弱小的凡人，以便能够控制、保护他们。"

独立自由的爱

乔治·桑是个热爱生活、向往自由的人。她是自由的女神，向往男女平等，维护女性的权利。作为一个民主主义者，从某个角度讲，她可称得上是女性解放的先驱。尤其是在两性关系上,她倡导女性的主导地位,认为女人不应该成为男人情欲的发泄对象,女人也有自己的七情六欲,也应该得到满足。这在 19 世纪二三十年代的法国是多么勇敢的思考,可以说她发出了女性自强自立的第一声呐喊。

她一生都独立坚强地活着,用自己辛勤的写作换来了生活的经济保障,换来了优越的物质条件。即使在她最贫苦艰难的时候,她也没有低下骄傲的头颅去恳求丈夫的施舍。她不仅不依靠男人生活,甚至还通过自己的努力去帮助她的情人,为他们提供安稳的生活。从她身上我们看到了一个女性的强大,看到了那股坚韧不拔的精神。女性要做到精神上的独立,首先要保证经济上的独立。乔治·桑正是从经济自立做起,真正实现了女性个体的自强不息。

她的独立不仅体现在生活态度上,在爱情上她同样洒脱。她鄙视那些把爱情和性作为筹码以谋取物质财富的女人,她对爱情的态度是"为爱而爱","因为爱,所以爱"。不同于一般女性在择偶时非常注重男性的承诺,包括忠诚、物资付出、时间和精力的投入等,她并没有要求情人满足那么多条件。不过对于爱,她却一直很执著地坚持着,认为那是必不可少的基本要素。对她而言,爱情是世界上最美好的东西,是最高尚的情感。

然而,在爱情已逝之际,她也能做到坦然接受,放开手给彼此一片自由的天空。当经历了和缪塞那么多次分分合合后,两人的误会和自尊心使得他们无法再走下去。乔治·桑虽然内心很悲痛,很不舍,但是她还是控制住自己的情绪,微笑着和缪塞道别。她对于爱情的豁达和那份独立自由的精神让我们佩服,从她身上我们感受到了一个成功女性的魅力。

忠贞和放荡

据有关资料记载,乔治·桑一生有过 14 位情人,尚有众多有迹象但无证据的猜测未列入其中,如巴尔扎克、梅里美以及大画家德拉克瓦。乔治·桑的情人五花八门,是法国公然拥有情人最多的女作家,其情人档次之高,也是一般人无法比肩的。因此,有人说她是"最放荡的女人"。

但是,通过对她的作品和生平的详细了解,笔者发现她并不是那种水性杨花的女子,她只是不断地追求爱情和幸福。对于所爱的人,她总是忠实的。每段感情中,她都很坦诚、很投入地付出过,从来没有欺骗过任何人。而且一次次分手,都是由于两个人之间的种种问题使

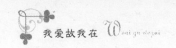

得爱情被扼杀,才不再保持忠贞。

在内心深处,她梦想着深厚而忠贞的爱情,虽然现实并不如意,她还是相信真爱的存在。在爱的过程中,她也倾注了所有的激情和诚意,每一次都毫无保留地奉献过。这样的她,又怎么能说是"放荡"呢?又怎么能说她"不忠贞"呢?

乔治·桑曾说过,"感情总是胜过理智的,我希望处在这两者的边界上,这对我从来都是毫无益处的。我多次改变主意。我尤其相信忠贞,宣扬过它,实行过它,而且要求别人也这样做。有些人缺乏忠贞,我也一样,然而,我并不后悔,因为我在不忠贞的时候,总是在劫难逃;这是一种理想的本能,促使我去摆脱不完善,追求那些我认为接近完善的东西……"可见,她一直在忠贞与否之间矛盾徘徊,也在追求完善、完美时因为抵触了忠贞而满怀罪疚感。

每段恋情的终结都非平白无故,而是有其缘由的,而且都让乔治·桑经历了煎熬和痛苦。她的丈夫卡西米尔没有高尚的趣味和爱好,既不热衷于文学也不喜欢音乐;情人于勒懦弱懒惰,缺乏毅力,意志薄弱;缪塞任性而放荡;肖邦则嫉妒敏感,过分挑剔。当这些弱点和缺点与乔治·桑相遇时,追求完美和纯粹的她无法忽视这些瑕疵,她不愿意默默忍受,而是断然选择了放弃,只为寻找更美好的未来。

"爱,被爱,就是幸福"

乔治·桑的一生是传奇的一生,她一直都没有停下追逐爱情和梦想的脚步。虽经历过一次次的失败和伤痛,但她依旧勇敢执著地爱着。这份对爱情坚定不移的信仰让后人为之折服,为之喝彩。正如她自己所说:"活着,真令人陶醉!爱,被爱,就是幸福!"从她身上,我们感受到了一个女人的敢爱敢恨和一种为爱而燃烧生命的疯狂。

雨果赞美说:"乔治·桑在我们这个时代具有独一无二的地位。这位荣誉等身的女性是完美无缺的。她像巴贝斯一样有着一颗伟大的心;她像巴尔扎克一样有着伟大的精神;她像拉马丁一样有着伟大的灵魂。"乔治·桑是伟大的女性,是伟大的作家,她和她的爱情故事将永远被历史牢记,流芳百世。

7

福楼拜:"在泥泞里弄熄了我灵魂的圣火!"

Fu Lou Bai Zai Ni Ning Li Long Xi Le Wo Ling Hun De Sheng Huo

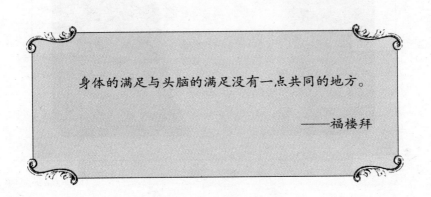

身体的满足与头脑的满足没有一点共同的地方。

——福楼拜

古斯塔夫·福楼拜（Gustave Flaubert, 1821—1880）

他,深蒙爱神的眷顾,却把忠诚的心献给了缪斯。他身躯庞大,却神经质般地敏感;他似乎是调皮的小爱神,不小心跌落在布满荆棘、不相为谋的人间;他伤了女人的心,独守终身,与母亲相依为命。他就是古斯塔夫·福楼拜——19世纪法国文坛耀眼的一颗明珠。

福楼拜并不多产,但他的每一部著作都掷地有声。《包法利夫人》一经出版,便引起了空前的反响和非常热烈的赞扬;尽管这部作品曾惹起一场官司,给福楼拜带来了不小的麻烦,却也使他名噪一时。随后,他又相继写了《萨朗波》、《情感教育》、《圣·安东尼的诱惑》、《三个故事》,以及未完成的遗作《布瓦尔和白居榭》。这些作品,饱含着福楼拜爱欲生死的体悟,成就了现实主义文学的最高境界。

都是童年惹的祸

1821年,福楼拜出生于鲁昂一个医者世家,父亲时任鲁昂市立医院院长。母亲,据福楼拜的外甥女介绍,有过一段"易于养成独特性格"的"风凄雨凉的境遇"(福楼拜的母亲长期寄居在亲友家中,直到与福楼拜的父亲相遇)。

福楼拜幼时体弱多病,父亲曾一度为他准备了墓地,多亏母亲精心照料,方得幸存。记忆中的父亲宛若天人,精通医术,大有名声;他一发怒,整个医院都为之颤抖;他的眼睛,像解剖刀一样锐利,直透灵魂。对父亲遥不可及的敬畏,使小福楼拜把更多的爱和关注投向了母亲和妹妹。

福楼拜秉承了父亲的实验主义倾向,对事物观察细致入微;同时,据他外甥女叙述,"他的母亲给他留下易于感受的心性,这种心性同这种几乎女性的温情,洋溢于他伟大的胸膛"。

小福楼拜的家在市立医院的一所偏院。市立医院的解剖学教室正对着他家的花园。福楼拜经常和妹妹爬上花架,透过葡萄的枝叶,好奇地望着解剖台上的尸身。他的父亲偶尔停住分解,仰起头,吩咐他们走开。

还没有体验生命的鲜活,就直面了死亡的空寂,福楼拜在给尚特比女士的信中写道:"还是小孩子,我就在解剖室里玩耍。这也许就是为什么,我的样子是又忧苦又狂妄。我一点也不爱生命,我也一点儿不怕死亡。绝对的虚无的假说也丝毫引不起我的畏惧。任何时候,我可以安然投入漆黑的巨壑。"

初恋:与母亲有关吗?

出于对父亲的敬畏,对死亡的焦灼,或许还有潜意识里对母亲的眷恋,少年福楼拜对爱情的理解偏转而委婉。他的激情、失落、呢喃、忧郁……火一般喷泄在《狂人日记》中:

"心灵的青春期先于身体的青春期而来;因此,我更需要的是爱情而不是游玩,我更渴望的是爱情而不是肉欲。青春初期的这种爱情观,究竟怎么样,我现在甚至全然忘却了,不过那里丝毫没有肉欲,只有无限,这却是肯定的。"

1836年在特鲁维尔镇度假时,15岁的福楼拜邂逅了26岁的施莱辛格夫人。

这段初恋,如果试着用弗洛伊德的恋母情结理论来阐述,会颇有意趣:大男孩对母亲的爱恋由于父亲的强大而无法实现,同时,潜在的冲动使他不得不把爱欲投向别处:一个与母亲非常相似的成年女子。施莱辛格夫人与母亲有许多相同之处:她们都是负苛深重的女子(福楼拜的母亲身世凄凉;施莱辛格夫人因为感恩离开深爱的丈夫,与施莱辛格先生同居),都是善良的母亲、温情的妻子。福楼拜心目中的施莱辛格夫人笼罩着母性的光环。在她面前,福楼拜的非分之想不息自灭,只要见到,便是幸福。这种感情也扩散到她的孩子身上,看到她撩起衣襟给孩子喂奶,他羡慕地看着那小孩子:童年的记忆中,母亲牵着小福楼拜,亲切的怀抱洋溢着温暖……

福楼拜谨慎地保持着合适的距离,酝酿已久的激情在他的胸腔澎湃如潮,美好的咏叹梦呓般旋绕在这种曼妙的感觉里。他独自沉醉,清纯如斯地爱恋着他的女神,他吻过她留在沙滩上的足迹,痴望着她窗帷的灯光。然而,假期很快结束了,施莱辛格夫人的芳踪也消失了。

1841年福楼拜遵从父亲的意愿到巴黎修习法律,重遇施莱辛格夫人,且常去她家里做客。福楼拜有的是时间表达爱意。施莱辛格夫人天性纯厚,她忠于丈夫,安于婚姻,从不苛求。她默认,却从不明示。这让年轻的福楼拜无所适从。他既不能占有她,又无法放弃对她的眷恋。这痛苦加深了福楼拜对母亲的思念,法学课程枯燥无味,福楼拜潜在地加深了对父亲的不满,最终转化成一场精神疾病。各种幻想纷涌而来,吞噬他,撕裂他——他顽强地对峙着。父亲对此束手无策,不得不妥协,让他回家。于是,这奇怪的症状竟不治自愈。从此,福楼拜再也没有离开过母亲。

施莱辛格先生因经营不善,举家迁离法国。福楼拜一直和施莱辛格夫人保持着书信来往,长达40年之久。1871年,施莱辛格去世,福楼拜向施莱辛格夫人写信,不再像以前那么拘谨,他直呼她为"老朋友,永久亲爱的","我永久的爱人"。这段美好的精神之恋,李健吾先生在《福楼拜评传》中点评道"仿佛一座雕刻,一座礼拜堂,引起纯洁而向上的情思"。

福楼拜曾写信对施莱辛格夫人说:"命运将你结连在我童年最好的回忆中。"她没有应答他的激情,这让福楼拜既感到欣慰,又成全了他对母亲的爱欲——不曾沾染半点肉欲的罪孽,母性圣洁的光晕完美如初。

福楼拜自己说过:"我们每个人在自己的内心都有一个高贵的密室。我用砖砌了一间。"毋庸置疑,这密室是砌给施莱辛格夫人的,也是砌给母亲的。

友谊还是同性恋?

大约是1836年,也就是遇到施莱辛格夫人的那一年,福楼拜第一次和母亲的一个女仆发生了性关系。但是这性爱给福楼拜带来的不是快乐,却是罪恶感和懊悔。"噢!不,全完了,我在泥泞里弄熄了我灵魂的圣火。噢!玛丽亚,你目光创造的爱情,叫我拽过泥泞,叫我随手浪费在一个不识者的身上……"福楼拜在《狂人日记》中向他的女神忏悔。

也许出于对肉欲的反感,福楼拜与几位同性朋友保持着密切的友谊关系。善妒的科莱女士声称他们在搞同性恋。友谊也好,同性恋也罢,如果留意一下柏拉图的《会饮》,就会发现这区分对福楼拜无足轻重;甚至,他会故意带有性意味地夸耀:他的好友布耶是和他的左睾丸长得极其相似的人。对好友普瓦特凡的结婚,他感到丧失亲人般地受挫,为此抱怨:"你干了件不正常的事。"还说:"眼泪对于心,就像水对于鱼一样。"两年后,普瓦特凡去世,福楼拜伤心道:"我明白,我从没有爱过任何人——不论是男的还是女的——像我爱他那样。"25年以后,他还念念不忘:"没有一天过去而我不想起他。"

科莱女士:可能的妻子?

1846年福楼拜的父亲去世,紧接着亲爱的妹妹也告别人世,普瓦特凡也结了婚。就在那时,他遇上了女诗人路易丝·科莱(Louise Colet),由此开始了他一生最著名的风流韵事。仅仅6天时间,她就成为了他的情妇。"放低声一些,别大声叫嚷!"他埋怨她。这一对好斗的冤家,尽管在气质、性格、审美,甚或文学上都相去甚远,但他们却在一起纠缠了8年之久。科莱迷惑不解:福楼拜爱她,却从不需要天天见到她。

通常是福楼拜去看科莱,他从来不允许科莱去他的住所。他们的信件总是由别人转寄。一次,科莱忍不住,独自乘船去找福楼拜,却被匆匆赶来的福楼拜挡住,领她去了一家旅馆。8年里,福楼拜从来没有把科莱女士引见给母亲。科莱要拜见他母亲,福楼拜总是推托拒绝。科莱提出结婚,用家庭和孩子诱引他,福楼拜从不为之所动。和科莱热恋之际,他故意和朋友外出远游。他写信声称分手,不久又是献花,又是情书,弄得科莱女士哭笑不得。在和科莱交往期间,他还不时出现在妓院、沙龙,他毫不忌讳地在科莱女士面前炫耀他和东方妓女的性事,还要科莱不要嫉妒。

其实,在这段恋情的背后,始终有一个影子若明若灭,那便是他的初恋。科莱女士与施莱辛格夫人同年同月出生,她们同是美艳的少妇,仿佛一个母亲的两极:施莱辛格夫人似乎仅仅圣洁,而科莱女士似乎仅仅放荡。

7 福楼拜:"在泥泞里弄熄了我灵魂的圣火!"

在科莱面前,25岁的福楼拜褪尽少年的生涩和矜持,每当夜幕来临,强烈的征服欲望便肆意漫延在科莱女士的床帏……但是,到了白天,他又陷入深深的犯罪感和自责中。他逃避、痛苦,不惜和妓女鬼混,染上梅毒来惩罚自己。

科莱女士虽自诩缪斯,但所谓的诗情与艺术;对她来说仅仅是装点生活的材料,制造浪漫的催情剂;所谓的崇高、伟大等字眼,常常能燃起她对生活的激情。而在福楼拜眼里,小时候亲眼看到死尸变化的经历(不到一年,虫吃尽了尸首,于是化为尘埃,化为虚无;虚无之后……虚无,这就是一切的余留!)和他的患病,让他彻悟生命的空寂,在灵与肉的不协调中,生而不自由,把他推向绝望的悲凉,幸而藉着顽强的意志,而没有被绝望吞噬,反而冷眼剖开令他作呕的现实。科莱女士想用生命的激情感化这头老躲在洞穴里、拒绝春天的大白熊;而福楼拜竭力要把生命的疮剖给这位人间的女神看。历经分分合合,谁也说服不了谁,终于福楼拜厌倦了,"你要求爱,你抱怨我没有鲜花给你?鲜花,真是的!如果这就是你想要的,那么你去给自己找一个乳臭未干的男孩吧……"

乔治·桑:到底有多远?

和科莱分手后,很长一段时间,福楼拜忙着处理《包法利夫人》的写作、出版,以及由此而引起的官司,并开始创作《萨朗波》。1862年该书出版并获得惊人的成功。之后,福楼拜活跃于巴黎,经常出席拿破仑一世的侄女玛蒂尔德公主的沙龙,结识了拿破仑-热罗姆亲王,以及皇后欧仁妮等,并遇到了乔治·桑。

年长17岁的乔治·桑像姐姐一样爱护和支持福楼拜,她撰写文章公开支持《包法利夫人》。1866年到1876年间两人书信频繁,1981年在巴黎出版的《福楼拜与乔治·桑通讯集》中共收录了400多封,长达600页。这些书信被誉为"人们所知的最美的通讯之一"。信中,福楼拜有时称乔治·桑为"亲爱的老师",而乔治·桑有时则称他为"弗洛贝尔先生"。她写道:"您是一位与众不同的人,深奥莫测的人,却好像绵羊一样温顺。"

87

乔治·桑的温情，滋润着福楼拜解剖刀般冷峻的心。福楼拜的作品渐渐出现了一些暖色调，例如《三个故事》，它在评论界取得了赞赏，深受大众欢迎，三年内重版五次。

但是，晚年的福楼拜每况愈下，先是亲密的朋友们一个个先他而去；接着，和他生命联结在一起的母亲也离开了，这给福楼拜不小的打击："在这最后两个星期里我才感觉到我可怜的亲爱的老母亲是我最深爱的人。她这一死仿佛我的五脏六腑都给撕裂了。"

1875年，外甥女的丈夫经济崩溃，要变卖掉克鲁瓦寒的老房产。福楼拜恳求不要把他从居住了大半辈子的房子里撵走，他沦为外甥女眼中的"消费者"。失去母亲，福楼拜失去了坚强的情感后盾。如今，连最后的庇护所也将不保，福楼拜像被掀掉壳子的软体动物一样："我有一种被人连根拔起的感觉，像一团死去的海藻在波涛中颠簸起伏。"

最艰难的时刻，乔治·桑的来信，成了福楼拜唯一的情感慰藉。

在艺术的王国里，乔治·桑有着母亲的宽和温暖、情人的友好亲密和知己的信赖与支持，他们彼此心灵交融，性情契合，感情纯洁美好。

然而不幸的是，1876年乔治·桑去世了。葬礼上，福楼拜哭得像个孩子似的。

4年后，59岁的福楼拜带着他未完的遗作《布瓦和白居榭》，头也不回地走了……

《包法利夫人》：爱情背后的秘密

福楼拜曾说过，他是一枚椰子果，汁液藏在几层木质的果壳下。他那解剖刀一般冷静客观的文学艺术中，隐匿着他对生命独特而丰富的感受和体味。他对爱情的理解，扎根于真实细腻的现实，令人哀叹而又无奈；力透纸背的真知灼见，令人低首沉思生命的苍茫和孤寂。

《包法利夫人》冷酷地击碎了少女的爱情迷梦，爱玛的故事使现实面前的爱情再度幻灭，留下的仅仅是沮丧。

爱玛是农人的女儿，13岁被送到修道院。修女所受到的关于未婚夫、丈夫、天国的情人和永恒的婚姻的对比和教诲,以及从一位会唱情歌的老姑娘那里借来的小说,熏染着爱玛天生多愁善感的气质,滋养着她对爱情无限浪漫的想象。

这些想象,排挤掉了所有现实的荒凉,蓬蓬勃勃,使爱玛自觉值得拥有高人一等的骄傲。而爱玛遇到的却是平庸的包法利先生。她看不起她的丈夫。凡是增加生存的意义,使人能够超越现实的理想和情绪,包法利先生都缺乏。习惯和本能把他牢牢粘连在物质世界,爱玛在月下为他歌尽阳春白雪,他却无动于衷。这平淡无奇的婚姻,让"她不能想象眼前这种平静生活,就是她曾梦想的幸福。"一定是什么地方搞错了。"快乐、迷恋和陶醉这些字眼,从前在书本里读到,是那样美,在人生中究竟意味着什么,她渴望弄明白。"于是她四处搜寻,渴望着突如其来的变故,把她带离现在的际遇,投向渴望的生活。

"我相信,最猛烈的物欲是由理想的活跃不知不觉地组成,同时所谓卑污的肉的糜烂,是由于希冀不可能,妄想神贵的欢悦而产生。"福楼拜一语中的。爱玛不唯幻想,侯爵家的一场舞会给了她行动的支点。她先后有了两个情人——罗尔多夫和莱昂,一步步从高尚的情感,渐渐滑向肉欲的谷底。

罗尔多夫是情场的浪子,他一眼看穿了包法利夫妇。他的猎奇和诱引,只在于男人对于女人的肉体征服,他无须看顾她的灵魂,和对待所有的情妇一样:"爱情的新鲜劲一过去,恰如一件衣服被脱掉了,只剩下赤裸裸的、单调乏味的老一套,从方式到语言都是千篇一律。"

但对于爱玛而言,这不是厌倦,而是绝望。她"伟大的爱情……宛似一条河流,河水慢慢干涸,露出了河床的污泥"。

同样的,她和莱昂也是如此。"他们彼此太熟悉了,再也感受不到云雨的惊喜和百倍的欢娱。他厌倦了爱玛,爱玛也同样厌倦了他。婚姻生活的平淡无奇,爱玛在私通中又全部体会到了。"

爱玛只感到厌倦和绝望,却没有力气和智慧追究病因。她依旧向莱昂写情书,因为她以为一个女人应该向她的情人写信。但是写着写着,另一个男子——一个满足了她所有理想的男子形象,越来越清晰地映在她的脑海里。

到头来,她爱的,还是一个空影,一堆幻想。

"啊!真是人生如梦!没有任何东西值得追求,一切都是虚假的!每个微笑都掩藏着一个无聊的呵欠;每个欢乐都掩藏着一个诅咒;每种兴趣都掩藏着厌恶;最甜蜜的吻在嘴唇上留下的,只不过是对更强烈的快感无法实现的渴望。"

爱玛渴望解脱,她渴望像一只鸟一样飞到一个清白的世界,去重度青春。爱玛吞下了砒霜,经年累月为各种奢靡的开销签押下的一笔笔借款,更加深了她对爱情幻灭后的绝望。

《包法利夫人》深深地打动着读者的心,每一位读者都能在爱玛身上看到自己的影子。这是文学艺术的最高境界,在普遍人性的基础上引进了共鸣。福楼拜说过,他有温柔的思想和坚强的心肠。他不用知识诠释生命,只把心静静地贴在冷峻的解剖刀上,感受人类天性的律动。一部《包法利夫人》,借爱玛的生死爱欲,道出了人类长期进化过程中形成的两性择偶机制的相互冲突和矛盾。

爱玛的爱情最终幻灭了,生命也走到了尽头。福楼拜认为,生而不自由,人们却总是妄图摆脱命运的羁绊,于是悲剧便不可避免。其实,人类的爱情心理机制与人类的进化历史血肉相连。漫长的进化史,选择和塑造了人类的身体,也选择和塑造了人类的心灵。男性和女性所面临的自然选择压力和性选择压力是不同的:女性潜在的繁殖价值是稳定的,一旦怀孕,不仅要忍受十月怀胎的痛苦,还要花费数年哺育后代,只有选择能够维持长期关系的男性作为配偶,获得持续的物质支持和安全保护,才有利于自身和后代的生存,因此女性比较偏好长期择偶策略。男性对亲代贡献较少,在繁殖潜力方面面临更多的变数,面对女性有限的繁殖资源,男性必须进行激烈的竞争,以获得更多的机会让自己的基因遗传下来。因此男性比较偏好短期择偶行为。但是长期的进化过程中,女性为了得到一定的资源和优秀的基因,也会采取短期择偶行为,而男性为了适应女性的择偶偏好,为了保证自己的后代得到更好地存活,也不得不采用长期择偶策略。从而两性形成了各自独特的双重择偶机制。爱玛的悲剧就是女性的双重择偶机制的内在矛盾的体现。

爱玛天生有着对生命的热情和渴望,"她爱大海只爱大海的惊涛骇浪,爱新绿只爱新绿点缀在废墟之间"。她是一位拥有勃勃的生命活力的女性,但同时也是一位内控型情感的女性,凡事以自我为中心,"一切事物,她非要从中得到切身利益不可。凡是无助于她的心灵的直接宣泄的东西,她都视为无用,不屑一顾"。和生命力一样旺盛的是她那丰富的想象力,后天修道院的教育,催发了她对爱情不切实际的浪漫幻象。

答应夏尔的求婚,一方面,是因为爱玛把夏尔当做爱情游戏中不可或缺的男性角色的象征,以为所有的男性都能如同书中所描绘的那样浪漫激情;另一方面,其潜在的长期择偶策略也在起作用。女性在进化过程中,面对自然选择压力,不得不寻找一位忠诚可靠、有能力、且愿意为自己及后代投资的男性作为长期的伴侣,这样才能提高生存和繁衍成功的几率。夏尔正好满足了这样的标准:有一定的经济基础,愿意和爱玛缔结长期的婚姻关系。

婚后,爱玛的厌倦和失望,证明了女性不仅要考虑生存的资源问题,同时,还要考虑基因的质量问题。优秀的基因能够生出更为"性感"的儿子,能够更好地把自己的基因遗传下去。然而,夏尔却非常缺乏优秀男性的特质。他对一切都缺乏感受力。他的职业是他母亲一手帮他操办的。他的第一任妻子,是他母亲看中了对方的财产而为他谋娶的一位中年寡妇。他遇到爱玛,心生喜欢,在鲁俄老爹的撺掇和帮助下才半推半就地完成了自己的求婚。婚后,他生活的意义完全依附在爱玛身上,世界再大,也大不过爱玛的裙幅。一切男人炫耀的技巧,比如,击剑、打枪、甚至文学艺术,他都缺乏,也从不企求。受到同行的奚落,他不但毫无反抗,而且回到家里还一字一句当做笑料讲给爱玛听。夏尔也缺乏留住配偶的策略和技巧,他对爱玛的所思所想居然毫无洞察力,他满足,就以为爱玛也快乐。他完全信任爱玛,一点也不嫉妒她和别的男子交往,以至于爱玛偷情多年,自己却被她那破绽百出的谎言完全蒙在鼓里。

见习生莱昂深深地迷恋上爱玛的美貌。男性所喜欢的漂亮女性,往往拥有姣好的容貌、匀称的身材,这些都是良好的生育力的表征。爱玛明了莱昂的心思,也喜欢与他谈论文学艺术。她内心深处强烈地渴望着能够和莱昂在一起,甚至私奔。但是,在莱昂面前,爱玛极力地维护自己的丈夫,尽力地表现出一位贤妻良母的形象。"爱玛越是意识到自己的爱情,就越是把它压在心底,不让它流露出来,而让它慢慢淡薄"。这种矛盾的心态,不仅是因为社会习俗的制约,即妇女要守"贞操",对自己的丈夫忠诚;更重要的是,女性内在的心理机制发生了作用:已婚女性要更换配偶,不光要展示自己的性吸引力,还要体现自己的忠诚和持家能力,从而抬高自己的身价,以使未来配偶更加珍惜,更愿意为其投资和保持忠诚。

但是,初出茅庐的莱昂无法解读出爱玛行为背后的心理秘密。

罗多尔夫则不同,他"是风月场的老手"。这是一个聪明的猎艳高手,从一开始就采取了短期择偶的策略。他深谙情事的秘密,懂得如何出手、收手。他打着"爱情"的幌子,在农业评比会上,大胆向爱玛表白。"为什么我们会相识呢?……就像两条河流,经过漫长的行程,最后汇集到一起。""今天下午我留在你身边了,明天,以后,

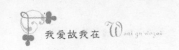

一辈子我都要留在你身边!"罗多尔夫的表白饱含着对爱玛性吸引力的极力赞扬和承诺长期关系的强烈暗示,准确无误地命中了爱玛的心房。

罗多尔夫也非常善于把握女性的爱情心理时机,农业评比会结束后,他并没有趁热打铁,而是等了6个星期以后,在爱玛望穿秋水之际,才果断出手,一击便中。

这段感情从一开始就是不对称的。罗多尔夫采用的是典型的男性短期择偶策略,他只想和更多的女性发生关系,他的独身和资源是他吸引异性的有利武器。他不愿意只为一个女性投资。爱玛却是真心相许,希望能够吸引罗多尔夫作为长期配偶。爱玛渴望更多、更稳固的东西,这正是罗多尔夫所忌讳的。他们之间只有在激情上达成了一致,而没有亲密和承诺。

爱玛觉察到潜在的不安全感,鲁俄老爹的来信,充满暖暖的温情,从意识层面点醒了女人对安全感、亲情和承诺的渴望。环顾自己的家,爱玛有种伸手触及的踏实感。她开始反悔自己的背叛,重燃对夏尔的爱意,夏尔却对此一无所知。她怂恿夏尔施行畸形足纠正手术。她渴望夏尔聪明能干,事业成功。然而,夏尔的愚蠢无可救药,不但没把人医好,还差点搞出了人命,砸了招牌,赔了钱。爱玛实在没有办法重建对丈夫的信心。

和鲁钝无能的夏尔相比,作为长期伴侣,罗多尔夫无疑更加理想。于是爱玛想尽办法撺掇罗多尔夫和她一起私奔。

问题在于,猎艳高手罗多尔夫从一开始就没有考虑过长期的投资关系。更何况,爱玛作为已婚女性,丧失了性贞洁和性忠诚,这两点是男性在寻求长期配偶时非常看重的。爱玛在盘算着和罗多尔夫私奔时,还要带上她和夏尔的孩子。这无论如何是男性最忌讳的事情,进化让男性绝不愿意把自己的宝贵资源投资给别的男性的后代。

因此,当爱玛计划和罗多尔夫私奔时,两人的关系其实已经走到了终结。爱玛对此并非没有任何预见,一方面,爱玛总是以自我为中心,只考虑自己的利益,因此很少能够站在不同的立场上想问题;另一方面,面对罗多尔夫日渐淡漠的感情,爱玛似乎也在进行一场博弈:要么私奔,形成长期的配偶关系;要么,早点结束这种不稳定的配偶关系。

如果说和罗多尔夫在一起,爱玛渴望私奔,渴望长期的配偶关系,那么,和莱昂在一起,爱玛纯粹是一种女性的短期择偶心理在作祟。这一次,她并没有想过天长地久。莱昂并不强大,并不伟岸。

他被爱玛的性魅力深深地征服。在他们的关系中,掌握主动的是爱玛,他倒像是她的情夫。这种有点性倒错意味的关系,让爱玛寻回了对自己性吸引力的自信,也找到了性繁殖的对象和舞台。但是,激情的背后,依然是空虚和单调。也许,从进化生物学和行为遗传学的观点看,我们都不过是自私的基因为了自身的复制和延续而借用的工具。也许,所谓爱情,只不过是为了完成基因的使命而进行的一种化学反应……

爱玛饮下砒霜,是她对这种进化宿命的无言对抗,还是基因再也无从实现自身的繁殖,于是抛弃了她?

爱情的传说:尽头居然是死亡

爱情是人类的生命直觉和需要,为每人所渴望。然而,人们遭遇的往往是平淡无奇和烦琐厌倦。那种惊天地、泣鬼神,能与任何力量,哪怕是宗教信仰一较高下的爱情,在福楼拜看来,或许只能化成一部风格绮丽的历史传奇小说——《萨朗波》,以满足人们对爱情的幻想和饥渴。

在遥远的古代,萨朗波是迦太基统帅阿米尔卡的女儿,她是"在斋戒、节食和净身中长大成人的,经常被精美和庄严的事物包围着,身体渗透了芳香,灵魂充满了祈祷。"她的世界就是光洁馨香的宗教情绪。她在月神庙大祭司沙哈巴兰的教导下,认识了关于月亮女神的一切。可是沙哈巴兰拒绝教给她爱情的知识和情欲的秘密,但萨朗波却凭直觉感受到这些秘密的存在。她觉得自己渺小而空虚,苦闷却分不清原因,更有一种抑制不住的好奇。她把她的情绪寄托在月神的圣衣上,她审视着圣衣,把它披在臂上:预期的美好激情一点儿也没有到来。

兵营里,马托的热吻把她带进了一种陌生而美好的真实——一种近乎本能的真实。她战栗地喊道:"莫洛克神,你烧痛了我。"当她带着圣衣返回迦太基的时候,"萨朗波对于他(马托)一点不觉得害怕。从前她所感觉的痛苦,如今也不在了。一种奇异的安静占有她。她的目光,不似以前那样无主,闪出一种清澈的火焰。"她的大蛇死了,她也无动于衷:蛇是迦太基神明的象征。然而,浸到骨子里的宗教情绪,遭受战火蹂躏的家园,让萨朗波无法认同对马托的爱情。她拒不承认,她说她恨马托,把一切罪责推给马托。对马托的恨连带着爱情,就像复活的蛇,撕噬着她。她一点儿也不爱父亲为她指定的未婚夫,但是她渴望他能杀死马托。仿佛只有马托的死,才能让她得到安宁。

命运的最后时刻,婚礼上,萨朗波看到血肉模糊的死囚马托,"所有外界的东西都消失了,她所看见的只是马托。她的灵魂深处一片静寂——仿佛落到了深渊,在这里,宇宙万物在唯一一种思想,一种回忆,一种目光的压迫下完全消失了。"她恍惚中又回到了军营,她渴望那一幕的重演,"她不愿意他死亡!"所有的压抑和自欺,在生死的瞬间,全都烟消云散,现出了本来的面目。"她盼望再感到,再听到"。随着马托被剖出的心脏停止跳动,萨朗波也一头栽倒在地。

似乎是死亡成就了爱情,但同时死亡在终结肉身的同时,也终结了爱情的延续。这种耐人寻味的联结,给人一种难以回避的压迫,同样也让福楼拜感到无所适从。爱情的瑰丽,难道真的必须在死亡的黑色幕布上才能大放异彩吗?

爱情,究竟是向往还是回忆

福楼拜的《情感教育》写得很辛苦,第一个版本实在差强人意,20年后又推倒重来。《情感教育》几乎就是福楼拜整个初恋的缩影。在这位饱经风霜、日益惨淡的作家的晚年,他一遍又一遍地修改着少年时的记忆:他是渴望回到过去,还是希望改变一些什么?

他初恋的爱人——施莱辛格夫人,变成了《情感教育》中的阿尔努夫人。她是温情的妻子,慈爱的母亲,饱受了人间沧桑,却能带来一片温馨的芬芳的女人。

弗雷德里克和阿尔努的邂逅,暗指福楼拜与施莱辛格夫人的相遇。为了阿尔努夫人,弗雷德里克努力跻身阿尔努先生的交际圈子,整日泡在画商的铺子里,和一群所谓的艺术家东拉西扯。他的耐心谦和,赢得了阿尔努先生的好感。从此,弗雷德里克常常参加他家的晚宴,得以接近心仪的阿尔努夫人。而温敏敦厚的阿尔努夫人在他的热情面前只能装聋作哑。

7 福楼拜:"在泥泞里弄熄了我灵魂的圣火!"

因际遇的变迁,弗雷德里克中途回家,后又与阿尔努一家重逢。几年不见,阿尔努先生经营惨淡,家境渐渐败落,还另有情妇。阿尔努夫人伤心、隐忍。生活再艰辛,她也守着她的家和孩子。直到阿尔努先生的行为毁坏子女的前途和希望,她才在绝望中,把妻子的忠贞一分为二:感情给了弗雷德里克;而肉体,依然留下来喂养衰弱的婚姻。这种精神之恋,更多地充满了母性的柔情,姐弟的亲密和友谊的忠诚,常常让弗雷德里克的肉欲不息自止。

但弗雷德里克也禁不住肉欲的诱惑,只要妓女罗莎乃特招招手,弗雷德里克便俯首贴耳。"要是阿尔努夫人仅仅用手指轻轻拂他一下,马上另一个的面目就迎着他的欲望来了……和罗莎乃特在一起,只要他的心一动,他立即记起他伟大的爱情"。

阿尔努夫人因孩子生病,未能赴约。弗雷德里克便带了罗莎乃特来到为阿尔努夫人精心准备的小屋,事后弗雷德里克却伏在枕上呜咽……

27年后,阿尔努夫人出现在弗雷德里克的书房,她向他倾吐心意,他照单全收。可是,她的白发给他"当胸一击",再热烈的爱恋,也抵不过时间的酷虐,剩下的只是美好的回忆。弗雷德里克转身轻掩心扉,就让彼此永远保护这份美好的回忆吧!

此后,福楼拜再也没有讨论过爱情……

8 小仲马：沉郁一生的爱情卫道士

> 理想的爱情就是：肉体的协和，再加上道德上的尽可能完美。
>
> ——小仲马

小仲马（Alexandre Dumas, 1824—1895）

8 小仲马：沉郁一生的爱情卫道士

小仲马是法国著名小说家大仲马与一女裁缝所生的私生子。受父亲影响，他也热爱文学创作，成为法国戏剧由浪漫主义向现实主义过渡期间的重要作家。起初，大仲马并不承认小仲马是自己的儿子，但后来大仲马很为有这样的儿子而感到骄傲。传说曾经有人问大仲马一生中最得意的作品是哪部，大仲马自豪地回答：小仲马。

《茶花女》是小仲马的第一部扬名文坛的力作。也许这部作品在道德方面未必替小仲马争得了好的评价，但却实实在在令这位作者在死后依旧名垂千古。人们所津津乐道的"大小仲马"构成了法国文学史乃至世界文学史上罕见的"父子双璧"的现象。在小仲马的作品中，他大力宣扬婚姻和家庭的神圣性，对资产阶级的社会风气、家庭生活和伦理道德做了细致的描绘和揭露，抨击了娼妓现象对婚姻家庭的威胁，歌颂了纯洁高尚的爱情。

人们常说"语言是心灵的窗户"。在一部部作品中，小仲马宣扬着他的道德观念，他的爱憎，他的"主义"。而事实上，语言往往并非心灵的全部。纵观历史，小仲马是一个沉郁一生的爱情卫道士！

成年之前父亲对小仲马的影响

1824年7月27日，小仲马出生于巴黎。他是大仲马与住在同一楼里的邻居缝衣女工卡特琳娜·拉贝的私生子。但小仲马出生时未被大仲马承认。

4岁时，年轻的剧作家大仲马下决心遗弃他的儿子。他借口乡下空气好，把他们母子两人安置到一个叫做帕西的农村里去了。幼年时的小仲马，起先由他母亲扶养，得到了良好的家庭教育。他那杰出的、身材魁梧的和对女人朝三暮四的父亲，使他感到困惑和害怕。不论生活条件多么艰苦，小仲马还是在那儿成长起来了，心中还充满着对他天才父亲的崇敬之情。

直到7岁时，大仲马承认了这个儿子。为了得到儿子的抚养权，在大仲马来的时候，卡特琳娜把小仲马藏起来，或者叫他跳窗逃走，等等。最后法庭裁决，小仲马由大仲马抚养。但这时的大仲马正和贝尔·克莱尔塞梅尔打得火热，于是把7岁的小仲马送进了寄宿学校。

小仲马对这寄宿学校的生活的回忆都是很可怕的。他最后一本小说《克莱芒索事件》提到了他和母亲分别时心中的痛苦,以及在寄宿学校中他的同学们对他这个私生子的歧视和虐待。小仲马还提到了,在寄宿学校里由于不堪侮辱而不得不与人打了几次架。也就在这段时期,这个年轻人的性格逐渐形成了:对人记恨、冷漠、怀疑,厌恶妓女。

大仲马有很多情妇,其中一个叫伊达·费里埃的。小仲马曾写道:"在我童年的时候,由于伊达小姐的态度,我要容忍很多事情。"不过小仲马也记得这时候大仲马对他像伙伴之间的友情。在一家名叫"托尔托尼"的英国咖啡馆里,小仲马很早便和他父亲的朋友们混熟了;其中有曾经是拿破仑情妇的乔治小姐、李斯特、缪塞和弗雷德里克·勒梅特。

小仲马15岁时离开寄宿学校,但大仲马并没有把他领回家去,而是把他安置在一个家庭式膳宿公寓里,并以走读生的名义让他在波旁中学(今孔多塞中学)上学。该校学生大部分都是文学上的浪漫派,政治上的共和派。小仲马在那儿就读两年。他已成了一个身材高大的漂亮小伙子,可是他对自己没有信心,中学会考也没有通过。父亲却很宠爱他,给他穿最时髦的衣服,经常邀请他到昂坦街的家里去,带着他在蒙马特大街的杂耍剧院和意大利人大街尽头的英国咖啡馆之间游逛,有时候在咖啡馆里和巴尔扎克等人一起喝一杯……有时候,小仲马为了他父亲众多的情妇的事情想稍许规劝一下他的父亲,可是父亲总是说:"我不想接受你的劝告……"

他们之间的关系有时会不太融洽,可是小仲马一面经常规劝他的父亲,一面却受到游手好闲的生活的诱惑,他对挥霍无度的父亲的生活习惯逐渐适应了……后来他为自己过这种"被迫的"花花公子的生活辩解说,"我过这种生活是随大流,是出于模仿,是因为无所事事,这并不是我的爱好。"1842年,小仲马18岁时便有了第一个情妇,很漂亮,她是著名雕刻家普拉迪埃的妻子。他有一套单身汉的小公寓,经常出入风月场所。

卫道者的爱情之路

巴黎名妓——玛丽·杜普莱西

19世纪40年代,一个叫阿尔丰西娜·普莱西的贫苦乡下姑娘来到巴黎,走进了名利场,成了上流社会的一个社交明星,开始了卖笑生涯,并改名为玛丽·杜普莱西。她爱好文学、音乐,谈吐不俗。一次在剧院门口咳血时被小仲马看见,甚是心痛。玛丽也非常感动,于是两人开始了一段交往。小仲马试图把"茶花女"从堕落的生活中拯救出来,但他的财力显然使他力不从心。为了顺应环境,玛丽的生活不得不阔绰豪华,难免染上了挥霍的习气,每年开销10万法郎。小仲马为了给她买礼物,与她去旅行以及各种零星花费,已经负债5万法郎。他只得承认自己的失败,于1845年给她写了一封信,要求互相忘情。这封绝交信写得非常动人,其中写道:"我不够富裕,不能像我希望的那样爱你……让我们彼此忘却——你是忘却一个对你说来相当冷酷的姓名,我是忘却一种我供养不起的幸福……你那样聪慧,不会不宽恕我……"之后,小仲马写下了带有自传性质的小说《茶花女》(1848年),并将其改编成剧本,该剧在1852年首次上演。《茶花女》所表达的人道主义思想,体现了人间的真情,人与人之间的关怀、宽容与尊重。这种思想感情引起了人们的共鸣,因此受到普遍的欢迎;而玛丽却无限哀怨,于1847年病逝,年仅23岁。在马赛,当小仲马得知玛丽去世的消息时,他悲痛欲绝。倒不是因为他亏欠了这位可怜的姑娘,而是由于他过于苛求完美,到了不讲情理的地步。小仲马是自责的。在见到茶花女的遗物拍卖之后,他百感交集,奋笔疾书,写出了他一生中最动人的诗句。可见自始至终,小仲马是真心爱着"茶花女"的。

俄国贵妇——莉迪亚·奈塞罗德

1850年,在玛丽·加莱尔吉斯家中,小仲马结识了三年前与迪米特里·奈塞罗德伯爵结婚的莉迪亚·奈塞罗德。莉迪亚是俄国贵族,妩媚动人、聪明伶俐,又非常富有。莉迪亚早就有意结识《茶花女》的作者,她甚至异想天开地想当他的情妇。可以说,这次小仲马不是征服者,而是被这个女人征服了。他随之陷入陶醉中。哪一个年轻人能得到这种神魂颠倒的体验呢?一位年方二十、百般娇媚、才思敏捷的绝色佳人,俄国首相的儿媳,竟然扑到他这个涉世未深的穷作家的怀里!小仲马做梦也想不到能遇上这样的艳福!小仲马在莉迪亚身上得到的是一名百依百顺的"小学女生"……而这一切的结局是,从圣彼得堡送来的一纸诏书,把伯爵夫人召回了俄罗斯……小仲马百般不舍,从一个车站到另一个车站,从一家旅店到另一家旅店,他尾随着奈塞罗德夫妇,马不停蹄。结果还是无济于事。他爱那位美丽的外国女子,情欲中掺混着自负。这种感情在一个25岁的青年身上,往往是相当强烈的。得不到那个女子的任何信息,就连一张不签名的短笺也没有,甚至没有几片干枯的花瓣,没有一粒珍珠。这是他所没料到的,他是那么惊讶,那么不安。不论小仲马看上去多么调皮和风流,他其实是很重感情的,他无法想象这位20岁的风雅女子竟会如此冷淡,不讲情义。对这位贵妇人来说,这段风流艳史已经结束。在小仲马这方面,还要长时间痛苦沉思:如此年轻的一位女子,曾经跟他卿卿我我,柔情蜜意,怎么就一下子变得如此冷漠呢?这次的感情纠葛,在小仲马的心中,打上了终生难忘的烙印。在以后的日子里,他仍爱恋过一些女性,但这些女性带给他的却是痛苦。他再也碰不上真诚崇拜他和热爱他的女子,再也不会从他爱慕的女人身上获得感情方面的安全感。以这段感情经历为题材,小仲马创作了《珍珠女》。

一个曾经让他如此痴迷的女人,最后却如此无情,如此伤害他,使得小仲马开始憎恨这种与"道德"相悖的男女关系。可以这么说,与莉迪亚这段关系的结束,是小仲马开始成为一个严厉的"道德捍卫者"的直接导火线。

一直等到1852年,莉迪亚才给他带来一个口信,算是断绝关系。送信人纳捷日达·纳里奇金娜王妃,后来取代了莉迪亚的位置。

俄罗斯王妃——纳捷日达·纳里奇金娜

1855年,这位专讲道德的作家,却又疯狂地爱上了已婚女子纳捷日达·纳里奇金娜王妃,一位30岁的少妇。她是纳里奇金亲王的妻子。小仲马在1861年给乔治·桑的信中说,这位亲王夫人就像"一条绿眼睛的美人鱼","我随时准备像爱一个天使般地爱她,也随时准备

8 小仲马：沉郁一生的爱情卫道士

像杀死一只野兽般地杀掉她"。纳捷日达王妃对于小仲马来说，更像是一种赎买，赎买水性杨花的莉亚迪对他的抛弃，进而显示他对沙俄贵族的胜利。当然，这并不意味着小仲马减弱了对纳捷日达的柔情蜜意。他那么强烈地想要娶这个俄国王妃，但是当时的条件不允许他这么做，他陷入了抑郁中。尤其是王妃为他生下一个私生女之后，对于这个曾经写了《私生子》的作者来说，自己有了一个私生女是件颇为痛苦的事。1864年，小仲马得了严重的神经衰弱症，有人甚至看到他跪在卧室的地上苦苦思索：他想掐死睡在他隔壁房间里的父亲。

终于等到纳里奇金亲王去世。小仲马娶了他的遗孀。

然而，小仲马并没有像自己希望的那样成为拥有幸福婚姻的人。婚后两年，也就是1866年，小仲马和这位"绿眼睛的美人鱼"的婚姻开始出现裂痕。纳捷日达不时生病，而且生性嫉妒，不善理家。曾经的碧眼王妃，把权势炙手可热的王爷和几千名农奴舍弃在俄国，独自一人来到塞纳河畔的城市纳伊，与一个法国青年剧作家恩恩爱爱地过着日子。而如今，她总是怨这怨那，"有时没精打采，有时怒气冲天"，使得夫妻生活陡然生出许多困难。小仲马因而更加坚定了他鄙视妇女的观念。有一次纳捷日达怀孕后，陷入了萎靡不振的消沉状态。看到小仲马身边有一大群女性崇拜者围着他转，她妒火中烧，经常进行言语攻击。纳捷日达的神经有点不正常，成了一个令人难以忍受的妻子。小仲马心情苦闷，通过写小说，把窝在心里的怒气统统发泄，甚至比以前更加愤世嫉俗。

少妇——亨利埃特·埃斯卡里叶

1886年，年届六旬的小仲马，竟然爱上了一个少妇亨利埃特·埃斯卡里叶。这位爱情的"冷眼旁观者"，终于不得不承认自己陷入了情网，那是从最后的希望中迸发出来的狂热激情。

亨利埃特18岁时，嫁给了画家费利克斯·埃斯卡里叶，但他们的婚姻是个可悲的错误。亨利埃特忍受了许多说不出来的痛苦，既失望又泄气，终于同丈夫分居，回到娘家去住。少妇一直非常崇拜小仲马，她抱怨自己独守空房，孤独难耐，请求作家能花些时间陪陪她，帮她消愁解闷。在她心中，小仲马"就像神灵一样美好。"亨利埃特可是一心一意地爱上了小仲马。小仲马的威望、声誉与风度都令她神魂颠倒；小仲马的抗拒并不能打消她的念头，她信心十足地准备征服他。当她了解到小仲马夫妻失和，"王妃"神经不正常，小仲马与另一位绯闻女性的来往纯属朋友关系等情况后,胆子就更加大了,非要把这位大人物夺到手不可。一位如此年轻、诱人的少妇,向他表露出如此明显的兴趣,令小仲马吃惊;可是他又不敢贸然摘取这支若隐若现的幸福之花。很久以来,他已不再相信世界上会有真诚的爱情。每当分析一个女人的感情时,他总是认为这种感情不是出于虚荣,就是有某种野心,或者为了寻求保护,等等。在这位白发苍苍的老者心里,爱情的忠贞只存在于少年的梦想当中。因此,他毫不留情地从自己身边推开追求他的那些上流社会的女子,更不用说那些清白受到玷污前来向他悔罪的女人了。

但他的确深深地爱着亨利埃特。自从经历了与玛丽和莉迪亚那段时期以后,他就再没有真正爱过什么人。应该说,亨利埃特甚至引起了他更大的感情波澜,原因是后者的气质更加与"希尔菲德"(介乎小精灵和仙女之间的神仙)相似。小仲马多年追寻这样的女子,却一无所得。请听他的自白:"你突然出现在我的生活里,给我的理想树立了最为光辉的形象……你的出现不仅得到了我的钟爱,而且是我内心深处一直隐秘的崇拜着的那种形象;尽管这么多年,我见过不知多少形形色色的女性,不知她们以多么纷繁的面目和形象在我的眼前呈现过……"

这是一种强烈的肉体之爱。有了亨利埃特,小仲马到了迟暮之年,还带着令他颤抖的欲望,去赴约会。亨利埃特从未失约。他真是艳福不浅!一种几乎是父爱式的温情,与做情夫的愉悦融合在一起,促使他去关怀这位年轻的女性。

然而要知道,这时候的小仲马仍是个有妇之夫,尽管他与妻子的感情已经破裂很久。而当时的纳捷日达已经重病在身,小仲马的强烈道德感是不允许自己在这种情况下与妻子离婚的。

这种不协调的生活总是那个样子:艳福带来快慰,又使人产生某种自责,说不清道不明地对自己不满意。这场爱情,搅乱了他的生活。在1893年他曾写道:"我一直以为,在现实中不可能得到理想中的爱情,然而理想的爱情在你的身上却完全实现了。按照你对我的表白,理想的爱情就是:肉体的协和,再加上道德上的尽可能完美。"

1895年4月2日,小仲马的夫人去世。不到3个月,6月26日,小仲马便续娶了比他小40岁的亨利埃特。他爱她,爱得不顾一切。

同年7月27日,小仲马立下遗嘱。11月27日,他在马尔利-勒鲁瓦去世,被葬在蒙马特公墓,离玛丽的墓不远。

理想与现实的冲撞

　　小仲马不接受轻狂的爱情,是一个严厉的道德家,总是给人以高傲的、好斗的不妥协态度,但他的生活却总是与他宣扬的理论相悖。于是,我们不禁思考,这是为什么呢?

　　在大仲马奢侈豪华而又飘浮不定的生活影响下,小仲马最初"觉得用功和游戏都索然寡味"。20岁时,他就结识了一些有夫之妇,过着纸醉金迷的生活。与"茶花女"的关系的结束,是小仲马思想发展的一个重要转折点。

　　一句话会让一个孩子一下子成熟,而一段刻骨铭心的爱情会让一个男人成长。玛丽的生活和死亡,对小仲马的道德观念的演变起了很大作用。他的父亲,和所有浪漫派人士一样,不遗余力地标榜情欲的权利;然而,在小仲马身上,这一态度很快就被否定了。他离开了梅拉妮·瓦勒道尔那样的恋人,移情于虽不忠诚却宽容的女子。

　　生身之母的经历,使他看到这样的爱情会导致痛苦的结局;玛丽的例子又进一步表明:寻欢作乐的喜剧,常常会无可奈何地以悲剧告终。这些都是造成他作为一个有时甚至是不近人情的"道德捍卫者"的原因。当年浪漫热情的小青年,随着年龄的增长,变成了一位严厉的道德家。

　　他自己希望成为什么样的人?

　　他希望成为一个善良并享有婚姻幸福的男人。没有这样的生活,他便要当"打抱不平的义士",当"妇女之友",同时,他也当她们的审判官。他笔下的人物,正如火枪手那样,将服务于他心目中的公道与正义的情感。这些人物的武器是言词,而他们言词经常是粗暴的。他们要达到什么目的?从可怕的情妇手中救出憨直的青年人;从放荡者手中救出缝纫女工;从有妇之夫手中挽救天真无邪的少女。在小仲马的身上既有智谋,又有勇气和力量。他准备手执皮鞭进入关闭母虎的笼子里边。然而,在担任这一自命不凡又不讨人喜欢的角色之余,他必须通过作品把自己解救出来。《珍珠女》、《狄亚娜·德·利斯》、《半上流社会》、《克雷孟梭案件》、《放荡父亲》、《私生子》等一系列作品,成了小仲马思想的代言。

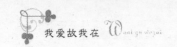

小仲马幼年饱尝家庭不幸带来的种种辛酸和痛苦,亲眼看到大仲马一生受累于种种桃色事件,并因此落得晚景贫困凄凉。这样的经历和他生活的世界,使小仲马确信,一切爱情都是令人失望的海市蜃楼。爱一个女人就是爱我们头脑中的一个梦。小仲马不相信这个梦。他的爱情,总是力不从心。要知道,他是多么希望,自己的生活能够无懈可击,堪为人师表。对于一个道德家来说,更加困难的是在行动中体现自己的道德准则,但小仲马的私生活并不完全符合他自己的愿望。

人格——爱情的风向标

对于一个热爱生活的人,他的心中怀有对这个世界的爱。于是,从他眼中看到的事物将会是更美丽的,对周遭发生的一切将会以更加宽容的心态去对待。小仲马从小的生长环境,他的个人经历,让他形成了冷漠、怀疑的性格。可以这么说,对于自己生活的这个世界,他始终怀着审视的态度。他不轻易相信别人,他不断探索所见之种种现象的缘由,他的嘲讽深刻尖锐,不是逗笑,而是咬人。一位女作家曾这样评价他:"小仲马的缺点在于看破红尘!"他痛恨这个世界的许多黑暗不合道义的两性关系,他看到许多丑陋的男女交往给人们带来的痛苦,他唾弃这些行为,而且他自己也深深受到伤害。于是,他选择冷漠看待这个世界,他对爱情嗤之以鼻,他同情在爱情婚姻关系中的受害人,同情妓女,但同时他又鄙视女人。进而,在他的戏剧和小说中,他对婚姻关系中不合道德的行为总是会做严厉的抨击。

我们可以理解他抨击的动机。那么为什么他的抨击是一而再、再而三式的猛烈的推进,似乎是一种永不停止的、愈演愈烈的攻击?

小仲马是人!之于一个人,他有存在和成长的需要的满足、归属、爱、尊重与自尊、认知、审美以及自我实现。一般而言,在童年时期得到过来自家庭充分的温暖和父母之爱的人,就奠定了他们一生乐观且富于探索的基调。而我们的小仲马,4岁时父亲抛弃他和他的母亲,母亲靠着微薄的收入,含辛茹苦地将他抚养到7岁。7岁那年,虽然得到了父亲的承认,但被送进了寄宿学校,15岁离开寄宿学校,又被安置在一个家庭式膳宿公寓继续上学。颠沛流离的童年,造成他的内心从小就缺乏安全感。这种安全感的缺乏,严重影响到他一生的生活态度,导致了他个人意识中忽隐忽现的悲观的认知基调。即使在他成名之后,他有自己的家庭,有一定的资产,有来自外界的鲜花、掌声和尊重,但这些都不能让他真正地热爱他周围的世界。因为,只有内心安全的人才会相信美好的东西,所以,他不相信真正的爱情存在。

然而,令他一辈子痛苦挣扎的是,在他不相信真正的爱情存在的同时,他又希望自己成为一个拥有爱情的人。在小仲马那里,很多爱情和婚姻会给当事人或者与之相关的人带来伤害的一个原因是,即使有些行为并没有为法律所禁止,但它们是不合乎道义的。他认为只有合乎道德和法律的婚姻才会受到保护,才会让当事人免受伤害。所以他批判,他痛斥,他抵制各种形式的不道德的男女关系。

然而,他抵制不了爱情。要知道,认知并不能完全控制情感——更何况爱情。进化心理学表明,婚姻是在进化过程中男女远祖被迫接受下来的以"契约"为基础的制度。婚姻从性质上说是男女之间的契约关系:共同生活、彼此承担养育子女的责任和义务。既然婚姻是契约,它就意味着不自由,是对人性中渴求自由的愿望的否定。而爱情的本质恰恰是自由,来不得半点束缚。所以,他所宣扬的合法合理的婚姻观在他自己身上并没有得到完全的实现。

小仲马其实是一个勇敢的人,甚至从某种意义上说,他是一个绝对的爱情勇士!从他每一次爱情经历中我们看到,虽然他捍卫着他所处社会的爱情道德观,甚至经常扮演无情的说道者,但他的每次爱情都是那样的热烈而汹涌。事实上,他骨子里是一个有着痴情和迷狂的人。所以,当一次次爱情袭来的时候,即便是对方的婚姻,抑或是自己的婚姻都不能阻止他狂烈的爱。

在那个拜金、崇尚肉欲、充斥颓废和随波逐流的世界上,拨开眼前的迷雾需要很大的勇气,而发现终极性的真、善、美,更是需要智慧!根据行为主义的学习理论,虽然小仲马不认可大仲马的风流,但他父亲的这种行为他看在眼里,并且习得,只是一直受到个人意识层面的认知约束,它没有被表现出来。然而,当情感强烈到一定程度时,认知这道防线就会被冲破,已经习得了的经验开始转化为行动。于是,与俄国贵妇的短暂爱情,与碧眼王妃的结合,身为有妇之夫对一个少妇的强烈的黄昏之恋……这一切都变得可以解释。

小仲马希望合乎道德的行为保护他的爱情,但他又向往真爱的自由。所以,一辈子都处于深深的矛盾痛苦中的小仲马,俨然是一个沉郁一生的爱情卫道士!

9

杜拉斯：屈从于欲望的俘虏

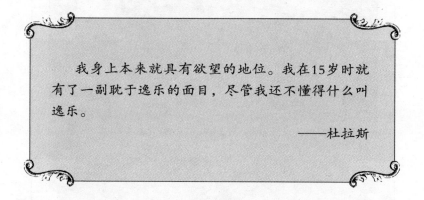

我身上本来就具有欲望的地位。我在15岁时就有了一副耽于逸乐的面目，尽管我还不懂得什么叫逸乐。

——杜拉斯

玛格丽特·杜拉斯（Marguerite Duras, 1914—1996）

9 杜拉斯：屈从于欲望的俘虏

玛格丽特·杜拉斯，原名玛格丽特·多纳迪厄，她是个性如此张扬的女人，她是所有小资和白领女性的偶像，她赋予自己"杜拉斯"的姓氏，她懂得享受生活，她总是让身边的男人们围着她团团转，她善于交际，她见解独立，她厨艺精湛，她思想开放，她敢爱敢恨，她善于支配自己的欲望……所有的特性汇集在一起，形成了如此令人爱不释手的可人儿。

耽于逸乐的杜拉斯是个绝对的性爱高手，她喜欢做爱，并且需要做爱。她无时无刻不在索求爱，在她的世界里，爱是一种永远的匮乏品，而这从未餍足的爱理所当然地通过激烈的性爱来平息。而对于爱的俘虏性和占有性的需要，其实应该归结于杜拉斯童年时代的遭遇……

缺乏爱的童年，促使她对爱俘虏性的渴求

杜拉斯于1914年4月4日凌晨4点出生于法属印度支那。在她出生之前，她的父亲亨利就已被不明来由的疾病缠住，身体越来越虚弱。而她的母亲玛丽却根本不满足于家庭主妇的生活，她从没想过在家专职抚养小玛格丽特及她的两个哥哥皮埃尔和保罗。她希望找到一份工作，她希望拥有金钱，她固执地认为只有金钱才能带来尊重和幸福。于是，玛格丽特只能由仆人照顾，她和她的小哥哥保罗总是缺乏令他们的母亲偏爱的资本。他们的母亲只为她的大儿子皮埃尔所迷惑，更准确地说，是被皮埃尔的恶劣所吸引。尽管皮埃尔欺负弟弟妹妹，尽管他吸食鸦片，尽管他偷玛丽柜子里的钱，甚至偷仆人辛苦攒下来的积蓄，玛丽都毫无原因地袒护他，一如既往地关爱他。而原本属于玛格丽特的母爱却被皮埃尔和母亲的不公、殴打及辱骂所代替。她害怕这一切，于是她更花心思地学习，更尽心尽力地为母亲争得荣誉，然而母爱的天平却从来没有向她倾斜……玛格丽特的父亲亨利则在玛格丽特7岁时就被不明来由的疾病夺去了生命，虽然在亨利健在时他也不曾用心疼惜过自己唯一的女儿。他的疾病始终纠缠着他，占去了他多余的精力。父亲的去世也让母亲更加孤独和疲惫，她的脾气越发暴躁，越发不可理喻了。父亲抛下一切的离世似乎也昭示着玛格丽特无法得到父母更多关爱的悲惨命运。即使这样，命运也并没有眷顾小玛格丽特，让她得到同伴们的喜欢

和拥护。她的童年漂泊不定,又如何能够持续一段坚固的友谊呢?唯一给予玛格丽特足够关爱的也许只有她的小哥哥保罗了。善良、英俊又极其温柔的小哥哥保罗,是玛格丽特甚为喜欢的"小哥哥"。他带着玛格丽特一起玩耍、打猎,为她重新拾起童年本应拥有的乐趣;他在母亲倾尽所有积蓄却换来荒废的特许经营地,精神几近崩溃时挺身而出,成为了家里的顶梁柱……他给予了玛格丽特关于"情人"的定义——并肩作战、相互扶持,还给了玛格丽特迫切需要的关爱。

玛格丽特与她喜欢的小哥哥保罗

童年爱的匮乏让玛格丽特一刻不停地希望得到别人的爱,希望得到异性之爱。她对于爱的渴求甚至到了绝对占有的程度,她善于嫉妒,她希望自己的男人能够寸步不离地围着她转,称赞她、欣赏她的一切。然而,如此令人窒息的爱却并非如她本人那样活泼可爱易于被接纳。于是男人们总是通过各种借口和骗局暂时逃走,或是干脆投入到与其他女人的爱恋中。于是聪慧可人的玛格丽特变成了口齿恶毒的泼妇,她用各种尖刻的语言讽刺和抨击,她不愿接受任何形式的背叛。她深受情场浪子伤害,却永远不能屈服抑或是妥协于不再专一的爱情。

来自"中国北方的情人"

在玛格丽特十五岁半时,她在轮渡上遇到了她的第一个情人雷奥。这位来自中国的情人身材瘦小、体质虚弱,但是非常有钱,25岁左右。也许是他的黑色利穆新轿车,也许是剪裁精致的柞丝绸西服,抑或是他纤细的手上亮闪闪的钻石戒指,最终成了玛格丽特的欲望发动机。而那时对于玛格丽特一家来说,钱是非常急需的。玛格丽特的妈妈当时还在还贷购置特许经营土地的欠款,而玛格丽特的两个哥哥都不想工作。也许是想从母亲那里博得至少是一点点的喜爱吧,她接受了雷奥。那个时候的小玛格丽特缺乏魅力,个子矮小,身材扁平,脸上还有雀斑,身后有两条沉甸甸的棕红色的辫子,而皮肤被晒得几乎可以说是黄色的了。也许这样一个不起眼的小女孩也希望能得到别人的关注和爱,因此,虽然情人长得不尽如人意,玛格丽特还是默许了和他的交往。总之,一切都是心底里滋长出的自卑情绪和对金钱的欲望在作祟。在母亲和大哥的督促下,她利用自己的身体及所有她可以付出的东西来交换很多很多的金钱。

然而时间总是偷偷地改变人的内心,使这段原本只是出于金钱和欲望的爱情转瞬之间成了那么炽热又深刻的初恋。在和中国人相处的两年里,他们乘着黑色轿车兜风,他们偷偷摸摸地接吻,他们到堤岸的饭店吃饭……玛格丽特以自己特有的方式钟情于雷奥,她开始憧憬和雷奥一起生活,从此逃离母亲与大哥雨点般的殴打……但两年之后,当雷奥的父亲得知这一切时,他提出了反对,于是懦弱的雷奥只好听从了父亲的命令,给玛格丽特一家到法国所需的费用,送他们登上了去马赛的船。

分离是种无以言表的悲伤,尽管他们依然到堤岸的公寓去,但即将分离的事实却令他们对彼此的肉体那么无能为力,他们只是温柔地说话,温柔地对待彼此。她抛开所有的羞耻心,每天傍晚都在学校门口与他见面,他又何尝不珍惜彼此相聚的时刻,他无法停止对她深情的注视,即使他是那么颓废与软弱……

也许彼时的杜拉斯并不知道自己已在不知不觉中深深地陷入了这段感情的泥沼中,又或许她只是佯装不知。她看似平静,而那深埋在心里的感情却不再沉默。在与中国情人结束交往之后,她的内心在一段时间内不再向其他男人敞开……

忧郁的王子如何搭配开朗的公主?

1935年,21岁的玛格丽特在巴黎法学院就读。彼时的她正疯狂迷恋文学,甚少出席平时的课堂,也不认识同学中一位名叫让·拉格

罗莱的先生。然而一场意外的火灾还是促成了两人的相遇。

让英俊儒雅,却不乏浪漫;知识渊博,却甚少吹嘘。而玛格丽特则娇小可爱,活泼迷人。两颗年轻的心都因为这次意外的相遇而悸动,他们约好了再见面的时间,而频繁的接触也增添了他们对彼此的欣赏和喜欢。他们梦想着成为作家,他们彼此交流自己喜欢的文学作品……志趣相投令他们的心彼此靠近。

然而,现实却不如童话般美好。让时常陷入抑郁的情绪中,他为自己孤独而不被疼爱的童年所折磨。而玛格丽特,这个幽默而开朗的年轻女孩,她不知道如何才能将让从悲伤的深渊拯救出来,而这样的力不从心也加深了她对这份感情的无能为力和恐惧,她渐渐远离了让。

绵长而深厚的兄弟情谊

玛格丽特与罗伯特·安泰尔姆

与罗伯特的相识、相知并相守十年都得归功于让的介绍。罗伯特和让自中学时代就建立起深厚的友谊,他们相互体谅、相互尊重、关爱彼此,俨然一对亲兄弟。然而玛格丽特破坏了这原本和谐温暖的一切,使让的介绍演化为背叛的一部分。罗伯特与让一样有着渊博的学识,他虽不及让英俊,却保有一份愉悦的心境。也许正是这一点博得了玛格丽特的倾慕,她彻底地离开了让,虽然这一次背叛令罗伯特愧疚难当,令让试图自杀,也令玛格丽特自责不已……

他们之间一开始也有激烈的爱情,他们通过书信往来传递彼此之间的爱慕。然而,也许为了减少心理上的愧疚和自责,他们的感情渐渐转化成一种牢固的好朋友关系。他们没有嫉妒和争吵,也鲜有甜蜜和狂热,而

9 杜拉斯：屈从于欲望的俘虏

更像是好朋友之间的一种相互依靠相互支持。1938年夏末罗伯特入伍,1940年,罗伯特才又回到巴黎。在这期间,玛格丽特也不曾寂寞,她和不少优秀的大学生热恋过。在罗伯特当兵期间,玛格丽特通过电报向罗伯特求婚了。很自然地,1939年他们悄无声息地完成了婚礼。这场婚礼没有热闹的派对,也并非到处充斥着祝福的话语。这只是一场简单的仪式,通过手续的办理而确立的一种牢固的关系,然而这场婚礼却给罗伯特深切的幸福感,虽然结婚的当天他们就分开了。在这段婚姻维系期间,玛格丽特根据自己的喜好更换着情人,而罗伯特也有自己的情人。即使如此,他们之间却没有嫉妒和讽刺,只有信任和安全感——他们是彼此停靠的港湾。缺少嫉妒的爱情在玛格丽特的爱情史上是奇葩,可见他们之间牢固的同志式的关系。玛格丽特崇拜罗伯特,崇拜他的智慧、他的慷慨和他所有独到的见解;而罗伯特也甚是喜欢玛格丽特,他为她的写作提建议,他是她政治旅途上的伙伴,他在生活上对玛格丽特诸多容忍和让步……

玛格丽特喜欢在他们居住的圣伯努瓦街宴请宾客,她热衷于下厨为大家做饭,她喜欢和宾客们一起交流关于烹饪、文学及政治观点,她希望成为大家心目中的女王……这一切,罗伯特都很配合,他不排斥这样的交友方式,也渐渐和客人们成为朋友。1941年,玛格丽特终于说服罗伯特,她想要创造生命,想生一个孩子。然而事与愿违,孩子在出生的那一刻就夭折了……虽然罗伯特耐心地照顾和劝慰,玛格丽特长时间地沉浸在悲伤之中。这是她心里的痛楚,也是她和罗伯特之间的裂痕,虽然他们在精神上仍相互依靠,但是孩子的死亡已经预示着他们最后的分离。

1943年,他们加入了抵抗组织。凭着年轻的激情,他们为抵抗组织的大事小事忙碌着。频繁地参加抵抗组织的活动,为抵抗组织承担联系人的工作,并不时地让抵抗组织的成员住在家中……然而,这一切也为罗伯特于1944年的被捕做了铺垫。罗伯特被关在集中营,他受到了非人的虐待。而在罗伯特被捕的这一年间,玛格丽特也从来没有安心地生活过,她无时无刻不在呼唤着罗伯特的归来,她害怕并无法忍受罗伯特的死亡,她心存信念。终于,1945年,罗伯特被迪奥尼斯和密特朗等人从集中营救回。怀着深深的牵挂和思念的夫妻终于能够相见了,虽然此时的罗伯特已无人形,虽然他的生命危在旦夕,然而玛格丽特还是悉心呵护,她照顾罗伯特的生活起居,她为罗伯特抚平伤痛和恐惧,她陪他度假、散步,一步步帮助罗伯特走出集中营的阴影。

然而，1947年，这对夫妻还是不得不走到分手的这一步。那是在罗伯特彻底从集中营的阴霾中走出来时，玛格丽特通过《没有在集中营死去》这篇文章，将罗伯特获救之后如何一步步恢复的过程详尽地描写而引发的。罗伯特感到震惊甚至是羞辱，因而毅然决然地斩断了这段维系了11年的关系。

而那时的玛格丽特也已经怀上了迪奥尼斯的孩子，她希望迪奥尼斯能够主动提出与自己结婚。然而迪奥尼斯却一直没有开口。迪奥尼斯是罗伯特的救命恩人，也是罗伯特的知己，也许自罗伯特获救以来，迪奥尼斯对玛格丽特的激情也逐渐走向下坡。这种万分纠结的三角关系最终也只能以这样的方式得以解决。

身体魅力相互吸引，抑或征服带来的快感？

1942年11月，玛格丽特第一次见到了迪奥尼斯·马斯科罗。迪奥尼斯英俊的外表让她几乎是旋即陷入了对他的迷恋中，她曾使尽浑身解数想要征服他。然而迪奥尼斯是一个这么热爱自由的人，虽然他也被玛格丽特的活泼迷人深深吸引，但他直到最后都没有和玛格丽特确立婚姻关系，即使玛格丽特还为他生了让·马斯科罗（小名乌塔）——玛格丽特唯一的孩子。

玛格丽特是个善于嫉妒的人，她希望把迪奥尼斯封锁在只有她一个人的世界里，她不愿意迪奥尼斯和其他女人有一丝一毫的暧昧关系，她要完全占有迪奥尼斯。而迪奥尼斯对玛格丽特致命的吸引力就在于他不受拘束，他喜欢约办公室里的漂亮女人一道出去，或是和其他女作家出去消遣。玛格丽特的约束，迪奥尼斯的不羁，这是一种永远无法达到平衡的状态。

玛格丽特用尽了所有的方法，却始终不能让迪奥尼斯为她永久地停留。一

玛格丽特与迪奥尼斯·马斯科罗

次次的失望反倒增加了玛格丽特对他的迷恋,也增加了玛格丽特因为不满足而产生的嫉妒。这种与日俱增的嫉妒让她对他的爱充满了痛苦,也让她身心俱疲。玛格丽特也曾试着通过引诱经常出入圣伯努瓦街的男人,以此让迪奥尼斯也尝尝嫉妒的滋味,然而结果却并不如她所愿。她为迪奥尼斯的不忠和自己的痛苦所伤,最终产生了独自生活的念头。

充满谎言和背叛的守护

　　在遇到雅尔罗时,玛格丽特43岁,而雅尔罗只有34岁。身为记者和作家的雅尔罗英俊、迷人、学识渊博,有着成熟男人的魅力。而这一切对于沉迷肉体之爱的玛格丽特来说,无疑是一种致命的吸引。很快,玛格丽特又一次陷落了,尽管雅尔罗已经结了婚,尽管他已经有了三个孩子。她迫不及待地和这个男人分享了她的一切:朋友、房子、旅行、写作……肉体之爱令她晕眩,却也让她越发得自恋,她开始学着从自己的内心找寻写作的力量,而不再依靠比她学识渊博的人的提点。在这段感情中,雅尔罗或许也投入了自己的感情,用他自己的方式。他曾经一直陪伴在玛格丽特身边,在玛格丽特的母亲去世时安慰她,在她需要爱抚的时候将她拥入怀中,他对她的作品作出评论或提出建议,他使她摆脱了老旧的写作手法,帮助她用新的写作方式重新开始自己的写作……然而,雅尔罗也不总是给她带来惊喜。她和他一起沉溺于酒精之中,有了他的陪伴,她越发地放肆和沉迷,常常因为酗酒而难以拥有正常的作息。直到玛格丽特的生命后期,她都在和酒精做艰难的斗争……然而这一次,玛格丽特仍无法获得只属于自己的爱情。雅尔罗是个情场老手,玛格丽特嫉妒了,她要以自己的方式改变他。她和他一起酗酒,一起沉沦在肉欲之中,她尽自己的力量帮他成为一个作家……这一切都无济于事,雅尔罗还是一如既往地续写和其他女人的爱情故事。于是,深入骨髓的嫉妒让玛格丽特的爱转化为恨,1965年,他们分开了。和雅尔罗分开之后的玛格丽特在很长时间里迷失了方向,她蜷缩在自己的世界里,任由自己堕落。

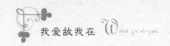

欣赏与体谅并重的老少恋

1980年,时值66岁的玛格丽特已对爱情不抱有任何幻想了,她孤单而平淡地生活着。然而,一封透着浓浓爱慕气息的信件被送到了她的手中。这是一个优雅、温柔、忧郁的年轻男子,是玛格丽特的粉丝,他拜读了她所有的书,观看了她所有的电影。他写的信如此细腻柔美,竟打动了玛格丽特冰封的心,于是两人开始以信件交往。通过信件,玛格丽特不假思索地将自己的生活、自己的感受告诉了他。而他,扬,一直到玛格丽特的生命尽头,都温柔地倾听、注视,并给她温暖。他是玛格丽特写作上的同伴、生活里的情人,是玛格丽特电影里的演员、她的司机、她的出气筒,以及在她生病时看护她的护士……他在玛格丽特生活和写作上都一片混沌时出现在她的生命中,他给予了她写作的欲望,监督她酗酒的生活,忍受她恶毒的语言……然而,他是个同性恋者,他只爱男人,他无法给予玛格丽特所向往的肉体之爱。这对于玛格丽特来说简直是一种可怕的惩罚,她认为这是对她魅力的否定,于是她又产生了嫉妒。她嫉妒扬的情人,甚至到了痛恨的地步,她攻击所有的同性恋,她认为同性恋是不道德甚至是不齿的行为。她责备扬,用她恶毒的话语,于是扬会时不时地逃跑,到一个没有玛格丽特的地方。而玛格丽特已无法独自生活在没有扬的世界里,她需要他,于是她疯狂地要求朋友、警察帮她找回扬……这是又一场捆绑和逃脱的故事,然而这一次玛格丽特胜利了。扬对她不离不弃直至生命尽头,即使玛格丽特干涉了扬的自由,扬最终为玛格丽特专制的爱而停留。

《情人》之爱

"我认识你,永远记得你。那时候,你还很年轻,人人都说你美,现

9 杜拉斯：屈从于欲望的俘虏

在，我是特意来告诉你，对我来说，我觉得现在你比年轻的时候更美，那时你是年轻女人，与你那时的面貌相比，我更爱你现在备受摧残的面容。"《情人》里这句开场白，充分显示了杜拉斯在爱情中的骄傲和轻佻。在杜拉斯的作品里，男女主人公的穿着和外貌的描写总是那么细致，他们的形象被刻画得如此清晰，似乎作品里出现的那些人已站在我们面前。而这般细致的描写和过多的言语修饰，更是加强了她在择偶上赋予外在条件过大的权重。

她是个早熟的女子。"在十八岁和二十五岁之间，我原来的面貌早已不知去向。我在十八岁的时候就变老了。"[①]杜拉斯过早地成熟了，她过早地体会到爱与被爱，这完全要归功于那场十五岁半时的初恋。缺乏爱的童年引发了她对爱的强烈渴求，她需要被深情地注视和真诚地夸奖，她渴望如此炽热的爱情以填补她时刻需要被呵护的心灵与身体。她这份强烈的渴求促使她开始与中国北方的情人交往，虽然这样的交往违背社会道德，甚至令她蒙羞。

她善于窥探他人心理，喜欢揣度他人行为背后的目的，她善于挑逗。在《情人》里，她甚至知道怎样叫注意她的人去注意她所注意的钱。也许她根本不曾爱过，她只是爱着"爱情本身"，而她的耽于逸乐其实也不过是沉迷于占有和俘虏所带来的快感。她善于利用言语和动作，令男人们为她痴迷为她疯狂。如果男人们的确这样做了，那么她也许还会试图寻找其他的情人，获取更多的欣赏和疼爱；如果男人们并没有完全臣服于她，她就会利用各种手段（书信、事业上的帮助、讽刺……）以巩固自己的爱情。

无论如何，"情人"是她的依靠，这是原本应该给予她支持和爱的家庭却从来没有给予过她的。她是如此害怕孤独的人，她非常需要情人的陪伴。即使这样，她对家庭的爱还是胜过对情人的爱。虽然她曾如此叛逆，但她屈从于家庭的权威，也只有脱离家庭的她才能放手去爱，去获得，去给予。在杜拉斯的爱情里，平静和理智胜过激情，她何尝不为那段被扼杀的与中国情人的爱情而伤心痛楚，但她却能如此冷静地应对，又或者应该说她只是个外表坚强而内心软弱的女子。

---

① 引自《情人》

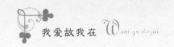

冒险与征服带来的强烈快感

与其说那是爱,还不如用迷恋这个词更为贴切。迷恋即激情式的爱、自我中心式的爱。她与迪奥尼斯·马斯科罗及热拉尔·雅尔罗的爱情似乎给她带来了很大的伤害,然而这些伤害又何尝不是她热爱冒险和贪婪的征服所造成的呢?她总是耽于相貌英俊身材壮硕的帅小伙,并使尽浑身解数吸引他们的注意,不顾一切地投入自己的感情,殊不知这样的投入本身就有不被全心呵护的危险存在。她想要博得所有人的喜欢,也许这个梦想的最大实现效力就是让她身边英俊又优秀的人也被她的魅力所深深吸引。于是她不顾一切危险,总是贸然地迅速投入这样的感情中。然而,她的爱又是那么专制,她的性格令她的爱无法妥协于任何形式的不专一,于是她嫉妒、讽刺、控诉,而这些无休止的征服手段只能以感情的决裂为终止。

对感情的把握就如同风筝与线之间既束缚又相互依存的关系,将线牢牢握紧会牵绊风筝的起飞,而将线轻易放开则风筝也会随风而逝。放风筝的好手懂得把握适当的分寸,时紧时松,使得风筝长时间在高空飞翔。而杜拉斯就如同一个正学习着如何放风筝的孩子,她害怕自己漂亮的风筝被风吹走,于是将手中的线越揪越紧,结果可想而知,风筝被无情地扯到地面,再也腾飞不起了。

童话故事里,蜜蜂非常迷恋一朵娇艳的鲜花,于是它每天都去采那朵鲜花上的蜜,日复一日。可是到最后,蜜蜂吮吸的不再是花蜜,而是可怕的毒汁。可见,不择一切手段的征服对任何一种形式的感情来说,都是百害而无一利的。征服的确能够给我们带来强烈的自我满足,但是对于一段长久的感情而言,征服只能将一切提早扼杀。因此,在感情的道路上,既要学着握紧,还要适时地松手,这样的交往才能绵长久远。

10

昆德拉：爱情，发自偶然，终于必然

> 一个男人爱上一个女人，源于将她以隐喻的形式，留在大脑诗化记忆的一刻。
> ——米兰·昆德拉

米兰·昆德拉(Milan Kundera, 1929—   )

"为什么人们一思考,上帝就发笑呢? 因为人们愈思考,真理就离他愈远。人们愈思考,人与人之间的思想距离就愈远。因为人从来就跟他想象中的自己不一样。"这就是米兰·昆德拉对"人类一思考,上帝就发笑"这一至理名言的解释。

隐藏在作品背后的文学家

"人肉搜索"是当红的词汇之一。当今的人们只要依赖于网络生活,那么根据"凡走过必留下痕迹"的法则,必能通过各大搜索引擎或多或少检索到某人的信息。面对昆德拉这样一个集大成的文学大家,本以为一定能从网络上挖出关于他的很多"八卦",只是当真正操作时才发现错得多离谱! 他比想象的更加神秘,不仅仅是他作品之神秘。

原来,诚如昆德拉的中文传记作者高兴所说,"把自己的私生活划为谁也不能闯入的禁区,始终顽固地躲在作品背后",是昆德拉的基本姿态。

昆德拉是捷克小说家,生于捷克布尔诺市。生长于一个小国在他看来实在是一种优势,因为身处小国,"要么做一个可怜的、眼光狭窄的人",要么成为一个广闻博识的"世界性的人"。由于父亲的关系,在童年时代他就受到了良好的音乐熏陶和教育。少年时代,开始广泛阅读世界文学名著。青年时代,写过诗和剧本,画过画,搞过音乐并从事过电影教学。总之,用他自己的话说,"我曾在艺术领域里四处摸索,试图找到我的方向。"20世纪50年代初,他作为诗人登上文坛,出版过《人,一座广阔的花园》(1953年)、《独白》(1957年)以及《最后一个五月》等诗集。但诗歌创作显然不是他的长远追求。最后,当他在30岁左右写出第一部短篇小说后,他确信找到了自己的方向,从此走上了小说创作之路。

昆德拉的文学作品,幽默、轻松的语调背后处处是沉重的寓意,乍一看波澜不惊,细细体会却能得到人生的真理与智慧。因此,昆德拉以其特有的"隐晦"走红了——当然实际上是他的文学作品红了,他则一如既往华丽地低调着。所以他真正的爱情生活几乎无人知晓,仅有一些简单的介绍中证明他有过妻子,其他便一无所知。他总是千方百

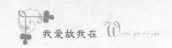

计地藏匿自己的私生活,也曾以毫无商量的口气宣称:"我从不把小说看做一种自白形式。我讨厌轻率。在生活中反对轻率,在艺术中也一样。我的生活是我的秘密,与任何人无关。"他的这些言行举止,在他自己看来,也有些谨慎到病态的程度了,但是没有办法,这就是昆德拉,一个只愿意谈论文学的文学家,一个纯粹的文学家。

喜欢他的我们只能这样默默接受。不过他书中已经反映出他的思想以及关于爱情的看法,就让我们随着他最负盛名的小说《不能承受的生命之轻》的展开来将其慢慢引出吧!

爱情是什么?

爱情是偶然的吸引,并不是"非如此(他)不可";爱情的发生是必然的,非如此不可!

——昆德拉

生命轻与重的探秘者
——昆德拉

让我们想象这样一个场景:
男:"如果没有他,你会爱上我吗?"
女方无奈地点头微笑。

从前总觉得这样的场景是一种"媚俗",多少有些矫揉造作。女方可能只是为了给予安慰,男方也只是为了寻求慰藉,可谁知道他们的回答并不是一种谨慎思索后的答案。同样,特蕾莎也对托马斯说过:"如果我没有遇到你,我肯定会爱上他。"虽然这多少都让托马斯感到心痛。

一个是放浪青年,一个是温婉佳人;一个追求灵与肉的分离,一个期待柏拉图式的爱情。可以用这样一个比喻:在地铁上,他讨厌还没准备好,终点却已在眼前;而她则害怕车厢里不停地人来人往,她却停滞不前。可以说他是一个害怕残缺、渴

10 昆德拉：爱情，发自偶然，终于必然

望完整的男人，而她则是一个害怕短暂、渴望长久的女人。这样两个人，无论是在对爱情的认知上还是人格特质上都显得那么不匹配，可他们却因为偶然的相遇，并且还心知肚明这是一个偶然事件而更加相爱（灵魂上的）。

  对他而言，她就像是个被人放在涂了树脂的篮子里的孩子，顺着河水漂来，好让他在床榻之岸收留她（托马斯总是喜欢作比喻，殊不知爱情就此产生），如果途中遇到骇浪，或是险些被礁石击撞，那一切都将是未知数；而对她而言，若是托马斯没有手中拿着的那本书，如果在她递上白兰地的那一刻没有贝多芬的乐曲响起，一切也都只是虚幻的。另外，小说中常提起的那六个"偶然"：她所在的城市医院"突然"有疑难诊断需要求助；派去的医生"临时"出事；托马斯"碰巧"在特蕾莎打工的旅馆下榻；托马斯"正好"进了旅馆的酒吧；特蕾莎"恰好"当班，又"恰好"为他服务。这些"突然"、"临时"、"碰巧"、"正好"、"恰好"都是一种不确定性，改变其中任何一个，都会使结果有很大变数。所以他们的爱情，就如同我们常说的，只是比别人多了一点缘分而已，其本质是带有许多偶然成分的。

  也许他本不该遇到特蕾莎，因为真正能够与他在思想上产生共鸣的是萨比娜，两个人都反对"媚俗"，都向往自由、无拘无束的生活。但是他和特蕾莎的爱情又比他和萨比娜的多了一份吸引力，那可能是冥冥中爱情的魔力吧。在翻拍原著的电影《布拉格之恋》中，他们第一次眼神交汇的那一刻，让人感到仿佛有一种"为了遇见你"的触碰，眼神撞击的瞬间，正如书中所说的"偶然一次不算数"，若是六个偶然，那这又何尝不是一种必然，"非如此不可"！

  女人总是"命中注定"的拥护者，若是喜欢上一个人了，就会把所有一切附加的线索（甚至十分牵强的）都往"缘分"、"必然"上面挂钩，就好像特蕾莎认为的"以前住所的房号与托马斯的房号一样都是6号，而之后他们在布拉格重聚时在教堂听到了6声钟声"等，对于她来说这都是上帝对于她走向托马斯的召唤。设想，如果在第一次见面时托马斯也发出了"咕咕"的肚子饿的叫声，她会为此对这份爱情更加不顾一切的吧。我们应该说，这样的命中注定，这样的6个偶然，实际上就是爱情产生的一种深刻的必然！

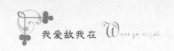

爱情中的"灵与肉"

爱情并不是通过做爱的欲望体现的,而是通过和她共眠的欲望而体现出来的。

——昆德拉

托马斯渴望女人,却又惧怕女人,他徘徊在两者之间,并找到了"性友谊"的妥协之道。根据模块心理学,性与爱情、婚姻都是可分离的,至少在功能上是如此,而性的功能仅仅是为了获得快感而已。托马斯似乎早已深谙此道。所以他与情人交往便定下了所谓的"三原则"。

这又让我们想到一句很"媚俗"的话:"每个女人的保质期限只有一个礼拜。"而托马斯正是以这种方式和态度与很多女人交往,对他来说,这不是一种媚俗,因为他本身便是媚俗的极力反对者,这完全是他发自内心的想要享受生命之轻的感受。

而在与特蕾莎在一起之后,他突然发现,与爱人共同入眠是一件无比幸福的事。是啊,因为他们之间有爱情存在,所以他们做爱并不只是为了寻获快感,还为之后的共枕而眠。

于是,托马斯成为一个灵肉分离的人,他一方面深爱着特蕾莎,想要每天与她执手共寝,另一方面却无法割舍他的"性友谊"。促使托马斯去追女性的不是感官享乐,而是"征服世界"这一欲念。他的一生都在寻找和发现女人身上那隐秘的百万分之一的不同,而只有在性上,那百万分之一的不同才显得珍贵,所以他更要去征服。"征服女人在他眼中仿佛是又征服了世界的一角,仿佛用想象的解剖刀,从宇宙无尽的天幕上切下细薄的一条"。而深爱着特蕾莎又是他不断思考后得来的答案,虽然他曾经否定过,也曾经对这种"否定"否定过。两者之于他都是那么的重要。

他因为灵肉分离而变成世人眼中的一个矛盾的个体。但这何尝不是一件最简单的事。对他来说,特蕾莎像一个暴君般独占他的诗化记忆,将其他女人留下的痕迹一扫而光。他那关乎爱情的所有诗化记忆里,也从来都只有特蕾莎。这难道不是忠贞爱情的最高表现吗?他与其他女人做爱,却从不会记得做爱的天气,甚至会忘了他的情人们;他在探求那百万分之一时,从来都是睁着眼睛的,而且身体绝不会过分贴近。有个情人甚至抱怨说:"没有幸福的快感,那算不上快感。"对这个情人而言,她是痛苦的,因为托马斯不爱她,托马斯也因为不爱而对此没有任何回应。相对应地,特蕾莎则习惯于在与托马斯性交的时候闭上眼睛,因为她感受到了爱和幸福。所以在性爱中他真的只是在探究,只是为了探究。对他而言,"特蕾莎和萨比娜(或是其他女人)代表着他生活的两极,相隔遥远,不可调和,但两级同样美妙"。一边是爱情,一边是兴趣。肉体上的出轨,仅仅局限于肉体;灵魂上的爱情,他从来都从属于特蕾莎。这就是他的爱情哲学。

只是他的做法是他人无法理解的,是世俗所无法接受的。于是,"在情妇们眼里,他带着对待特蕾莎之爱的罪恶烙印,而在特蕾莎眼中,他又烙着同情人幽会放浪的罪恶之印"。

特蕾莎是一个重视命运与灵魂的女子,她在自己的国家过着被母亲厌恶的生活,于是她试图对着镜子"透过肉体看到自己","她本质的忠实表露"却在她母亲和几个朋友的"响屁"中化为乌有。这时,她碰到了托马斯,"特蕾莎感到她的灵魂从每一根血管,从每一根毛细血管和毛孔中飞冲到表面,要让他看一看",于是她不顾一切脱离原先的生活轨道来到托马斯面前。在她看来,爱一个人就要勇敢地与他在一起,其中,忠贞地在肉体和灵魂上保持一致是它的必要条件。只是,事与愿违,原本她一直都想要挣脱母亲给予她的那个"所有肉体都是一模一样"的世界,她以为托马斯能给他不同的世界。直到发现他的不忠,她崩溃了,她不能忍受在托马斯眼里自己和他的情人们是没有任何差别的,仅仅是她的想象也没办法接受。这确实让她痛苦万分。当然,理智上,她可以接受托马斯与其他女人上床的需求,至少他只爱她,但是女人毕竟是感性的动物,知道自己所爱之人在身体上出轨不免产生各种情绪,于是伴随着一次又一次挣扎、出走、吵闹,她渐渐发现她人生中最大的战役——她的身体成为托马斯生命中的唯一,没有办法实现了。所以,尽管他俩的爱情还在,她却变得越来越不快乐。爱情的功能明明是带来快乐,她却一天天为"灵与肉"而矛盾。可能正如一些人所说,男人在肉体上的恋人有很多,而精神上的恋人只有一个;女人则是肉体上的恋人只有一个,而精神上的恋人却有很多。

其实在爱情产生之际,所有的认知都是表象性的,而当特蕾莎得

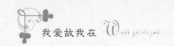

知托马斯灵与肉的分离后,他们之间的爱情也就变得不纯粹了,也因此,围绕着爱情的主题产生了许多情绪或情感体验。

关于爱情的体验

"他们为彼此造了一座地狱,尽管他们彼此相爱。的确,他们彼此相爱,这足以证明错不在他们本身,不在他们的行为,也不在他们易变的情绪,错在他们之间的不可调和性。因为他强大,而她总是软弱的。"

——昆德拉

爱情中灵与肉的归因者
——昆德拉

特蕾莎的生活中仅仅是托马斯而已,所以她的一切情绪都只围着他一个人转。以下是她在与托马斯的爱情中的体验:

悲　痛

因为理想与现实的差距,所以悲痛。特蕾莎在知道托马斯的不忠和艳史后,一直活在悲痛的心境中,最能反映这种心情的无非一个又一个的噩梦。她那一个个有承接主题的梦都体现了她的担心与害怕。在发现他有一个又一个的情人后,她常常因此牙齿打颤,手抖得厉害,人也跟着疯狂起来,变得粗鲁,不近人情。都说男人为女人而疯狂,谁说反过来不是呢?爱情就是有这样的魔幻,再温柔娴淑、柔弱无骨的女子,也会为爱情,为男人而发疯、发晕,这几乎是一个定式。她梦见的大多都是她最担心的,即托马斯待她像待其他女人一样,那就和母亲给予她的那个世界没有区别了。

恐惧

因为缺乏安全感,所以恐惧。女人本身就很容易投入一段感情中而无法自拔,然后所有的生活都围绕男人进行,对于特蕾莎这个独自来到布拉格的人更是如此。但是当男人不能给她足够的安定之感的时候,她便会产生一种恐惧,惧怕托马斯会抛弃她而她孤单地留下。

绝望

当悲痛与恐惧到了极致,便会产生绝望。她知道托马斯一直和别的女人上床,但又不想惩罚他,所以她甚至和托马斯说:"我会替你给她们脱去衣服,帮你给她们洗澡,再把她们带到你身边……"她竟然希望他俩都化作两性人,而托马斯的情人们便是他们共同的玩物。对于常人来说,这几乎是一个病态的想法。这一切都只能说明,她太爱他了,也太离不开他了。绝望总是一种爱到病态的极致。

眩晕

绝望过后,便是晕眩,这是一种时刻发晕的状态,也是一种无法遏制的堕落的感觉。特蕾莎感到迷茫、无力,她发现自己已经无处遁逃。如果说前面的绝望还是有所挣扎的话,眩晕已经将她提升至麻木了。不仅她的灵魂感到疲惫,身体也开始觉得疲惫。

改变

在托马斯头发上闻到女人下体的气味后,特蕾莎决定,不能改变他,那就改变自己,不让自己再嫉妒,"只让灵魂与托马斯在一起吧,把身体赶得远远的,让它表现得就像其他女人的身体一样,跟其他男人的身体厮混。"于是,她主动去找了在酒吧认识的工程师,他曾经向她邀约过。两人在工程师那里发生了性关系,当然她是被动的,她将自己的灵魂与身体分离。这时,灵魂出现了,在与托马斯做爱时,它从来都被爱情掩盖,而现在它却出现了。然而最后,她的灵魂中对托马斯的爱还是遏制了这肉体上的出轨。这一改变未遂说明:女人的改变啊,总是口上说说的。

相比特蕾莎,托马斯的情绪变化没有这么大,甚至很少有起伏。

比如因为爱情使他厌恶等待,他会在等待时抑制不住自己想象特蕾莎会在这段时间里做些什么,甚至恨不得立即开车去找她。另外,尽管托马斯自己在身体上是不忠的,却要求特蕾莎一定要忠贞,否则他也会因此郁闷、不痛快。男人的自私大多都表现于此。久而久之,托马斯习惯了特蕾莎对他的忠贞(她时常半夜起来握住他的手诉说她的噩梦、她的担心,尽管他为之心疼,但更多的是一种对其忠贞的满意),所以当他们见面次数少了,他不再有机会紧握着她的双手让它们停止颤抖时,他又突然难受起来。他觉得自己累了,在没有手术台、没有特蕾莎的假期,他感受到的不仅是身体上的劳累,还有精神上的劳累。他终于也因此变得虚弱了。

爱 是 嫉 妒

当托马斯看到特蕾莎与其他男人跳舞时,他感到被刺伤。因为他想到特蕾莎的身体可以在别的男人怀中被充满爱恋地紧紧拥抱,而他只是一个看客;他无法想象即使没有6个偶然,她也会对其他男人忠贞、为其他男人炙热。所以他赤裸裸地嫉妒了。爱情文学中常常拿嫉妒来说明爱之深,现实也常常如此。在嫉妒的时候,我们常常担心即使没有自己与另一半关系上的维系,那么另一半还是会有他自己正常的爱情生活,而自己就只是一个路人,一个观众。通常爱得越深,就越害怕失去,嫉妒心也就越来越重。特蕾莎对托马斯的情人们同样也有这种嫉妒的感觉,所以尽管两个人对于灵与肉的关系看法不同,但在感受到托马斯的嫉妒时,她显得异常高兴,随即拉着他跳了一连串夸张的舞步,她也因为自己与他的情人们有所不同而高兴,因为嫉妒说明了他们之间爱情的存在。两人嫉妒点的不同仅仅是如托马斯常常觉得的,特蕾莎的嫉妒是一种负担,而这又源于他们对爱情、对性的认知不同。

爱 是 同 感

小说中对"同情"(同感)一词做了很多的解释,它不是现实中我们所说的信任、尊重,而是一种高于情感的爱情。因为这种同情心,他一次又一次地逃离生命之轻的边界,去承受他的责任。从起初对她偷看他隐私的不责怪,到后来追随特蕾莎回到布拉格,这种同感都在两人的爱情中发挥着巨大的作用,也是他们之间爱情的一个见证。他时常因为这种同感,会"为特蕾莎的悲哀而悲哀",会"感到简直要心肌梗塞死了",甚至会"胃痉挛"。因为同感,托马斯还因此进入了一个怪圈:

他开始出现不喝醉就没办法与其他女人上床的问题；与别的女人幽会前他会有所期待，幽会后他却感到厌恶；与别人做爱时他时常偷偷看表；有时候刚出门去见情妇，马上就没了欲望，可一天没见情人，他会立刻打电话约会。所以说，同感是一种伟大的爱，无关灵与肉。托马斯便由此成了同感的俘虏，坠入了特蕾莎的灵魂世界。

轻与重的反复

"生命之于你那么轻，而之于我却是那么重。"

——特蕾莎

托马斯是个灵肉分离者，他认为灵魂和肉体是可以分离的，所以生命对他而言是那么轻。而对于特蕾莎，灵魂与肉体是共存的、合一的，所以生命对她来说那么重。

自从托马斯遇到特蕾莎后，托马斯的所有决定始终因为她而在"轻"与"重"之间徘徊。

昆德拉在书中反复强调：

生活是一张永远无法完成的草图。

是一次永远无法正式上演的彩排。

人们在面对抉择时完全没有判断的依据，

我们既不能把它们与我们以前的生活相比较，

也无法使其完美之后再来度过。

那么面对生活，

我们注定要陷入一种茫然吗？

因为真爱，所以挣扎、矛盾，也因为生命的永无轮回性，所以他的每一个决定都让他感到特别沉重，总是需要很长的时间去思索，甚至作比喻以确信爱情的存在，直到时间不容许他这样做为止。

对于托马斯，责任始终让他害怕、逃避，也因为这样他选择了与前妻离婚，做个快乐单身汉。注意，是"带着愉快的心情离了婚，就像别人庆祝结婚一样开心"，并且选择不顾自己的孩子。他向往生命之轻，喜欢自由自在没有束缚,直到遇到特蕾莎,他才开始重新审视责任这回事。虽然还是一样的犹豫、矛盾,但因为他爱特蕾莎,只能被动地被逼到悬崖做决定。而恰巧,每当人在困惑而无法决定时,又爱求助于比喻和幻想——没错,比喻是非常危险的。就在他想着是否要让她来到自己身边,为他献出整个生命时,他感到她在发烧甚至快要死了。是啊,如果她死了,他势必不能活下去。于是,他清楚意识到自己对她的爱。后来,在又一次与特蕾莎见了面之后,他很快做出决定,留下她。

因为特蕾莎的痛苦,也因为托马斯对她的同情,两人远离了布拉格,去了苏黎世,然而托马斯还是一如既往地与别的女人性交。特蕾莎在挣扎很久后,终究还是因为他的不忠而离开了,这时的托马斯因为突然的失恋惊恐了一下,而后又开始了他的比喻与想象。他感受到他此刻的轻盈,过去与特蕾莎捆在一起的日子不复存在,他也终于可以不用一直掩饰和解释自己的不忠了。然而我们不得不说,也就在此刻,爱情带给两个人以习惯的力量开始发挥作用,正如我们平常失恋后所感受到的一样,生命仿佛失去了原先的重心,脑海中出现的都是另一个人的音容笑貌,或哭或笑或喜或悲,都像一幕幕电影情节在重播。正因为这样,飘浮在空中的托马斯渐渐下降,下降,当然也有过挣扎,但是地上仿佛总有个东西拽着你,就像风筝飞得再远,线始终都是在人手里,而这个人就是特蕾莎,更确切地说是他对特蕾莎的爱、对她的同情心不断牵引着他往重的地面下降,所以最后,"非如此不可",他又回到布拉格找特蕾莎去了,也又回到了生命之重中。

最后卡列宁的死让特蕾莎发现了一个真谛,那便是人类的爱都是自私的、奢求回报的,而且总是想要改变它。而对于卡列宁却不是这样。特蕾莎之所以活得那么痛苦、那么重,可能就是因为人的这种本性吧。可能爱情本来就是这样,一旦交出属于自己的那根线,你就会在爱情中迷失方向,时而上时而下,时轻时重,不断迂回。

最后的最后,他们在乡下,逃脱所有枷锁、束缚后,总算幸福地"在一起"(天堂)了。死之前,特蕾莎说,对不起,我让你的生存状态越来越差。托马斯说,这是我人生中最好的时候,真的。他们好像得到了真正的宁静。托马斯也终于到达了那样一个乌托邦世界:"一个人们在看到燕子时才会勃起的世界,在那里他可以爱着特蕾莎而不被性欲的愚蠢所纠缠。"但是我始终相信他们的轻重问题还会继续存在着,因为他们的爱还在,而轻重通常都只是一个选择问题。只是,他们的认知一致了,他们的灵与肉达到统一。这一切似乎也是注定的,是必然的,这也就是真正的爱情的伟大之处吧!因为有爱,所以一切注定都会因此而和谐。

11

歌德：繁花盛放成就的美丽

Ge De Fan Hua Sheng Fang Cheng Jiu De Mei Li

> 爱情，你的话是我的食粮，你的气息是我的醇酒。
>
> ——歌德

约翰·沃尔夫冈·冯·歌德（Johann Wolfgang von Goethe，1749—1832）

11 歌德：繁花盛放成就的美丽

有没有一个人宁静而活泼？有没有一个人有时候软弱，有时候顽固无比？有没有一个人总在自信的同时又自若地怀疑？有没有一个人同时集天才与恶魔两种气质于一身？又有没有这样一个人，纯粹却也复杂？

德国乃至世界文学历史上，有过这样一位天才，他名叫约翰·沃尔夫冈·冯·歌德。人们几乎都认为他自小就拥有着无与伦比的才华和令人惊叹的思想。无怪乎著名无产阶级革命家恩格斯都曾经如此评价过这位伟大光彩熠熠的创作者——"歌德是站在奥林匹斯山上的宙斯"。由此可见：在长达82年的人生道路中，歌德为正处于文学、政治动荡时期的德国乃至世界所带来的影响，如此深远而极具意义。

除了他的文艺理论观，世人关注最多的是歌德的文学创作。他的爱情诗歌令人倾倒，他的著作使人追捧和崇拜。然而我们不禁想要问，他的创作，究竟是由什么成就的？是他复杂多变的性格？是他与生俱来的才华？抑或旁人所说的，他的爱情？

纵观歌德的生平经历，爱情于他而言就像是粮食必不可少，就像是醇酒令人沉醉，就像是泉水饮之甘饴。他在那名为"爱"的花园里，四处寻芳，有时是一枝带刺的玫瑰，有时是默默的薰衣草，有时是碧池中亭亭而立的莲……他曾经为谁驻足停留，为谁赞颂歌唱，为谁伤心逃离，最终折下那一枝只属于他的最爱？

第一步：那美丽的玫瑰，却刺人

法兰克福美丽的莱茵河畔，热烈的阳光照射在红墙上绿色的爬山虎上，伴随着12点的钟声，一声婴孩的啼哭响起。1749年8月28日，这个特殊的日子迎来了它最有意义的时刻。沃尔夫冈·歌德出生于一个富裕的上流家庭。父亲约翰·卡斯帕·歌德殷实富有，接受了良好的教育，并且具有相当的学识与文化修养。然而在娶了法兰克福市长的女儿之后，却再也无法像普通官吏做些务实之事，这使得老歌德自觉怀才不遇，因而在歌德很小的时候就对他寄予了很高的期望，花费了自己全部的精力培养他。歌德初期在学习和兴趣的培养方面很大程度都受到了他这位严格的父亲的影响。而他的母亲，因为年轻，相当具有活力,富有想象力与天生的乐观性格,与老歌德迥异的性格形成了截然不同的鲜明对比。然而依照歌德自己的说法,他同时继承了父亲的严谨与母亲创造性的想象力,将这两种不同的特质融合在一起形成了他自己矛盾而又复杂的性格。这影响了他的创作和他的情感生活。

时光推进16个年头,在几年家庭教育的培养下,歌德自由的学习,不加拘束地接受的各种文学与艺术的熏陶,造就了他在诗歌、绘画方面的天赋。而正因为这自由所造的天赋,让他遇见了他的初恋——格丽琴。

年轻善良的少年在同伴们略带恶作剧性质的玩笑中,写下一首首情诗之时,一位带着小帽的少女出现在他的眼前。自此他写的诗中有了她的影子,他的心头中总缠绕着她的影子,直到有一次格丽琴对那些年轻小伙的玩笑行为作出了劝告,歌德才小心翼翼地将自己的内心告诉她。

而少女暧昧地既未点头,亦没有拒绝。

于是青涩的果子虽然只是轻浅地释放了它清香的味道,但已经让歌德如痴如醉,注定一生沉沦于爱中。他们一起在游船上欣赏风景,一起讨论太子的加冕礼,他与他心爱的女孩靠在一块沉沉睡去。初恋的青春永远是美好而单纯的,没有过多的欲望,没有多余的繁杂,少男少女们自然地感受着彼此的气息与爱。在歌德的眼中,爱,是善与真;而年长他三岁的格丽琴像是开得艳丽而芬芳的玫瑰,瞬间吸引了歌德的注意并引起了歌德的爱慕之情。

直到有一天醒来,歌德看到了爱情的幻灭。

近乎被蒙在鼓里的歌德这才知道那个曾经通过他请求他祖父介绍一份好差事的伙伴的表兄与当时恶劣的组织有所牵连,而格丽琴也因此受连累被强行遣回了乡里。当时的歌德感到痛楚,为他的朋友,为他的爱人潸然泪下。可是最终,他得知了格丽琴的态度,才真正意识到他的失恋。

过去若即若离的相处,少女暧昧不清的话语都成了这场初恋的醒酒药,灌醒了歌德曾经沉醉的心。她只把他当做一个孩子、一个弟弟般疼爱。"我非常难过,顿觉对她的热情也突然冷却了。我不再提她,也不再说出她的名字。"格丽琴对歌德的伤害无疑是严重的,对这位初尝恋爱的青年来说没什么比他心爱的女孩一句否定了他们之前所有一切的话来得更加伤心。初恋的失败给歌德造成了极大的影响,在往后的岁月里他依然能记得当初孩子气的爱恋,而这段感情使得歌德在

11 歌德：繁花盛放成就的美丽

成长中有所顿悟，也使得歌德对哲学产生了巨大的兴趣与关注的热情，为此后的发展打下了坚实的基础。格丽琴所代表的"市民悲剧"亦在歌德的作品中被频频提起。

试图振作起来的歌德选择了遵从父亲的愿望，离开带给他不好的回忆的法兰克福，去莱比锡学习法律。

他在第一个花坛里被娇艳欲滴的玫瑰所吸引，原以为她是一切，然而最后被扎得生疼。

转角，芬芳的薰衣草，守候

在莱比锡学习的歌德过得并不如意。被其称为"知识悲剧"的现象，令他一再地厌恶和鄙视，习惯了自由的他对那些墨守成规的教学方式与陈腐的知识深恶痛绝。在此期间他遇见了一名叫安娜特的女孩。他在与这个女孩的交往中得到了快乐，也曾经有过疯狂的时候，洛可可风格的轻快的抒情诗大多在这段时间诞生。但是两年的交往却因为歌德极端的嫉妒收了场。歌德还在此后生了一场大病，险些丢了性命。

从莱比锡回家养病的歌德经历了一年半之久的病痛，几欲将他的精神磨尽了。后来他的父亲同意他去斯特拉斯堡完成学业。在那里面对阳光充沛、无拘无束的乡野之地，他再次欣喜地让爱填充了心田。牧师的二女儿弗里德里克·布里翁的活泼善良拴住了歌德的心。歌德一直赞美她在室外所表现出的魅力，在整个乡间的生活中显得那样美好而朴实。正是这种素静的美，每每让歌德不由自主地为她而倾倒。弗里德里克像是那一大片淡紫的薰衣草，在风中摇曳散发着自然的芬芳。歌德热爱大自然，热爱关于大自然的所有一切。他认为所有的事物都是趋近于自然的，只有在自然中才显得真实和美丽。所以弗里德里克，这位接近真实自然的少女让歌德再次倾注了他所有的爱。

浪漫且俏皮的相识在二人的心中都埋下了爱情的种子。他们在不断地接触过程中倾心相吸。即便是在歌德攻读学位的日子里，他们也从不间断地进行着鸿雁传书，将爱意用一笔一划来表达。她，坦率、能言善道；他，真诚、有点胡闹，谁也未曾想过未来的事情。正因为如

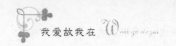

此才逐渐地走向了分离的结局。

弗里德里克是歌德在其情感生涯中唯一主动抛弃的女孩,所以歌德对她是既歉疚又悔恨。也可以说,弗里德里克与歌德爱情的结束是由于两者的差异所造成的。一个自小在乡村里长大,另一个出身书香之家,彼此的价值观毕竟是不同的,所以分离在所难免。就像那个时期歌德所构思的《浮士德》中的格丽琴悲剧,格丽琴与浮士德身处两个完全不同的世界却产生了爱情,注定了彼此并不公平的爱恋。也有人说《浮士德》中格丽琴的原型正是这位可怜的少女。而《葛兹》中的负心汉的塑造,也正是歌德内心的忏悔。

歌德恋恋不舍地在马上与弗里德里克道别,只在十年之后才去看望这位被他伤害的少女。而那位少女就如同薰衣草的花语那般,默默守候着这份感情,直至老去。幸而在《诗与真》中,她再次映入人们的眼帘,歌德向世人证实了自己与她的爱情。

薰衣草依依,如一片紫色的海洋般宁静而朴实,只是这一次是他率先离开转角,错过了无尽的守候。

碧波,亭亭的莲,远观而不可亵玩

在韦茨拉尔的帝国最高法院实习期间,23岁的歌德与夏绿蒂·布芙的相遇成就了一位叫"维特"的自由少年。他穿着黄裤子、黄马甲和蓝外衣出现在世人的面前。他的爱情让人悲伤,他的自由奔放令人神往,维特成了一个时代的标志。《少年维特之烦恼》似是一夜之间风靡了整个欧洲,成全了歌德,也成全了歌德心中隐藏着的爱。

正值风华正茂,他,衣冠整齐、斯文俊美;她,美丽大方、单纯能干。他爱她,可她却已是他人的妻。在那样一个受宗教道德所束缚的时代,歌德挣扎于友谊与爱情之间痛苦不堪。他时常出入他们的家与庭院,他与他们二人是最要好的朋友,稳固而不可动摇。原本就存在爱中的不惜一切的精神却使得歌德在摇摆中不停地折磨着自己的爱意。想爱却不能爱,用全身心爱着这样美丽的女人却无法言明,想想这对于歌德是怎样的痛苦。于是,再一次,他选择了逃离。

而友人在耶路撒冷的自杀直接唤醒了处于矛盾与痛苦之中的歌

德。他花费了四天四夜,洋洋洒洒地将耶路撒冷的事件与自己的经历结合在一起,写出了举世闻名的《少年维特之烦恼》。《少年维特之烦恼》推动了"狂飙突进"运动的脚步,彰显了"回归自然"的自由作派。虽然《少年维特之烦恼》的意义并非只在于他的爱情悲剧,但是我们依然能从《少年维特之烦恼》中窥窃到种种的迹象,表现出歌德对夏绿蒂难以忘怀的爱,以及他对"爱情"的理解。

维特对绿蒂的爱是一触即发的,那种如同磁石般的吸引在相见的一瞬间便已注定了故事的结尾。一见钟情,从歌德多次的情感经历来看是常见的。女性的天然与纯粹能够很快吸引歌德的视线,支配歌德的感情。歌德每一次的爱都像是火焰那般热烈而激情,维特的爱亦是如此。他们因为爱,喜欢上了女子周围一切的事物。溪水、小树、夕阳和篱笆在他们眼中都成了可爱而美好的东西。他们对女子的爱,即是对一切的爱,并倾注所有。然而他们所爱的女孩却并不能为他们所有,所以幸福刚刚开始就已失落。

"除她以外,我就什么也不知道,什么也不了解,什么也没有了。"维特的心理写照明白地道出了他内心的痛苦。他曾经试图逃离,试图改变自己的心。但他的心始终在冰与火中挣扎着痛苦不堪。人生七苦,生、老、病、死、怨憎和别离,最苦莫过于求不得。他无法控制他人的心,他愿意整日厮守在她身边,耗尽他全部的精力与财产只为向她表示自己的倾心爱慕,不去顾虑其他的一切。在他众多的生命选择中他选择了爱情,所以只能任由自己的爱蔓延到绝望之巅。维特略带病态的青春妄想,是歌德思想的一部分。不同的是维特最终在得不到的爱中选择用枪管结束了自己的生命,而歌德却选择活着。可他自己也提到过,他曾多次拿着小刀对着自己的胸膛,但始终没有刺下去。"它像利剑一样,想起来就恐怖,我不敢再去回味那痛苦的心境。"可见当时歌德是抱着怎样的心态爱着他不该爱的人。斯腾伯格的爱情八种"变式"中,维特与绿蒂、歌德与夏绿蒂的爱,只能是缺乏激情与承诺的朋友之爱。

他隔着岸,对最喜欢的那株莲恋恋不舍,望着那一池碧波,碰也碰不到边。

精致花瓶中,纯白的百合,欣喜

那是一段小小的插曲,却也是歌德生命中另一个转折的开始。他在失落中逃回法兰克福后遇见了银行家的女儿丽莉,弹着钢琴的丽莉稚气未脱却动作娴熟,歌德立刻感受到了一种不可名状的柔和引力。两人在交往的过程中深深被对方吸引,歌德为此还创作出过不少的诗歌表达心意。

"唯有你所在处,才有爱与和平;唯有你所在处,那儿才有自然。"(《给白琳黛》)

歌德的爱即是自然的爱,柔情蜜意的幸福充斥了歌德整个的灵魂,激发了他创作诗歌的灵感,在诗歌中表达出自己最真挚的情感。所以,丽莉成了歌德第一个与之订婚的女人。

在多年之后歌德还未曾忘记对这个女孩的爱意。"她是我第一个也是最后一个真正深爱的女人,曾经有过的所有恋爱中,没有谁能够让我如此深刻地感动过。"他与丽莉的爱情,体现了歌德一贯的爱情观——"自主的吸引"。他觉得人与人之间是存在着电力与磁力的,会产生引力和斥力,而情侣之间的引力则特别强,并且波及很远。从歌德的许多谈话中可以发现,丽莉与他的关系多次证实了他的这一想法,更使他对丽莉无法忘怀。

歌德在意大利(油画)

然而，这种欢愉不久却被种种的困惑所代替。出身于两种不同的家庭，丽莉"娇生惯养"使歌德产生了疑惑，同时他开始害怕他对丽莉的过分依恋会淹没他自己的灵魂。而后魏玛公爵的邀请给了他离开的借口。

歌德与丽莉的爱，引导着他走向了人生的另一个站点。

他拈着百合的枝叶，欣赏了许久，那种洁白让他心旷神怡，却终究还是选择了离去。

内院，迷人郁金香，如此高贵

在魏玛之行中，歌德开始了另一段颇为长久的精神之恋。作为枢密公使馆参赞，他开始逐渐参与到政治活动中，他带着他的《少年维特之烦恼》认识了夏洛特·冯·施泰因。这位夏洛特是一个实实在在的贵妇，早已生育了7个孩子。她的丈夫是奥古斯特的掌马大臣。然而夏洛特身在深闺，与歌德之间的年龄差距却没有妨碍她与歌德开始这段长达十年之久的感情。

一封封情真意切的书信，是他们表达情感最直接的方式。苦于各自的身份与地位，两人的相处只能是精神上的契合与交流。在十年的交往中，这位夫人对歌德的影响比任何一个与歌德爱恋过的女人都要深。歌德正是踏着她的灵魂和肉体走出了"狂飙突进"的青年时期，继而登上千古不倒的古典主义文学神坛。年长的女人总是具有较多的包容心和温情，她更像是人在劳累过后的一碗蜂蜜水，及时解决了饥渴，也能尝到其中令人愉悦的甘甜。歌德曾经这样描绘她："夏洛特渐渐代替了我的妈妈、姐姐和情人。我们之间生成了一条纽带，那是大自然的纽带。"

歌德对夏洛特的爱是绵延不绝的，可能正是因为"可观不可得"的缺憾，亦没有面对夏绿蒂·布芙之时的矛盾，这份爱意持续了很长的时间。只是在这位伟大诗人的心里，爱欲不仅仅只是"爱"即可，当爱发展到了一定的阶段，激情是必不可少的。

《浮士德》中浮士德对格丽琴的感情就曾经在情欲中挣扎与矛盾。对格丽琴的一见钟情，浮士德恢复年轻身体之时情欲的涌起都是一种本能的召唤，是"本我"的释放。而浮士德之所以会生发矛盾亦是"自我"企图压制"本我"的过程，只是最终"本我"战胜了"自我"，引起了强烈的情欲，使性欲不再受到束缚而表现出来。直到最后面对格丽琴的入狱，差点沉浸于欢爱中的浮士德才真正清醒过来，"自我"与"超我"逐步浮出了水面。浮士德与格丽琴的爱，是混合着爱与性的，他们因为爱而结合在一起，因为激情感受着爱之亲密。

情欲催使歌德在与夏洛特来往的期间依然与其他的女人纠缠不清。他爱每一个他爱的女人，却仍然把性与爱分成了既统一又分离的实体。然而他因为爱夏洛特而感到幸福，却不能与之结合，自然是遗憾的。夏洛特因为他的多情而起的嫉妒和冷漠，足以毁掉两人之间的情意。在两年出走意大利之后，歌德与这位高贵的夫人，不再有来往。

再热烈的爱情，也会有熄灭的时候，当我们需要容忍，那爱情也将离消失不远了。

如宫殿一般的内院，富丽堂皇，他为之眩目，那枝高贵的郁金香富有韵味而迷人，却仍是渐渐地枯萎了。

篮子中，绿叶衬着小巧的茉莉，清香怡人

歌德画像

她只是一个可爱的女人，也是一个再平凡不过的女人。可是她却成为了这个世界上唯一一位可以自称为"歌德夫人"的女人。谁可以如此幸运地成为站在神之殿的诗人的妻子？谁可以如此幸福地接受这样的名号？克里斯蒂安娜·福尔皮乌斯，一个不起眼的女工，成了永远陪伴歌德的枕边人，并且为他生下了孩子。她或许没有夏洛特那般的成熟而富有韵味，可她浑然天成的形象对于当时落魄的歌德却是治愈伤痛的港湾。那天，他在公园里看到如他诗中所写的姑娘一般在阳光的沐浴下朝他走来的克里斯蒂安娜，她的青春气息令他着迷。于是39岁的歌德开始与23岁

11 歌德：繁花盛放成就的美丽

的克里斯蒂安娜同居。

这个时候，歌德已经不再需要幻想和那种无节制的精神欲求，他努力地承认现实。他渴望着那种带着女人强烈生命气息的爱情。

他们多年的相处让歌德有一种归于宁静的感觉，他其实并不需要一个有教养的女人成为他的伴侣，只求那份港湾的安宁。而克里斯蒂安娜在许多地方都表现出令人称赞的美德。她爱酒却自制，爱跳舞亦爱笑，她将整个家打理得整洁有序，又勤俭持家，并不愧对妻子的称号。

然而在歌德看来，爱是理想的，而婚姻是现实的，理想与现实的混淆是会受到惩罚的。这也许就能解释他一直未婚的缘由。婚姻是不受道德约束进行繁衍的联系，它并不与爱和性相冲突。但歌德却认为爱是自然的，它并不应该受到婚姻的限制，也不能够被俗世的婚姻所玷污。而在与克里斯蒂安娜同居的18年后，在他受到两个法国士兵的袭击时克里斯蒂安娜的挺身而出才让他下定了娶她为妻的决心。

虽然对上流社会而言，这个女人的身份过于低微，他们亦不会承认她"歌德夫人"名号，但是歌德这次义无反顾地抵挡了种种流言蜚语让她成了他唯一合法的妻子。

清雅的茉莉，在粗糙的篮子中却散发着怡人的香气，不张扬的自然之美使他终究拾起并别在了胸前。

最后一个路口，活泼的矢车菊，耀眼

克里斯蒂安娜并未享受多久"歌德夫人"的荣誉便不幸去世。74岁的老人在他修养之处遇到了一位明亮少女乌尔莉柯·冯·勒夫茨沃。她在他的眼中拥有着所有少女的优点：青春、活泼、可爱以及阳光。她对他的笑宛如天上的太阳那般耀眼，让人不由自主地向往。于是歌德不自觉陷入了爱河，他向她求婚了。在旁人看来这自然是可笑而无理的，少女的拒绝，家人的反对让老人不再坚持，最终放弃了自己的想法。而后他创造出了著名的《玛丽恩巴德的哀歌》，影射他心中的这一悲哀。

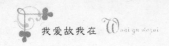

歌德写《少年维特之烦恼》的居所

笔者认为,此时歌德所存有的爱,是对青春的向往,是对爱的留恋。年轻的少女令歌德回忆起了年少时的冲动与热烈,极像是黑暗中追求光明的人,抓住即便是一丝的光芒也不愿意放手。

矢车菊摇曳着花朵绽开美丽的容颜,他以为那是属于他的,然而方向却不是他那一边。

繁花成就的美丽

歌德的一生都在不断地追寻着他的爱情,他走完了整个花园,各式繁花,缭乱心神,却仍是寂寞。

对待每段爱情,他都付出自己所有的感情,燃烧着心中的爱之火。沉浸在爱情中的他,会用他的才华使人倾倒在他的脚下,或是用他富有想象的创造力令女人们折服。歌德多数时候是坚定而自信的,然而又有太多的时候,他的懦弱,理想与现实的差距,让他一次又一次不负责任地逃离。有人说,歌德,是由失恋所炼成的。每一次的怦然心动,每一次的全心投入,每一次的拔足远离,每一次因悲戚而创造出的心血,都如此铭心刻骨。有些刻在骨髓因爱而伤的痛,他用汹涌的灵感来填补,而有些人在他的思想里打上了永久的烙印。

所以,他才会在《浮士德》的最后说,永恒的女人啊,引导我们飞升。

一个伟大歌德的背后,是繁花盛放所成就的美丽。

12

席勒：生命中永不撕裂的纽带

Xi Le Sheng Ming Zhong Yong Bu Si Lie De Niu Dai

> 爱情就是内心永恒的向往，向往与另一个造物合二为一，将它吞入自己体内，将它撕裂。
>
> ——席勒

弗里德利希·冯·席勒（Friedrich von Schiller, 1759—1805）

弗里德利希·冯·席勒，这个被誉为"德意志共和斗士"的戏剧革命者，这个在法国大革命时期被法国国民议会选为"法兰西荣誉公民"的自由榜样，一生都在与封建专制制度抗争，对抗王侯的压迫，执著地追求自由。

在他的成名作《强盗》的第二版扉页上，他写下了"打倒暴君"的口号，并引用古希腊医圣希波克拉底的名言："药不能治者，以铁治之；铁不能治者，以火治之。"其强烈的战斗精神跃然纸上。

席勒生于符腾堡的小城马尔巴赫的一个贫苦市民家庭。父亲是军医，母亲是面包师的女儿。1773年，14岁的席勒被公国统治者符腾堡公爵强迫进入卡尔学校学习法律，在这所被称为"奴隶养成所"的学校里，他受到近乎迫害的训练长达8个春秋。于此，我们恍然大悟，就是这些切身的经历和体验使这个市民出身的青年产生了如此鲜明的反封建意识。

席勒执着地追求自由，用一部部激烈反叛的戏剧为德国人民乃至整个欧洲人民的民主自由孜孜不倦地呐喊。席勒更将这种执着的精神带入了他的情感世界。他认为："爱情就是内心永恒的向往，向往与另一个造物合二为一，将它吞入自己体内，将它撕裂。"席勒像柏拉图一样相信世界上有时光无法撼动的爱情，而他自己便是那个坚定的捍卫者。

夭折的玫瑰

1785年秋天，在这个丰收的季节，席勒与曼海姆书商史万恩的女儿史玛嘉彼此倾心。初尝爱情的少年急切地渴望收获他们的感情，火热的激情煽动着少年的心，他无法驾驭自己疯狂跳动的心，无法耐心等候下一个丰收的季节，他鼓足勇气，在远赴莱比锡投奔好友克尔纳之前正式向史万恩提出了想娶史玛嘉一事。史万恩可谓席勒的伯乐，他深知席勒的才华，十分欣赏这位才华出众的少年。当时，席勒的成名作《强盗》已印好第二稿，史万恩提议席勒毁弃第二稿，并给出自己的建议，让席勒重写第三稿。就是那第三稿在曼海姆剧院首演大红，助席勒登上德国文学的大舞台。史万恩不仅慧眼识英雄，更让英雄的潜力发挥得淋漓尽致。然而，这样一个伯乐，却一口回绝了自己潜心

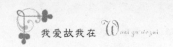

挖掘的千里马。曼海姆身为人父,明知女儿万分倾心于席勒的才华横溢,并且自己又十分欣赏他,为何如此利索地掐死那已经迎风摇曳的爱情萌芽?

真可谓可怜天下父母心啊!身为书商的曼海姆就是靠作家吃饭的,他深知作家空有一肚子才华,才华不能当饭吃,女儿跟着他恐怕要饿肚子。所以,没有经过女儿的同意,他便果断地回绝了席勒,剥夺了女儿成为席勒夫人的机会。席勒的爱情就这样不幸地夭折了。

史玛嘉后来嫁给了一个不知名人士,不幸死于难产。对此席勒终生耿耿于怀,却也无力回天。

这份爱情的夭折,给了席勒当头一棒。在这个才华横溢的作家心中,爱情是纯洁神圣的,超脱世俗的,却不知,在父母心中,爱情是现实的,是需要物质资本的。沉浸在爱情中的少女或许会被那爱情的绚烂冲昏了头,但父母却始终保持着理智与清醒。爱情一旦转变成婚姻,就牵涉到许许多多的方面。席勒的才华足以令少女倾心,可他的经济基础无法让父母放心。爱情并不像席勒当年所想的那般单纯,虽然爱情最终会走向婚姻,但婚姻是现实的,是需要资本的。

那一朵清丽脱俗的玫瑰,还没适应残酷的现实,就不幸地夭折了。可喜的是,席勒的爱情花园并没有因为这一朵玫瑰的凋零而黯然失色。或许有遗憾,但其他的花蕾依旧健康地成长着,含苞待放。

1+2 的爱情

一见倾心,二见钟情

在曼海姆的一次社交聚会上,席勒遇见了冷家姐妹。席勒到达时,冷家姐妹正要离开,他们简单互致问候之后就分手了。仅仅是那么短暂的惊鸿一瞥,席勒就再难忘记姐妹俩的绝色容貌。

冷家姐妹出身于贵族,姐姐冷佳琳比她妹妹冷莎露大三岁,姐妹俩美丽活泼,艳名远播。冷爸爸是个森林管理员,治家严谨,对姐妹俩的管教相当严格,成天将姐妹俩束缚在家中,不允许随意外出。冷佳琳13岁时,冷爸爸怀着对两个绝色女儿的无限担忧离开了人世。冷爸爸一走,冷妈妈就要担心很多事,而且这个缺少父亲的家庭在经济上也显得力不从心。所以,冷妈妈开始想尽办法为两个女儿安排妥当的终身依靠。三年后,冷妈妈成功地将冷佳琳许配于人。她希望冷莎露能进魏玛宫廷当宫女。当时欧洲的文化中心在巴黎,想当宫女,首先法语要过关。所以,1785年,冷妈妈专程带姐妹俩去瑞士法语区小住,练习法语。旅行结束,返程途中路过曼海姆,让席勒有幸目睹了冷家姐妹的美貌容颜。

仅此一见,恐怕席勒也只能在回忆中品味冷家姐妹的美貌。然而,缘分有时候就是如此奇妙,这一见,便注定了席勒与冷家姐妹今生的缘分。冷家姐妹的表兄沃威风与席勒同为巴符州卡尔大公斯图加特军校学生,比席勒低一级。沃威风是冷佳琳的追求者。一次,他和席勒去麦宁恩镇看望母亲和席勒的姐姐。麦宁恩镇就在鹿市的附近,而鹿市就住着沃威风日思夜想的冷佳琳。沃威风试图劝说席勒陪自己到鹿市一趟。冷家姐妹的绝色令席勒念念不忘,席勒欣然同意。这一趟,让席勒真正地认识了冷家姐妹,冷家姐妹不仅容貌美丽,而且气质高雅,更可贵的是,姐妹俩还是真正的文学女青年,席勒无法抗拒地爱上了两位脱俗的美人。可喜的是,姐妹俩也为席勒的才华所深深折服。分手时,冷家姐妹热情邀请席勒明年夏天再来鹿市度假,席勒爽快地答应了。

席勒一直都相信一见钟情。他的悲剧《阴谋与爱情》中,斐迪南在一次偶然的机会里,遇见了露伊斯,便一见钟情,坠入爱河。在《奥尔良姑娘》中,约翰娜在战争中对敌方将领里昂奈一见钟情,将他放走。席勒相信爱情的产生就在彼此目光接触的那一瞬间。爱情就是一瞬间的激情萌发,很简单,很单纯。

为 爱 痴 狂

席勒回魏玛没几天,冷妈妈的好友魏玛大公夫人路易瑟关心冷莎露的就业,让冷莎露先去宫里住。席勒获知冷莎露已身在魏玛,欣喜万分,不遗余力为初次单独离家的冷莎露尽效鞍前马后之劳。两人虽同处小小的魏玛,席勒却依旧止不住片刻的思念,才华横溢的席勒便将这份浓烈的思念化为深情无限的纸条,向冷莎露传达他的情感。在冷莎露返回鹿市后,席勒更是将绵延不断的思念化为一封封长长的情书。席勒的情书,情感浓烈、文字优美,足见他爱的痴狂。比如1788年4月11日他写给冷莎露的一封信中说:"我们本不该相见——或者就此永不分离。自从您离开了魏玛,对您的思念就成了我最好的社交

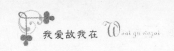

活动……就像昨天,我放弃了计划未来,只是为了可以荣幸地再向您靠近一寸!"情感浓烈,可感天地!

1788年5月中旬,期待已久的席勒,抛开魏玛所有事务,前往鹿市赴他与冷家姐妹的夏日之约。住在鹿市期间,席勒白天专心于他热爱的写作,傍晚便去看望他钟爱的冷家姐妹,每天傍晚他都会十分准时地出现在冷家姐妹面前。他会把自己白天创作的新作朗诵给冷家姐妹听,临别时必是恋恋不舍,一直到深夜才无奈离去。这是席勒一生中最幸福最温馨的时光,白天写作,晚上与冷家两美女分享自己的新作,心无旁骛,席勒乐在其中。他不仅与冷家姐妹的感情日益深厚,而且可以安心写作。席勒虽然每天傍晚都会去冷家,可他仍然给同处于比魏玛还小得多的鹿市的冷家姐妹频繁地写信,而且情感的浓烈,丝毫不减。

虽然在魏玛还有一大堆杂事等着席勒去做,可他却一次次地推迟归期,直到寒冬来敲门,他才于11月12日踏上归程。同一天,冷莎露前往埃尔福特。两人即将各奔东西,席勒只要一想到无法再与冷莎露相见,心中不由一阵悲苦。在离别的前夜,他在给冷莎露的信中写道:"您偷去了我的心,然而我却因这失窃而欣喜。您给我的花瓶装满鹿市的夏天。再见!再见!如果不是您得准备明天开始的远行,我真想建议今天同去散步——不过,还是算了吧。那注定将是一次忧伤的散步。还是让昨天的见面成为我们数月分离之前的最后一次吧。您可以把您的行踪寄到魏玛给我吗?这样我至少还可以在冥冥中追随您灵魂的旅程。"多么炽热的话语,多么深情的不舍。坠入爱河之中,即使天生严谨呆板的人,也会焕发出前所未有的光彩,而席勒的光彩尤其绚烂夺目!

冷莎露第二天刚到埃尔福特,就收到席勒发自魏玛的信。之后的日子里,这样炽热的信件一天一封,用来传递席勒深深的思念,和他痴狂的爱。

席勒的爱如此痴狂,那一封封炽热的充满依恋的信件,显示着席勒的热情永不退减。他的爱是痴狂的,像一团艳红的火焰,似乎他将所有的能量都倾注在这份爱情上,就像《阴谋与爱情》中斐迪南把所有能量都倾注在对露伊斯的爱恋上。"只要露伊斯把心灵的镜子让我看清楚,世界上就扯不起一片阴云。""在你身边,我的理智一眨眼全都溶化了;一走开,我的理智就化作对你的美梦。"这是斐迪南对露伊斯道出的衷肠,不正是席勒为爱痴狂的翻版吗?在席勒看来,爱情就该是这样,完全感性地表露自己的心迹,放任自己爱意的宣泄,跟随自己内心的方向,用尽所有的能量去接近所爱的人。爱情是理智所无法驾驭的,它不听从大脑的转动,只跟随心的跳动。爱情是生命中永不撕裂的纽带,紧系着两颗跳动的心,无论天南地北,宛如近在眼前。

疯狂的求婚

其实,从第一次见面起,席勒就同时爱上了冷家两姐妹。只是,姐姐冷佳琳早已许配他人,所以席勒将更多热情和精力倾注在妹妹冷莎露身上。然而,席勒对于冷佳琳的热爱并没有因为她已属他人而降温,只是保持在一个适当的温度,没有过于热烈地爆发。这个适当温度热情,一直温暖着席勒的心。他内心最深处的渴望,便是可以与冷家姐妹一起生活,不只是冷莎露,也包括冷佳琳,那才是他心目中最完美的爱情。

1789年9月10日,席勒给冷莎露写下了那封著名的情书,那是席勒对自己爱情观的最真实的具体描绘:

又坚持了一天,我离你又近了一天——时间如此缓慢地爬行,而当我在你身边时,它却又风驰电掣地飞过! 好像我们在一起的时间只够用来抱怨生命的短暂! 哦,我的爱人! 自从我的人生每一步上都能见到你的倩影,我的生命便已沧海桑田! 你的爱像灵光般环绕着我,像曼妙沉香一样铺满我的天性……对你的思念将我导向世间万物,世间万物又导向我对你的思念。我从未像现在这样自由而大胆地在自己的思想世界里漫步,因为我的灵魂已然自立,不再迷失。我终于知道在哪里可以找到自我。我的灵魂现在常常憧憬未来。我们的生活开始了;我也许像现在这样正写着字儿,可我知道你在我的屋子里;佳琳与我们在一起,她正在弹钢琴,而你在她身边工作,通过我面前的镜子,我可以看到你们俩。我放下手中的笔走到你身边,希望你跳动的心向我鲜活地证明,你是我的,而且没有任何东西,没有任何东西可以把你从我的身边掳走。晨晓醒来,即见佳人,而每晚入睡时,我都确知自己第二天早晨一定能见到你。中断幸福的将是希望,而中断甜蜜希望的是希望的实现,这个轮回由这天造地设的一双所承载,我们黄金般的生活就这样静静流淌!

一封炽热的情书,道出了席勒内心最深处的渴望。"佳琳与我们在一起",席勒的爱情里不只有他和冷莎露,还有冷佳琳,拥有冷家姐妹才是他最完美的爱情。仅一句话,却已将他的心迹表露无疑。

1789年11月15日晚上,席勒写下了世界上绝无仅有的一封求爱

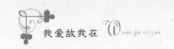

信,在这封信里,他同时向两个女人求婚,冷莎露和冷佳琳。你也许会觉得他疯狂而不道德。但他就是这么坚决地认定了这份爱情。他相信爱情可以永恒,他对这两位美人的爱情就是如此的永恒。他那爱情的火焰从来没有减弱过,只会越烧越旺。同处一个小城,天天相见,也无法削弱他对姐妹俩的思念。他爱冷莎露,也爱冷佳琳,虽然冷佳琳已许配他人,也阻挡不了他的爱慕。就如席勒自己所说,"已结成了我生命中永不撕裂的纽带"。

1789年2月12日,他在魏玛写给冷莎露的一封信中是这样说的:"此外我觉得,除了佳琳给我留下的后门儿之外,也可以想象有这样的情形:由非凡之火烘托的爱情也能通过它自身——作为内心的整体——脱弃道德而给人留下至深印象。我们可以这样说,恋爱中的人不接受任何审判。只有爱情法律位于他的行动之上。那是一个更高的存在,在这个存在中,很多世俗的义务和道德标准均不再适用于他。"席勒认为,爱情不应受到世俗道德的限制,爱情有自己鲜活的生命,它凌驾于道德之上,只受"爱情法律"的制约。他深爱冷家姐妹,冷家姐妹也倾心于他,这便足够了。三颗一起跳动的心已赋予爱情生命,他们脱弃道德,更可以说是超越道德。爱情道德并不是世俗道德所能评判的,爱情本就是脱离世俗的。

12月18日,席勒从耶拿给冷妈妈发出正式求婚信,当然这封求婚信的对象不包括冷佳琳。席勒虽然执着地追求自己的爱情,但也不能完全无视世俗道德,他毕竟也是俗世中人。然而没有金钱支持,恐难养活冷莎露的席勒又如何获取冷妈妈的青睐呢?终于,在冷妈妈的密友夏露笛的力挺,以及达贝格所许诺的四千盾年金的支持下,席勒收到了冷妈妈认可的回信。冷莎露与席勒的结合获得了冷妈妈的认可,却引起当时流言的沸腾。冷家虽非豪门,却也是魏玛大公正式册封的贵族,席勒与冷莎露的结合是典型的门不当户不对。只是在席勒眼里,爱情并没有、地位等级之分。

《阴谋与爱情》中斐迪南对露伊斯的一段表白形象地刻画了席勒眼中的平等爱情:"谁也解不开两颗心的纽带,谁也拆不散一个和弦的音响。他不相信封爵的文书,能够比无穷的宇宙还要长久;不相信贵族的纹章,能比露伊斯眼里的天书更有效力——这天书上写着:'这个女子和这个男子的结合是注定了的。'"

席勒从来都不认为,贵族封号会是他们爱情的阻碍,作为一名反叛作家,他向来唾弃这种封建专制制度,又怎会将它与神圣的爱情混为一谈?爱情是两颗心灵的"门当户对",与所有世俗的东西无关。冷莎露更用实际行动向世人证明,爱情在所有世俗的东西之上,两颗心碰撞出的浪漫火花任谁都阻挡不了。她毅然放弃贵族封号,以平民之身嫁给席勒!他们的心灵是平等的。

1790年2月22日,冷莎露在威宁根耶拿的乡村教堂里正式嫁给席勒。席勒一生只有这一个夫人。他相信世界上有时光无法撼动的爱情,他自己就拥有了这样一份爱情。而冷佳琳虽然前后嫁了好几任丈夫,却自始至终只爱着席勒一个人,只可惜,她没有妹妹的福分。虽然没能披上婚纱伴随席勒走上红地毯,但她的心始终为席勒一人而跳动,那颗心是只属于席勒一个人的。席勒对永恒的向往最终成就了他永恒的爱情。他的生命除了写作,便是冷家姐妹。1796年8月,冷佳琳嫁给了从巴黎使馆回德的青梅竹马的追求者沃威风,她跟着丈夫回到魏玛,回到席勒身边。从此,席勒在冷家姐妹的簇拥下,享受着完美的爱情,直到去世。

爱的真谛

席勒的爱情,就如同所有人的初恋一般纯粹,纯粹得不带任何世俗杂质。

席勒一见钟情于冷家姐妹,斐迪南一见钟情于露伊斯,爱情就是一瞬间眼神的碰触,窥探到彼此心灵的相通。无须了解太多,只在乎那一刹那的感觉。爱情就是如此奇妙,如此简单。匆匆一瞥,便能感觉到它的存在,从此永存心底。

爱情是永恒的,任时光匆匆流去,心底的悸动一直都在。时间无法使爱情褪色,因为爱情是两颗心和谐的跳动,时间只会让那一份和谐更为默契。席勒与冷家姐妹的爱情是他生命中永不撕裂的纽带,从他感受到那份爱情的瞬间开始,他便热情大胆地追求,更用一生去捍卫。

席勒的爱是痴狂的,就如斐迪南对露伊斯的爱那样。爱是需要痴狂的,敞开自己的心扉,给对方完全的信任,毫无保留地表露自己的心迹,彼此透明,才能相融为一体。不需要理智的头脑,不需要过多的思考,只需要跟着感觉追随爱的脚步。

爱是相互的,席勒之所以能拥有这份完美的爱情,是因为在他深爱冷家姐妹的同时，冷家姐妹也倾心于他。冷佳琳虽许配他人，却始终倾慕于席勒。但有时也并不是相爱就会有结果，席勒与史玛嘉的相爱，就因为不堪世俗压力，不幸夭折。席勒可以脱弃世俗，却无力对抗世俗。他清楚地了解自己担负不起这份不被认可的爱情，虽然遗憾，却清醒地选择了放弃。

爱情是平等的，没有高低贵贱之分。身份、地位的悬殊不能阻碍两颗心的靠近，因为那两颗心是平等的。斐迪南与露伊斯抛开世俗的观念，打碎出身、门第的阶石，热烈地相爱着。席勒不顾冷家姐妹的贵族封号，热烈地追求着。爱情可以跨越门第、跨越等级，只要心灵"门当户对"就足矣。

席勒的爱情就是这样的脱弃世俗，然而这背后却也隐藏着他的某种自私。他认为，他同时爱上冷家姐妹虽然"脱弃道德"，却是"一个更高的存在"，"很多其他标准均不适用于他"。他的爱超脱了一切，他只跟随自己心灵的步伐，只听从爱的指引，不接受任何道德的约束。那是种超脱，却也是种自私。他和冷家姐妹毕竟还是世俗中人，需要接受世俗的考量，冷佳琳如何承受世俗的批判，姐妹俩如何忍受共享深爱之人的心酸，这都是席勒造成的难题。爱情就是占有，连自己都无法抵挡的自私的占有。斐迪南和露伊斯的爱情悲剧，以及席勒和冷佳琳不被世俗接受的相爱，也正体现了，也许完全超越世俗的爱情只属于柏拉图的"理念世界"，而不存在于世俗世界。

席勒渴望与所爱的人一起生活，那是爱情最终的归宿。席勒渴望爱情走向婚姻，但他并不认为一定要用婚姻来坚守爱情，他与冷佳琳的爱在世俗道德的约束下，最终无法走向婚姻，却依旧至真至纯。婚姻只是让爱情有一个归宿，让相爱的人可以在早上睁开眼时，便能看到爱人在自己身边。冷佳琳先后嫁给不同的人，却始终只倾心于席勒。

席勒的爱情，就是纯粹的心灵交融，将对永恒的向往化为生命中永不撕裂的纽带，将那份热情保温直至生命的最后一刻。

13

海涅：情场中的"魔"术师

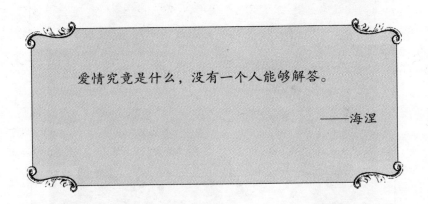

爱情究竟是什么，没有一个人能够解答。

——海涅

海因里希·海涅(Heinrich Heine, 1797—1856)

13 海涅：情场中的"模"术师

海因里希·海涅，19世纪继歌德之后又一享有盛誉的德国伟大诗人，著有《歌之集》、《新诗集》、《罗曼采罗》、《德国，一个冬天的童话》等诗集，多以爱情题材为主，其辞藻之细腻令他人难以企及。如果今天那些"情感专家"能看到这样一个人都"自谦"地认为爱是神秘而不可解析的，估计他们早就收起侃侃而谈的所谓"爱情真谛"了。

那么海涅对爱情真的这么迷茫吗？怎么可能？！一生徜徉于情场之中，即便低调地表示自己不懂爱，他的情感经历也足够编写出一本"爱情科普读物"了。那么在这个浪漫主义诗人的心中，爱到底是个什么模样？当我们揭开它神秘面纱的一刻，或许我们会尖叫着把他收录进心理学家的名单——好家伙，模块理论学得也太好了，何况还应用自如！

缘起：汉堡的初恋

茉莉

茉莉是海涅给她起的昵称，是的，他喜欢给他的女人起昵称。这也许是他能拥有她们的唯一一样东西，一个昵称，一个专属于他的称谓。

她叫阿玛丽，海涅的伯父所罗门的掌上明珠。尽管在以后的日子里，当他再次遇到她时，她已嫁作人妇，发胖的身材不复昔日的光彩。他甚至给女友安凡根的信中如此暗讽阿玛丽："这世界真是愚蠢乏味、寡淡无趣，嗅起来像煞枯萎的蝴蝶花。"可当年，当他初到汉堡时，却是不可自拔地爱上了这位富家千金。虽然阿玛丽的貌美程度有待考证，但不管怎么说，情人眼里出西施。在年轻的海涅看来，这位窈窕淑女有着甜蜜的、海水一样蔚蓝的眼睛。于是在这一泓柔波中，海涅沉醉了。他陆续用笔名在《汉堡守望者》上发表着爱的诗篇，其中《乘着歌声的翅膀》尤为突出：

乘着歌声的翅膀，
心爱的人，我带你飞翔，
向着恒河的原野，
那里有最美的地方。

一座红花盛开的花园,
笼罩着寂静的月光,
莲花在那儿等待,
它们亲密的姑娘。

紫罗兰轻笑调情,
抬头向星星仰望,
玫瑰花把芬芳的童话,
偷偷在耳边谈讲。
跳过来暗地里倾听,
是善良聪颖的羚羊,
在远的地方喧腾着,
圣洁的河水的波浪。

我们要在那里躺下,
在那棕榈树的下边,
吸引爱情和寂静,
沉入幸福的梦幻。

如果故事像我们看过的琼瑶剧一样发展,那么就该是富家千金不顾家人反对,毅然与才华横溢的男主角私奔,从此过着潦倒却甜蜜的生活。可是!我要说的是可是!当年15岁的阿玛丽并不拥有她那个年纪该有的天真与善良。她一边将一束鬈发相赠,令她那多情的堂兄彻底为之倾倒,一边又和汉堡城中的纨绔子弟打得火热,并讥笑这位不可自拔的忧郁诗人。阿玛丽算是海涅生命中遇到的第一个冲突,她的轻佻薄情使海涅开始正视自己,变得头脑清醒。他得做点儿什么,至少是写点儿什么"失恋感言",这直接促成了《诗歌集》的诞生。虽然完成作品与出版间隔了十多年,但不管怎么说,从这点上看失恋或许也并不是什么坏事,而阿玛丽也并不是"一无是处",至少她让海涅成长了。

创 伤 经 历

初恋的创伤虽然促使海涅完成了旷世巨著《诗歌集》,但是它消极的一面也是不容忽视的,好歹是海涅的初恋啊!这个被后世称为"战士"的诗人,怎么可能在遭到如此难堪的奚落后无动于衷?他表现出了所有失恋者该有的行为：鄙视旧情人——在日后见到已婚的阿玛丽时他做到了；索要精神损失费——史实告诉我们，所罗门为了不让海涅把他的女儿写进自传便一直资助着海涅（哦！虚伪的上流社会）；改变行为方式——不得不承认一段恋情的失败，尤其是初恋的失败，常常会彻底改变一个人的行为方式，特别是对待感情的态度。

"爱情咬碎了我的心脏！"当自己心爱的人嫁作人妻时，我们年轻的诗人如是低吟。可见这一次的创伤经历对海涅来说是个巨大的应激源。正如我所知，任何生活变化（life changes）即便是积极的，也会给我们带来压力的焦虑。而位列生活变化单位（LCU）榜首的就是配偶死亡（death of spouse）。对此刻痛失爱人的海涅来说，即便阿玛丽尚活于世，拂袖而去的她也与长眠无异。他是真的失去了"最初的美好"。虽然此后他又爱上了阿玛丽的妹妹，但似乎是"姐妹同心"，海涅再次被拒于千里之外，此时可谓新伤旧痛交加折磨。面对这样的压力，海涅必须采取一定的方式应对（coping），否则会耗竭。而在我看来，他运用的方法是感情集中的应对"emotional-focused coping"，他寻找了情感上的社会支持——也就是我们下面看到的"流莺"①，他改变了自己的认知行为方式——也许海涅原本对爱的理解也是遵循模块理论的，但是这次失败的恋情必然起到了催化剂的效果，即自控——放纵身体却不付出爱情。

这样的应对方式使海涅以某种特殊的方式任凭感情的波涛四处泛滥，他要疗伤，要宣泄，要占有！这样的念头在他的脑海中沉淀、累积、爆发，于是促成了他以后的日子里对爱情的行为态度恰巧与爱情的模块理论不谋而合。哦，他是天生的"模"术师！

漂泊：圣保利的流莺

乔治·桑

不管是在当年的圣保利还是后来的巴黎，在失恋以后，"流莺"成了海涅失恋最好的疗伤药。他是如此自负的一个才子，却被阿玛丽玩

---

① "流莺"即妓女的别称。

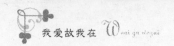

弄于股掌之间。一直处于劣势的他必须找到一个发泄途径使自己的心理达到平衡,于是,他在"流莺"身上看到了希望。在富家女阿玛丽那里,贫穷是海涅的原罪,他的状态一直是"负";在"流莺"那里,顾客是上帝,应该对上帝"恭顺、抚慰、接纳",他的状态扶摇直上成了"正无穷"!从此,"流莺"便成了他生活甚至是思想的一部分,他的作品《罗曼采罗》便是最好的证据!

除了圣保利,另一个让海涅感觉到如鱼得水的地方便是巴黎。在这里,他邂逅乔治·桑。

乔治·桑,放在今天来讲,也算是个美女作家了。但不管他人如何评价,我还是执意将她列入海涅的"流莺"之列。因为在海涅日后染病期间,这个昔日有床笫之好的老情人消失得无影无踪,连海涅自己都破口大骂"这个婊子"。不难看出他们之间,除了性,再没有其他。不过我倒是相信,海涅并不会因此而受到什么伤害。他很看得开,他对乔治·桑的态度,就像他在《莎士比亚的少女与妇人》中对克丽奥佩特拉所描述那样:"这种爱情没有信任,没有忠诚,因此反倒更加放荡,更加炽烈。"

在《莎士比亚的少女与妇人》一书中,海涅对女人的评价并不怎么样:"我的太太们,你们有谁觉得自己贞洁无瑕,谁就可以首先拿石头来砸那可怜的姐妹,我是说,天下没有十分贞洁的女人。"看来海涅早已认清了这个事实,这也许可以解释,为什么他并不排斥"流莺"。他认为性是可以独立存在的,而他也确实这么做了。

性

叔本华说:"性爱才是这世界上真正的世袭君主。"由此可见性本身的重要性。于是我们有足够的理由去相信,无爱之性与无婚姻之性的存在。而海涅恰好将这一观念实践得淋漓尽致。

因为沉溺于红灯区,《诗歌集》还未出版,海涅便身患梅毒两次。与他同枕而眠的人有过多少,估计连海涅自己都要掰指头算上半天。这些过客虽然与海涅的关系纯粹只有性,但在两人交好之时,海涅还是专为她们做了一件事——取一个专属于她(更贴切来说应该是专属于他)的昵称。昵称对于海涅来说,与性一样,意味着一种独占,或者说至少在那一刻独占了对方。它与爱无关,与婚姻更无关,只是一种占有,一种心理上的自我治疗。通过这样一种独特的方式,去满足自己在感情上存在的价值感。

海涅通过取昵称和性的占有来达到心理上的自我调节，其实他运用的是一种心理暗示的方式。或许"流莺"们只是"投其所好"才欣然接受海涅给她们的称谓，反正"没有不是的顾客"，但对于海涅而言却有不同的意义，他以此暗示自己："这个女人是我的"，"我是被尊重的"，"我是被人喜爱的"……其实这与宗教信仰有异曲同工之处，虽然"流莺"不见得真的爱他或喜欢他取的昵称，就如同上帝并不一定存在一样，但是这能让海涅心理上得到抚慰。此时性的功能也许就在于此。

由此男人的占有欲可见一斑。应该告诫所有的女人，不要因为轻信一个失恋男人的眼泪而跟他上床，很有可能，你只是他的一颗小药丸。

港湾：香榭丽舍大道的灰衫女

玛蒂德

"那头母猪终于折磨死了可怜的海涅！"

这句话可不是我说的，据虎头在《瞧，大师的小样儿》中说，是伟大的革命导师马克思说的。看来，海涅和玛蒂德的婚姻并不像我们平时所知的那样充满祝福与欢乐。

玛蒂德，全名欧仁妮·克莱斯琴斯·米拉，海涅遇见她时，她正在巴黎郊区多米蒙德区法律广场旁她姑姑的小商店里卖鞋。海涅花了3000法郎把这个比自己小18岁的女孩儿像一双鞋一样买回了家。他们的结合或许要感谢斯特劳斯，因为海涅的"口无遮拦"而导致斯特劳斯要求用手枪决斗，海涅怕自己万一不测而玛蒂德拿不到遗产，于是两个人闪电结婚。实际上从海涅买下她到他们结婚，这道雷电已经"闪"了七年了。

不管怎么样，他们结婚了。虽然所有的人都觉得文盲玛蒂德配不上才子海涅，但是海涅喜欢她，这就足够了。俗话说，"鞋是穿在自己脚上的，舒不舒服只有自己知道"。而事实也证明，海涅找到了一个好太太，玛蒂德发挥了一个妻子该发挥的所有功能——一切以海涅是瞻，为他生孩子，照顾生病卧床的海涅。可见，海涅确实是一个"功能

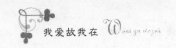

主义者"。而玛蒂德的付出也并非全无收获,海涅对她是极度肯定的。在《最后的诗》中的《我不向往在天国里》,海涅如是歌咏玛蒂德"正直而忠诚"的美好心灵:

> 我不向往在天国里,
> 在福地里的那片乐土。
> 那儿找不到比我在世间,
> 已经找到的更美的妇女。

海涅的婚姻事实告诉我们,不要随意去评价别人的家事,这只会让自己显得无知而愚蠢。

婚　姻

爱情的模块理论认为,婚姻的功能是繁殖。其实在海涅这里,我更倾向于将婚姻视为这个风流才子常年漂泊后的港湾。我甚至认为如果没有玛蒂德,海涅早熬不过那段恶疾缠身的日子。作为一个伴侣,或许玛蒂德不够完美,她与海涅在思想上可以说是毫无交流,她甚至不明白自己的丈夫为什么这么出名;但是作为一个妻子,至少在海涅眼中她是完美的,长得好看且烧得一手好菜,食色双全的小女人,娶做妻子,还需要比这更多吗?

虽然对婚姻的要求不高,但是,海涅没有"糊涂"到无视婚姻的重要性。他可以风流成性,他可以肉欲至上,但是他很清醒地认识到,性并不具备婚姻所具备的功能。性可以带给他感官上的快感,甚至可以带给他心灵上的抚慰,但是性无法永恒。"流莺"们不可能帮他养育子嗣,而"传承"是生命延续的象征。所以,他选择与玛蒂德共度一生而不是乔治·桑。因为乔治·桑再美艳、再"才华横溢",也只是海涅漂泊的木船,而玛蒂德才是他停泊的港湾。

回光:床墓前的苍蝇

苍　蝇

艾丽泽·克莉尼茨,自号玛嘉丽特。至于苍蝇这个名字,现在看

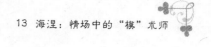

来是海涅至死都改不了的癖好了。

海涅与苍蝇是如何相识的,其实并不重要,把现存的一万多个版本扔到垃圾堆里或许会让文学界更安稳一点儿。过程如何又怎样,结果是他们相识了,不是吗?不管怎样,苍蝇的出现给暮年的海涅带来了最后一次烟花绽放的机会,他开始了一场轰轰烈烈的精神恋爱。难以想象,这个曾经断言"生命的意义在于生命本身"的男人临了也玩了一把"柏拉图"。事实上,他也只能精神恋爱了。

对于海涅,玛嘉丽特的出现犹如突然注入体内的一股新鲜血液,让床墓上苟延残喘的他突然看见了一丝生机。他们之间的这场恋爱可谓海涅一生中最精彩的恋爱,虽然玛嘉丽特对海涅文学上的帮助几乎为零,但是此时他真的又文思泉涌了,并且这一次不再"暗射隐喻",《致苍蝇》成了他一生中绝无仅有的一首对象明确的情诗。

海涅是如此的迷恋玛嘉丽特,那她也是这样吗?她接近海涅必然是有目的的,很明显,那个时候的海涅除了名声也没什么值得她图谋的了。但必须承认的是,她确实让海涅的暮年至少在精神上很滋润。爱情,海涅得到了,即便她没有给。这似乎听起来很矛盾,可事实就是这样。

爱　　情

拉萨尔说,"爱情,是两个人的利己主义。"这一句简直是海涅这段恋情的最真实写照。如果说爱情的功能是幸福,那幸福是什么?说白了,幸福就是利己主义者得到满足。在一场爱情中,大家都有所图,双方的企图都得到了满足,那么爱情就能带来幸福。就以海涅为例,如果玛嘉丽特在结识海涅后不久,海涅突然一夜间身败名裂,那么玛嘉丽特必定会拂袖而去,这样,海涅还会幸福吗?

爱情可以跟性无关,可以跟婚姻无关,但一定跟获得有关。当然这种获得并不是物质上的,它大多是心理上的。就像海涅最后的这场爱情,不以性为形式,不以婚姻为结局。海涅也显然知道自己残败的躯壳并不能让眼前这个女人提起一丝兴趣,她所做的一切只是在利用他而已。但是这又有什么关系,他的名声于他无用,所爱的人拿去又有何妨,他愿意被"利用"。结局对于爱情中的两个人来说都是美好的,她得到了她想要的名声,他得到了灵魂的碰撞和生命最后如烟花般的绚烂绽放,这就是爱情,这就足够了。

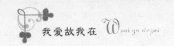

结　语

　　每个人都有属于他的年少轻狂、风流韵事；每个人对爱都有着他最独特的见解与表达方式。海涅，在他的世界里，是革命中的战士，是文坛里的才子，是情场中的"模"术师……

14 里尔克：相爱一生，却只能相忘于江湖

Li Er Ke Xiang Ai Yi Sheng
Que Zhi Neng Xiang Wang Yu Jiang Hu

挖去我的双眸，我也能看到你；
捂住我的两耳，我也能听见你，
没腿我也能到你那里，没有嘴我也能呼唤你。
折断我的双臂，我仍能拥抱你——用我的心，像手一样。
按住我的心脏，我的头脑不会停息，
即使你用烈焰蔓延我的头脑，
我也会用自己的鲜血托起你奔流翻滚。

——里尔克

莱纳·玛利亚·里尔克（Rainer Maria Rilke，1875—1926）

14 里尔克:相爱一生,却只能相忘于江湖

1875年那个雪花纷飞的寒冬腊月,一个婴孩诞生在当时还隶属于奥地利的布拉格地区。这个婴孩的原名为勒内·卡尔·威廉·约翰·约瑟夫·玛利亚·里尔克。我们的故事也将从这个男孩的名字讲起——它暗示了这个男孩不同寻常的童年生活,以及由此导致的诗人对母爱强烈的欲求,和他对性、爱情、婚姻三者独特的认知观念——所有这一切在冥冥之中预告了诗人一生苦苦寻觅却终究无法长相厮守的爱情故事。

"假女孩"母爱缺失的童年

童年时的"假女孩"里尔克

故事还是从里尔克出世以前说起。当时,母亲索菲亚·菲娅·恩特兹曾怀有一个女儿。可惜女儿在出生时不幸夭折了,索菲亚一度为此伤心欲绝。后来,为了纪念这个早逝的女儿,索菲亚将哀思寄托在了后来出生的儿子身上。里尔克名字中的第一个名字——勒内(René),在德语中就是"再生"(reborn)的意思,最后一个名字——玛利亚,也是一个女孩用的名字。于是,从里尔克出生那一刻起,他就注定要成为姐姐的替身。因此,我们就不应感到奇怪:为什么里尔克小时候是一副梳着妹妹头,穿着女式洋装,手里拿着布娃娃的"假姑娘"打扮了。在诗人日后创作的《杜伊诺哀歌》中仍然可以依稀寻得那份早年养成的女子气息。里尔克一生中最亲密的女友莎乐美在里尔克死后曾这样回忆道,"这一点对里尔克性格的形成产生了非常不利的影响"。被当做小女孩养育的里尔克天性中带有明显的女性倾向,以至于在他眼里,所有的女人都是他至亲的姐妹,他生性热爱所有的女性同胞,在某种程度上像极了中国古典文学中的贾宝玉形象。

另一方面,早在里尔克降生之前,父母感情便出现了不可调和的裂痕。小里尔克的降生丝毫未能给这对琴瑟不和谐的夫妇带来婚姻复苏的讯息。母亲索菲亚从小在布拉格贵族区一座豪华的巴洛克宫

殿长大。生于世家的她,诗情横溢,美貌高贵,自命不凡,与里尔克的父亲约瑟夫·里尔克这位失意军官在一段调情戏谑后便匆匆结了婚。婚后的索菲亚依然醉心于歌舞升平的贵族生活,无奈仕途坎坷而又体弱多病的约瑟夫无法满足妻子的愿望。约瑟夫退伍后只在铁路局谋得一个勉强能维持生计的小吏职位,而索菲亚也终于在婚后第十个年头毅然决然地抛家弃子,着上了雍容华贵的黑色礼服,奔向能够给她带来宫廷贵族生活的维也纳。在母亲出走以前的十年间——也是孩子与母亲建立亲密关系的关键期——小里尔克却只听到父母的吵吵闹闹,目睹家里的分分合合,造成他郁郁寡欢的童年生活和根植于内心深处的孤独感。他对爱的渴求非常强烈,然而他实际所能获得的母爱却匮乏至极,这种需求与供给的失衡长久地积压在内心,只待喷薄而发的那一刻。

这种对母爱极度的渴望在他多年之后的作品中还清晰可辨。最有名的例子是《马尔特记事》,在这篇小说里,男孩回忆了他童年时代对母亲那份原始的爱的渴求和冲动:

妈妈夜里从没来过,哦,不,来过一次。那晚我哭闹个不停,小姐赶来了,女管家茜弗森、车夫乔治也赶来了,可他们全都没辙。最后他们无可奈何,只好把童车推到我父母那里去。他俩正在参加一个盛大的舞会,大概是在王储那里吧。……这时,隔壁房里传来了轻微的声响,接着妈妈进来了。……我一反常态,又惊又喜地抚摸起她的头发,保养得很好的瘦脸,耳垂上冰凉的宝石和肩头上散逸着花香的丝带。我们母子俩就这么亲昵地流着眼泪,相互亲吻,一直到父亲进来,我俩才不得不分开。

在这段文字中,我们依稀看到了里尔克幼年时期母亲的形象——那个出入名流社交场所、穿戴华丽的富贵女子。我们更看到了小男孩对母亲所怀有的某种本能的冲动与爱,它在父亲的冷酷无情和母亲的怜爱心疼中隐秘地绽放。然而,儿子对母亲的这种爱却又绝非单纯的"紧紧握住不放手的",它不允许我们草率地用标签化的"伊底普斯情结"加以概括。在《马尔特记事》中,诗人所诠释的自己与所爱慕者的关系是断裂而复杂的:一方面是出于亲密而迫不及待要委身于对方,另一方面又出于孤独而竭尽全力抗拒对方。准确地说,他对自己母亲的爱是矛盾而复杂的。也许《埃瓦尔德·特拉基》的故事可以折射出几分诗人内心的踌躇:年方二十的诗人从布拉格迁居慕尼黑,在这个陌生的城市里孑然一身,不幸生了一场大病,好在后来终于康复。为此,主人公特意写了一封热情洋溢的信给自己的母亲,然而最终却又自己毁掉了信,未能寄出。

里尔克所遭遇的现实的境况与小说几乎如出一辙。母亲在极度的虚荣心和爱欲的驱使下无情地抛弃了丈夫和儿子。小里尔克在10岁那年被父亲送往圣波尔藤的一家军事学校,从此告别了自己苦闷的童年,离开了母爱缺失的故乡。后来,严酷的军事化训练让羸弱的里尔克苦不堪言,在一场大病之后他终于转入普通学校,并最终通过考试前往慕尼黑大学攻读哲学、文学和艺术史。也是在那里,他遇见了生命中那位对他而言比母亲还重要的女性,并毫不犹豫地奔向了她的怀抱。

邂逅母性情怀的爱人

当里尔克独步于慕尼黑的大学校园里,如饥似渴地博览群书同时感受艺术和文学所带来的魅力和震撼时,他怎么能预见自己生命中继母亲之后的第二位女性,即将在冥冥之中与他相遇,并因着这场相遇,全然改变他今后的人生轨迹?

这位女性便是露·安德烈斯·莎乐美——从未真正成为里尔克的结发妻子,却注定要与他厮守终生的奇女子。这位姑娘生于俄国首都圣彼得堡,父亲是一位赫赫有名的将军。莎乐美在父亲57岁时才出生,又是家里唯一的女儿,所以她从小备受宠爱。在富裕的环境中享尽荣华的莎乐美,天性里却对服饰珠宝没有兴趣。在家中5个哥哥的陪伴下,她天生有一股男孩子的争强好胜和倔强坚韧的气

让里尔克一生魂牵梦萦的莎乐美

质,并且极具天资,聪颖过人。在家庭教师的指导下,她全面地学习了欧洲文化,包括神学、哲学、逻辑学、文学、世界史和美术史等等,内容可谓庞杂艰深,但她却乐在其中。

如果说就是这样一位天生丽质又聪慧过人的少女,与情窦初开的年轻诗人里尔克巧遇并坠入爱河,无非成就了另一段爱情佳话,不足

为奇。然而,故事没有这样简单。要知道,就在里尔克邂逅莎乐美的那年,她已经是一位 36 岁的成熟女性了,比里尔克大了整整 14 岁。更要命的是,在此之前,她已经和一位研究西亚语言的教授弗里德里希·卡尔·安德烈亚斯结为伉俪。婚后,她依然保持着精神和身体的独立,与另一位天才人物弗里德里希·尼采相交甚厚,直至尼采向她求爱并被她拒绝,这段风流的婚外情事才算了结。在尼采离去之后,莎乐美的风流韵事并没有停歇,相继有许多天才心灵的男性拜倒在她的石榴裙下,如保罗·雷、泽克曼、陶斯克等等,里尔克还只能算是众多才俊中的一位。当我们最终无奈地看到里尔克离开莎乐美独自踏上异乡的旅途之后,莎乐美却还一度对精神病学和精神分析法萌发兴趣,并与弗洛伊德结为至交,关系甚密。

然而,就是这样一位女子,在那次舞会上的初次相逢便彻底俘获了里尔克漂泊的心。甚至连里尔克自己也说不清究竟为何着了迷——也许是她非凡的才情,抑或是她高贵的气质,又或者是她身上的母性特质——总之,里尔克从见到她第一面之后就开始给她写信,传情书,像一个很久没有人疼爱的孩子突然间找到了命中注定的唯一,于是他不顾一切,全心投入了爱的怀抱,像一个孩子躲进母亲的臂弯一般。有信为证:

我要通过你看世界,
因为这样我看到的就不是世界,
而永远只是你、你、你!
……
只要见到你的身影,我就愿向你祈祷。
只要听到你说话,我就对你深信不疑。
只要盼望你,我就愿为你受苦。
只要追求你,我就想跪在你面前。

写出这样赤诚而灼人的诗句,这样毅然决然地爱的告白,对生性羞涩、从小被当做小女孩养育的里尔克来说是多么不容易!幼年缺失母爱的内心如此孤单,在长久以来的情感积蓄和酝酿之后,炽热的爱恋终于喷薄而出——他太需要一位懂他、爱他、能够给他温暖关怀的女性了!这一次,里尔克是无比幸运的。莎乐美没有像里尔克的母亲那样躲开他。因为她以一种过人的洞察力,觉察到了里尔克孩子般敏感而孤独的内心世界,感受到了这个身形瘦小、体质羸弱、性格腼腆的青年人璞玉般的才情和桀骜不羁的天性,并决定用她那被唤醒的母爱来呵护这个言辞滔滔的青年人。虽已嫁作人妇,莎乐美以她特立独行的处事方式、我行我素的性格和争强好胜的脾气,开始在生活和文学创作上关怀和指导里尔克。

1897年那个金色的秋天,两人正式确立了情人关系。他们一同搬往柏林郊区的一栋复式公寓,在那里共度两人的美妙时光。在里尔克的心里,活力四射、充满激情的莎乐美,既是自己最亲密的情人,更如同自己失散多年的母亲。他这样向她告白:

我在你面前是一个孩子,
头埋在你的胸怀,
闭着眼睛时,
我感觉到你就在我的旁边守护着我。
……
你,亲爱的,俘房了我的心,
把我带回了最最顽劣的童年。

面对这样一颗需要呵护和关爱的心灵,一种慈母般缠绵的爱意也悄然在莎乐美心底弥漫开来。她带着里尔克漫游欧洲,讨论哲学,写诗、唱歌、会友、闲聊、野餐、打猎,他们在月光下漫游,在花丛中拥吻,里尔克全然沉醉在了情人温暖如母亲般的怀抱里,竟从来不计较莎乐美已嫁作人妇的事实!特别是在里尔克内心孤独惶惑的时候,莎乐美总是陪伴在他身边,以她独有的智慧、理解和包容给他情感上的慰藉和精神上的鼓励,让那颗干涸的心灵如同沐浴在和煦的阳光之下,从此不再漂泊游荡。弗洛伊德在1937年悼念莎乐美的文中就曾这样写道:"在他(指里尔克)无助的时候,困惑的时候,她变成了他的体贴的知己,和蔼的母亲。"

1899年4月,多年没有返乡的莎乐美决定去俄国旅行。她巧妙地在丈夫面前遮掩了她与里尔克的关系,于是夫妇俩与里尔克三人一同踏上了海外的旅行。这次旅途给青年里尔克带来的心灵冲击是无与伦比的,他在莎乐美的引领下第一次感受到了俄罗斯这片土地上淳朴的民风,这些全然不同于西方世界的动人素材为他的艺术生涯注入了新鲜的血液。第二年,莎乐美再度携手里尔克同游俄罗斯。这一次,他们享受着难得的二人世界,常常裸足漫步于伏尔加河畔宁静的村庄和一望无际的平原上,或是静静地躺在绵延千里的大草原中,感受着高高的牧草如波浪般起伏不定的抚摸。在大自然的怀抱中,里尔克以为就要永远地沉醉在莎乐美温柔而令人安逸的臂膀中了,但现实却给诗人无情的一击——这时莎乐美已经决意离开里尔克,斩断这段婚外恋情。

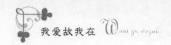

挥别难以厮守的情人,闪电结婚

尽管公开的书信和诗歌对莎乐美突然的分手决定没有明确的说明,但其中似乎是有因可循的。就在1900年二人携手再度同游俄国期间,莎乐美曾回娘家与家人在别墅避暑,而里尔克则独自留在了圣彼得堡。这短暂的分离竟然让里尔克不胜孤独,给莎乐美的信中也是孩子气地百般抱怨。奈何莎乐美向来不愿被爱束缚,这一次,她没有回应里尔克,只是笑着把信撕了。当两人结束俄国旅行以后,那个曾经给予里尔克母爱与情爱、精神愉悦和肉体享乐的莎乐美却似乎没有一同回来。她写信告诉了他分手的决定,并要他答应"以后仍然维持朋友关系,但是除非万不得已,否则不向对方求助"。这样的别离和割舍于莎乐美而言,似乎也是万分痛苦和不忍的,她这样情意深切地写道:

不要着急,我的孩子。真正的艺术家总是要经历无限的孤独和漫长的痛苦,你必须在安静中等待回应。忍耐,忍耐,再忍耐,终有一天你将脱颖而出,展翅高飞。正如总有一天我会再次回到你的身边。

然而无论如何,莎乐美已经弃里尔克而去。于是,1900年的这个萧瑟的秋天,里尔克独自来到了不莱梅附近的一个叫做沃尔普斯韦德的地方。这里的有识之士云集一堂,他们充满了青春张扬的活力,热情洋溢的艺术氛围突然间深深感染了里尔克的心。也许是为了扫去心中对莎乐美挥之不去的思念,里尔克开始让自己投入一种全新的生活。他积极参加音乐沙龙里举行的室内音乐会;在诗会上向听众们朗诵自己的诗歌;和朋友们去参观绘画馆和展览会;马不停蹄地拜访一个又一个画室;在东方露出鱼肚白时即兴搭乘马车去野外郊游……

就是在这样突然开始的新奇而丰富的生活中,有两位女子走进了里尔克的视野——"金发画家"保拉·莫德索恩和她的女伴克拉拉·韦斯特霍弗。她们总是一同前来参加聚会,像两个永不分离的孪生姐妹。里尔克兴致勃勃地与两姐妹交谈,特别是与擅长画画的金发姑娘保拉。那一日,里尔克去保拉的"百合花画室"做客,并欣然答应为保拉做人体模特。后来他在日记里这样动情地回忆到:

我来到百合花画室,款待我的茶已放在桌子上。我们的交谈和沉默中都显示出一种美好、丰富的一致性。不觉天色已晚,我们谈了很多。超越了时间,也超越了我们自己。一切都变得神秘莫测了。她的头发呈佛罗伦萨特有的金色,她的声音珠圆玉润,娓娓动听。我从未察觉到她洁白的少女英姿是如此的温柔和修长……

然而,短短的几个礼拜之后,那种在里尔克心中隐隐懵懂的爱恋,以及与友人们兄弟姐妹般的朝夕相伴却再次匆匆画上了句号。不管里尔克内心对婚姻是否有过渴望和期许,反正共处一室的青年男女已经迫不及待地将要奔向婚礼的殿堂。就连与自己相交甚好的保拉,也在不经意间告别了里尔克,与奥托·莫德索恩结为了伉俪。身边的朋友也都相继步入了婚姻,像要以某种终结性和决定性的东西来换取来之不易的爱情。

面对亲密女友一次次的离去,里尔克心中似乎有所感念的,却没有对此抒发过多的文辞。1901年的4月28日,他突然与克拉拉——"金发画家"保拉婚前的"孪生姐妹"——举行了简单的婚礼。诗人并没有为这场他一生中唯一的婚礼花什么心思,大量的书信和关于他的生平资料也都没有对这件终身大事大着笔墨。低调结婚后不久,里尔克便独自前往加尔达湖畔看望母亲了。如果真有什么值得为这场婚姻留作纪念的话,那就是在这一年的冬天,这对伴侣有了他们一生中唯一的女儿露特·里尔克。

告别妻子,开始浪迹一生

婚姻并没有让里尔克那颗漂泊而孤独的心停泊下来。他浪迹于更多的地方,通过不断地独自行走来排解心中难以名状的情愫。他在给"金发画家"保拉的信里这样写道:

我不能有小屋,不能安居,我要做的就是漫游和等待。

事实上,在女儿露特出生后,一家三口住在郊区农舍的生活,一度由于经济拮据而难以为继。最后,夫妇俩选择了分居,女儿交由外祖母照看,从此,里尔克开始了真正意义上的漫游和独居。

1902年,他到了巴黎,次年又独自游历罗马,并在1904年造访瑞典。其间生活的贫困、悲惨和寂寥是常人难以想象的。好在这个时候的里尔克,又重新联系上了莎乐美,那个让他的心灵感到安宁和幸福的女人。虽然天各一方,人事变迁,但他们又开始了频繁的鸿雁传书,互诉情肠,相互慰藉。也是在这个时候,诗人的艺术创作日臻成熟和完善,最终达到巅峰,他终于在这样的漂泊浪迹中找到了最佳的生存状态。

同时,我们也不难发现,在他后来独自行走天涯的日子里,又出现了许许多多女性仰慕他或者与他关系暧昧,她们中还很有几位已经年过半百。比如,整整大里尔克20岁、被他称为"替代母亲"的伯爵夫人马丽·封·图恩·翁·塔克西丝,像宠孩子般爱着里尔克,把风光无限的亚得里亚海滨的杜伊诺城堡留给他。才华过人的里尔克果然不负她所望,终身力作《杜伊诺哀歌》便在此诞生。对于后来那些投怀送抱的女性伴侣和其他更多短暂肤浅的风流韵事,似乎并不值得在此赘述了。因为他在给莎乐美的信里曾这样一个字一个字地坦白:"只有你才是真的。"他在心里装着这样一位让自己安心和踏实的、富有母性情怀的女性伴侣,也许就足以成全他独步天涯的漂泊岁月。

1926年那个寒冷的岁末——一如51年前诗人降生的那个雪花纷飞的冬天,里尔克孤单一人,与世长辞,死前身边没有一个亲人陪伴。但我们已经明白,他的内心必定不是茕茕孑立,因为诗人的爱情与他终生相伴。让我们感到欣慰的是,诗人离世后,一生阅人无数的莎乐美在《生命的回顾》中这样淡淡地写道:"我是里尔克的妻子。"也许只有这样明了而简洁的表述,才能让世人理解,他们之间的爱情,早已挣脱了婚姻的枷锁,超越了性的欢愉。他们之间的爱情,吟诵在里尔克那首孩子般的诗里:

我总是在奔向你,
我走路总像在奔跑。
如果我们的心不在一起——
那么我是谁,而你又是谁。

诗人的爱情心理学观

今天,当我们研读《里尔克诗选》和《罗丹论》,当我们讨论着《旗手克里斯托弗·里尔克的爱与死之歌》,我们已经无从查证:这样一个多才重情却终其一生独自漂泊、游走异乡的诗人,究竟推崇着怎样的爱情思想?

事实上,在里尔克刚刚闪电结婚之后的写给朋友的一封信里,曾经这样表达了自己对婚姻、爱情等话题的看法:

> 我感到结婚并不意味着拆除、推倒所有的界墙,而建立起一种匆忙的共同生活。应该这样说:在理想的婚姻中,夫妻都委托对方担任自己孤独感的卫士,都向对方表达自己必须交予对方的最大信赖。两个人在一起是不可能的。倘若两个人好像在一起了,那么这就是一种约束,一种使一方或双方失去充分自由和发展可能的同心同德。

毫无疑问地,诗人在强烈捍卫着自己自由生活权利的同时,也逃避了他作为丈夫应与妻子共同经营一个家庭的责任。于他而言,他在寻找不断的灵感源泉来供给他创作的才思,而这并不是平凡而拮据的家庭生活能够给予他的。那一句"两个人在一起是不可能的",一语道破了里尔克内心深处对婚姻的认知观念。

也许你不禁要问:既然两个人结婚不是为了生活在一起,那么为什么还要携手步入婚姻的神圣殿堂呢?事实上,里尔克这样的做法绝非"前无古人、后无来者",陪伴他一生的精神伴侣莎乐美在自己的回忆录中,就讲述了自己与里尔克相似的爱情、性与婚姻的观念。莎乐美虽然终生维系了与柏林大学东方语言系的讲师安德烈亚斯的婚姻生活,但她也保持自己在精神和肉体世界上的自由,前前后后与包括存在主义大师尼采、精神分析创始人弗洛伊德等在内的众多才子大家密切交往过。与他们的交往不乏精神上的对爱情的追求与肉体上的对性的享受,对此,莎乐美也从不避讳,那本题为《在性与爱之间挣扎》的回忆录,动情地讲述了与婚姻无关的男女之谊。

于里尔克而言,虽然他自始至终没有书写那些出现在他生命里过客般的女人们,但从他写给莎乐美的私人信件中,我们不难发现诗人关于爱情、婚姻以及性的个人观念。对里尔克而言,他从莎乐美那里获得的无疑是真真切切的爱情的幸福,莎乐美那种母爱般缠绵的关怀和情人般贴心的抚慰,填满了诗人孩子般的心。这就是为什么我们看到里尔克从来没有向莎乐美提出过结婚的请求,更别说要求莎乐美和丈夫离婚了——因为他安然地享受着爱情的幸福——这对他来说已经足够。直到有一天,他被迫离开莎乐美温柔的臂膀,他所爱的金发画家也离他而去,身边和自己差不多年纪的青年才俊也都相继结婚,他才终于服从了世俗的安排,匆匆娶了一位善良的姑娘,并和她迅速生育了一个女儿。然而,当这段婚姻已经满足了它的功能——生殖繁衍。以后，里尔克便迫不及待地告别了婚姻生活，去追求让他着迷的艺术创作，并在这个过程中继续享受着生命中动人的爱情与性。后来数不胜数的女性与他鸿雁传书，不少还投入他热情的怀抱——便是最好的明证。从这个层面上看，里尔克未曾明说的爱情观似乎在很大程度上吻合了爱情模块理论的假设。他没有奢求和自己深爱的人结婚，然而他一生都享受着她的疼爱和关怀，因为爱情在此完成了它的使命——让相爱的人沉浸在幸福里；他娶了一位善良的姑娘，在女儿降生后，短暂的婚姻生活便被长久的分居代替，因为婚姻也完成了它的使命——繁衍；最后，浪迹天涯的诗人以他独有的才情吸引了众多慕名而来的女子，无论是精神还是肉体的欢愉，都不曾让漂泊他乡的心再痛苦，因为性也完成了它的使命——快感。

这也是为什么我们很难再找到后来他对交往过的女子升华到文学高度的纪念文字。其中似乎暗示着，诗人后来所拥有的肉体上的快感和他从莎乐美那里所得到的精神抚慰相比，是无论如何也无法相提并论的。男人在空虚寂寥时所沉湎的"性"，只是为图一时之快，以满足生理的需求。而"爱情"却隶属于精神层面的交合，特别是从小缺失母爱的诗人，只有在爱情的浸浴和母爱般的抚慰中，才能获得那种让人昏沉的幸福和满足。当"性"与"爱情"二者分离时，诗人对后者更加心存惦念。当"婚姻"完成了它繁殖的使命，诗人便踏上了异乡的旅途，开始了另一段全新的生活。

里尔克用自己的一生来把性、爱情和婚姻三者之间的世俗联结生生斩断。我们看到他在最后一段独居的岁月里，已经完全做到了这一点。他享受于把自己的内心和盘托出交予莎乐美——尽管这种情感的维系没有婚姻做砝码，更没有性爱的滋润。他认定了自己心之所属，便紧紧握住这段幸福——他的爱情，哪怕在我们看来，这种爱情来得这样虚幻；哪怕他们明明相爱，最终却只能相忘于江湖。

15

茨威格：游走在时代边缘的爱

> 爱情的陶醉和颤栗，占有的痉挛，探听不到秘密激起的怒火，全都消逝得无影无踪：只有爱情带着忧伤甘美的滋味把他紧紧地搂住，一种已经几乎没有任何渴望、可是无比强烈的爱情。
>
> ——茨威格

斯蒂芬·茨威格（Stefan Zweig, 1881—1942）

15 茨威格:游走在时代边缘的爱

他虽然没有获得诺贝尔文学奖,但在世界文坛久负盛名;他虽然功成名就,但却服毒自尽。他是世界文学界一颗璀璨的星星。他将精神分析灵活地应用于文学创作之中。他就是斯蒂芬·茨威格,奥地利著名作家、小说家、传记作家。其代表作有《马来狂人》、《夜色朦胧》、《一个陌生女人的来信》、《罗曼·罗兰》、《三大师》等。让我们跟随大师的脚步走进他的内心世界……

解读人生

身世显赫

1881年12月28日,茨威格出生于维也纳一个富裕的犹太工厂主家庭。父亲莫里茨·茨威格性情沉稳内敛,谦和谨慎,聪明而有涵养,事业心强,与大多数的同行相比,他要体面得多、有教养得多,不仅钢琴弹得非常出色,还说得一口流利的法语和英语。母亲伊达·布莱陶尔是个富家小姐,相貌美丽,性格独立,谈吐高雅,善于交际。两家都属于维也纳上层阶级,茨威格自幼便受到良好的教育和资产阶级上流社会的文艺熏陶。

少年得志

少年时期的茨威格就显示出在语言和文学上的天分:16岁便在维也纳《社交界》杂志上发表诗作;1901年,第一本诗集《银弦集》出版,使他成为维也纳诗人中的佼佼者;刚满20岁,就经常在《新自由报》的副刊上发表文章,对于青年作家来说这简直是莫大的荣耀。

漫游时代

中学毕业后,茨威格进入了维也纳大学攻读德国和法国文学。为了不使自己停滞不前,1901年秋至1902年春他前往柏林学习,接触了被社会唾弃而生活在社会底层的人,了解到了社会的阴暗面,使他视野开阔,思想变得复杂。也正是在这一时期,茨威格决心不再贸然写作,而从翻译外国作家的作品开始,并结识了威尔哈伦,与之成为莫逆之交。

取得博士学位之后的茨威格并不着力寻找工作,在1904年至1914年间他几乎游历了大半个欧洲,在巴黎结识了奥地利诗人里尔克、雕塑家罗丹,在伦敦遇到了哲学家罗素。1910年,他还踏足印度,两年后又前往美国、巴拿马,之后的几年还漫游了意大利、西班牙和荷兰,每一次旅行都带给茨威格许多收获。

心灵焦灼

第一次世界大战爆发后,茨威格在维也纳的战争档案馆进行后方服役,但是这里的工作并不能使他内心平静。经过一年对战争的观察、对形势的分析,他萌生了创作《耶利米》来反对战争的构想,1918年,该剧在苏黎世首演就取得了巨大的成功。之后,他长期隐居在萨尔茨堡的托钵僧山上埋头写作。在此期间,他创作了大量作品,硕果累累,如中篇小说《马来狂人》、《一个陌生女人的来信》广为流传;传记《三大师》、《罗曼·罗兰》、《与妖魔搏斗》广受好评;《人类星光灿烂的时刻》被收录在教科书中。他也在被誉为"欧洲的别墅"的托钵僧山上接待了来自各地的友人,结交了更多的朋友,其中也包括俄国文学的杰出代表高尔基,并在日后与他建立起了深厚的友谊。奥地利心理学家弗洛伊德也与茨威格有着长达30年之久的感人友谊,因受弗洛伊德的影响,他在后来传记写作中尤为偏重对人物心理的刻画。

20世纪30年代,纳粹在德国崛起,希特勒的排犹主义令茨威格憎恶。国会纵火案的发生,让当时正处于事业顶峰的茨威格决定移居英国。其间,他的书不能在德国出版,他为理查德·施特劳斯写的歌剧《沉默的女子》也受到了纳粹的抵制。希特勒上台之后,茨威格便走上了流亡的道路。1941年夏,茨威格离开侨居多年的伦敦,取道美国移居里约热内卢。在生命最后的日子里,他完成了自传《昨日的世界》,创作了小说《象棋的故事》。"精神故乡欧罗巴"的沉沦让他如此绝望,以致在1942年2月22日,茨威格同他的第二位夫人夏绿蒂·阿尔特曼在里约热内卢近郊的佩特罗波利斯小镇的寓所内相拥躺在床上服毒自杀。就这样,一代文豪悲伤地离开了这个世界。

15 茨威格：游走在时代边缘的爱

解读女人

"陌生女人"

亲爱的斯蒂芬·茨威格先生：

　　为什么我轻易地做出了别人认为"不合适"的事情，对此也许不必进行解释。这里我也不想谈，为什么在平时我自己也会觉得这样做极其可怕：昨天我在维也纳待了半天一夜，离开我住的风景秀丽的乡间，离开我的磨坊，那里林木森森，绿水环绕，没有城市的喧嚣。于是发生了一个巧合。几年前一个夏天的晚上，吉拉尔第在施台尔彻饭店举行告别音乐会，我在那里看见过您。有人对我说：这就是斯蒂芬·茨威格。我当时刚读完一篇您的中篇小说，我也读过您的十四行诗（我不知道，是不是在当时我已经接触到这首诗），诗的音韵一直在我身边萦绕。这是一个美好的夜晚。我想，您是和朋友们坐在一起，他们情绪热烈，或者看上去似乎情绪热烈。这次邂逅在我的生活里简直像是一个转折点。夜很深了，我们才乘坐一辆漂亮的快递汽车驰回维也纳。——昨天在特霍夫饭店您又坐在我的旁边，一个朋友带给我一本《生命的颂歌》。今天一清早我重返我消夏的乡居时，随着车轮的滚动，我读了这本书，车窗外广袤的田野，沐浴着灿烂明亮的阳

茨威格第一任妻子弗里德里克

光。此时此刻，我觉得向您致以问候是再自然不过的事情。这些颂歌实在太美了！有几首我是熟悉的。我非常喜欢《话语》这首。这首诗登在《海岛年鉴》上，我已经大声朗读过好几遍。昨天我坐在您旁边，突然想到：一个人一辈子是否翻译过彼拉坦、斯特林堡或者萧伯纳——或者是否翻译威尔哈伦，这并不是无所谓的事情。你翻译谁的作品，我就能告诉你，你是什么样的一个人。你怎么翻译，也说明你大概是个什么样的人。'再创作'，真是妙不可言！我也写作。也许前几

天您已经读过了我写的什么,或者眼睛一扫而过。我真想从我最亲爱的这个天地里寄点什么给您,作为对您的问候。您为什么住在城里?其实根本就不应该住在城里。在我这儿一切是多么美好。但愿您也生活得这么美妙。

有人看见我的圣诞节书单上有《特西特斯》的名字,就向我讲起您的阳台如何如何。我是从他那儿得到了您的地址。我想,您不会跟任何人谈起这封傻里傻气的信。我写这封信,也并不是要您写什么回信,虽然您的回信会使我高兴。如果您真有兴趣回信,请寄玛利亚·封·W.康普河畔罗森堡。

谨致问候!

1912 年 7 月 25 日
F. M. V. W

1912 年 7 月,茨威格收到了这样一封没有署名的来信,就此一位"陌生女人"闯入了他的世界,开始了他们之间不寻常的爱恋,她就是茨威格的第一任妻子——弗里德里克·玛利亚·封·文特尼茨。

在当时,弗里德里克是位颇有才气的女作家,她的丈夫是位年轻的军官,虽然相貌堂堂,却不知进取,整日挥霍无度,而家里还有患病的女儿,夫妻感情早已破裂。

1908 年,在维也纳郊外,吉拉尔第在施台尔彻饭店举行告别音乐会,是茨威格与弗里德里克的初次相遇,这晚的邂逅成了弗里德里克人生的转折点。1912 年 7 月 24 日,在里特霍夫饭店,茨威格的微笑鬼使神差地促使了弗里德里克写信给茨威格,像少女时期崇拜偶像一般。从那之后,他们的书信往来越来越频繁,互通电话,交往甚密,感情发展也极为迅速。几个月后他们俩的关系已很亲密。

一次,茨威格的剧作《海滨之屋》在汉堡进行演出,他特意在自己下榻的酒店为弗里德里克预定了房间,并在屋内摆满鲜花,还安排剧院的导演接待弗里德里克,把她的行程安排得满满的。由于当天没见到弗里德里克,心里很不好受,茨威格就找借口说第二天是他的生日,邀请弗里德里克同游吕贝克,一同度过了美好而难忘的夜晚,正是这一晚为两人感情的发展奠定了基础。

而这只是一个开始,想要真正在一起并非易事。在奥地利,尽管人们在男女问题上态度极为放纵,对婚外恋习以为常,情夫情妇也为人所默许,不以为忤,但唯独不许离婚,即便得到特准,破例可以离婚,离婚后的女人也为人所不齿,更不得再嫁。但这也并没有阻挠他们俩想在一起的决心,凭着弗里德里克的坚毅、聪明和真诚,几经波折,她终于办妥了离婚手续,与茨威格结合。

可是战争搅乱了他们平静的生活,茨威格感受到前所未有的压力,他不知所措,更无法安心进行写作,是弗里德里克耐心的劝导,和她的柔情,使茨威格最终得以平静。在后来相处的日子里,弗里德里克默默地容忍了茨威格恶劣的情绪、暴躁的脾气、自由的生活习惯,也没有因此感到不幸,并总是给予茨威格关心、理解,还积极地鼓励他创作出更多更优秀的作品。但茨威格仍抱怨没有女秘书跟在身边使他无法事半功倍地完成工作,弗里德里克没有及时卖掉托钵僧山上的别墅也让茨威格焦躁不安。这些渐渐出现的不和谐音符最终成为了两人婚变的导火索。

在茨威格与弗里德里克的爱情中,弗里德里克无条件地爱着茨威格,欣赏着他的作品,而茨威格只是把弗里德里克作为生活的伴侣,不复当初的柔情与温存,维系着两人感情的只有友谊。这正是他们婚变的真正内在原因。

巴 黎 之 恋

在与弗里德里克交往之初的1913年,一位名叫玛赛尔的巴黎女人同一时间也悄然走入了茨威格的世界。与弗里德里克完全不同,玛赛尔热情如火,性格奔放。在与茨威格初次见面的第六天,就委身于他。他们在一起度过了许多个销魂的日子,沉浸于肉体的欢娱之中,完全摆脱了精神上的思考。她坦率地告诉茨威格,她需要有个孩子,希望从头再活一次。但两个女人也惊人的相似,即她们都毫无保留,都愿意奉献自己,不图回报地去渴求茨威格那份唯一的爱。由于第一次世界大战,这段巴黎之恋也被迫中止。

同 情 之 爱

1933年,为了撰写《玛利亚·斯图亚特》,茨威格需要一位打字员。几经周折,终于找到了一个逃亡到英国来的德国大学生——26岁的夏绿蒂·阿尔特曼,她身材修长,沉默寡言,性格忧郁,非常内向,举止端庄,很有教养,工作也认真负责、尽心尽力。她每天与茨威格一同工作,很快便对他产生依恋和仰慕之情。虽然论相貌,夏绿蒂远不及弗里德里克,但是她年轻,使茨威格心动不已。在夏绿蒂面前,茨威格好像也年轻了很多,使他男性的尊严得到了满足,好像又迎来了第二个春天。

对于夏绿蒂的爱,茨威格显示出的更多是同情,他同情她危险的处境,同情她羸弱的身体,同情她可怜的命运,他担心她被关进集中营,担心她的健康,希望自己可以照顾她,想尽办法保护她。在与弗里德里克离婚后,他在给弗里德里克的信上仍希望她保留茨威格这一姓氏,这就可看出弗里德里克在茨威格心中所占据的份量之重。而可怜的夏绿蒂毕竟太年轻、太单纯,虽然当时走入了茨威格的生活,但她只是茨威格的生活的伴侣和工作的帮手,永远无法进入他内心深处世界。

解读爱情

在茨威格笔下,爱情读来总是荡气回肠。每每读完茨威格的作品,都能感受到爱的力量,时而缠绵悱恻,时而震撼人心。作为一名男性作家,如果没有亲身经历过一场轰轰烈烈的爱情,如果没有对女性的细致观察,如果没有对女性报以高度的尊重与关怀,不可能通过自叙的口吻来真实地描写女性,也不可能入木三分地刻画女性的内心世界,更不可能塑造出这般真实感人的女性形象。究竟爱是什么?又为何让人忘乎所以,引得众人追逐?

一人之爱

并非所有的爱情都是同时萌发的,我爱她不爱,他爱我不爱,是两人频率的不同所造成的。也许,有的时候,爱情不一定是两个人的事,爱可以是一个人的热烈、一个人的感动、一个人的孤独、一个人的坚持。歌德的那句"我爱你,所以我希望我不成为你的负累;我爱你,所以希望你能拥有更多的幸福;我爱你,所以与你无关。"很好地诠释了《一个陌生女人的来信》中女人的心境,一个女人从13岁起默默承受着一切,被误认为卖笑女郎,被所爱的人遗忘,面对爱情结晶的夭折,她仍觉得自己是幸福的。

爱不爱你是我的事,是否回应我的爱是你的事,你可以不爱我,但不可以剥夺我爱你的权利;你可以不爱我,但让我默默地注视你;你可以不爱我,但请让我依旧爱你。谁说一个人的爱不幸福,谁说一个人的爱不叫爱。爱可以很安静,只属于一个人。一个微笑、一个眼神、一句话、一切细小琐碎,在旁人眼里微不足道的事情都可以让人回味许久,都会在心头萦绕多年,都会让人嘴角露出浅浅的微笑。一个人的爱同样可以刻骨铭心,一个人的爱同样可以撕心裂肺,爱情怎么就一定要与你有关呢?

奉献之爱

尼采曾在《快乐的科学》中说:"女人对爱情的理解是非常清楚的:这不仅是奉献,而且是整个身心的奉献,毫无保留地、不顾一切地。她的爱所具有的这种无条件性使爱成为信仰,她唯一拥有的信仰。"确实,爱是奉献,不是索取,不图回报。爱也不是投资,不核算成本,也不考虑得失。爱也不用讨价还价,无须你争我夺,爱是无价的。为了爱,甘愿牺牲自己,放下尊严;为了爱,甘愿选择死亡,放弃生命。

在茨威格的笔下,女人多半是乐于奉献的,《一个陌生女人的来信》中的女人是这样,《一个女人一生中的二十四小时》中的女人也是这样,她们都甘于为男人奉献,好像天生就应该是这样。茨威格能写出这样的女性是与他自己的生活密切相关的。在他一生中,无论是弗里德里克,还是玛赛尔,或是夏绿蒂,她们都愿意为其奉献、为其牺牲。弗里德里克为其操持家务,无微不至地照料他的日常生活,茨威格仍抱怨不断;夏绿蒂更是可以为了他,愿意与他同生共死。茨威格给女人的爱赋予了奉献的深刻内涵——付出便是一种幸福,何必一定要有回报呢?

激情之爱

爱不仅仅是卿卿我我、你侬我侬的甜言蜜语,爱还需要性来加以配合。性这一原始欲望是爱的生理基础,是爱不可缺少的组成部分,性行为、性表达能最大限度地促进双方的亲密关系与结合,并滋养出美好的爱情。在突然爆发的原始情欲的支配下,会使人肆无忌惮,会使人抛弃传统陈规,甚至使人疯狂。

茨威格似乎尤为赞赏这种顺从本能、放纵情欲的行为,在他的很多文学作品中都有类似的描述。情欲一旦被激发,常常如同飞蛾扑火一般,不顾一切,不计后果,如同洪水猛兽,来势汹汹,不可收拾。确实,爱需要这样的"出轨",也需要这样的"情欲",它给人们带来快感,在这种灵与肉的结合、性与爱的体验中,最终达到彼此之间爱情的强化和情感的升华。

区别之爱

波伏娃曾有过"男人的爱情是与男人的生命不同的东西;女人的

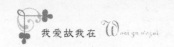

爱情却是女人的整个生存"的言论。茨威格笔下的男人和女人很好地诠释了这句话。《一个陌生女人的来信》中的女人，自始至终都死心塌地、近乎疯狂地爱着R先生，她将自己的整个生命和存在都寄托在两人的相遇带给她的狂热之上，终身为他而哀怨痛苦；而那男人呢，不但从未记得她的面孔，即便是他们曾共度的销魂的夜晚也忘记了。每当再次见到陌生女人时，他的神情都仿佛是第一次相遇，那种充满蜜意的、既脉脉含情又荡人心魄的目光，总能一次又一次地把他的魂魄都勾过去。很明显，对于R先生来说，陌生女人就像他生命中匆匆过去的其他女人一样，犹如过眼云烟，这显然与陌生女人将他视为她生命的全部极不对等。陌生女人曾说："只要你叫我，就算我在坟墓里，也会涌出一种力量，跟着你走。"

不 朽 之 爱

在茨威格生活的那个年代，人们在男女关系上甚为放纵，但茨威格对此极为反感，甚至抗拒。在自传《昨日的世界》中，他专门用了一章对当时的社会进行了强烈的控诉。在他心目中，他有自己独立的爱情观，爱可能是热烈的，可能是孤独的；爱需要奉献，需要牺牲；爱需要感动，需要坚持；爱不受束缚，不受诱惑，爱不求回报、不计得失，爱神圣不可侵犯。

茨威格一生始终追求着这样不朽的爱，他自知无法在现实中找到完美的爱情，就将自己的理想与期望寄托在文学创作的精神世界之中。而小说《一个陌生女人的来信》中最后那朵爱情的玫瑰，就是他精神的乌托邦。

从茨威格与他生命中的三个女人的关系中，我们不难探查出茨威格的爱情心理观。最初，他与弗里德里克的爱可以说是完美的爱，他们相互吸引，相互爱慕，相互厮守，他们的爱是斯腾柏格说的"亲密、激情、承诺"的完美结合。但是，茨威格从小生长在贵族之家，习惯于受人照顾，并视之为理所应当，这间接造成他对爱情的态度也是如此，他的爱很多时候都是自私的、索取的。当独立的弗里德里克不再能满足惯于依赖的茨威格时，缺少了承诺，他们的爱仅剩友情之爱。这时，年轻的夏绿蒂出现在他的生命中，正如进化心理学中所述，男性更偏好年轻的女性作为自己的择偶对象，加之夏绿蒂对他也极为倾慕，成就了他俩之间的同情之爱。但好景不长，从第一次世界大战开始，茨威格就被战事深深地困扰着，终于，这位奥地利文学大师饮毒自尽。

16

德莱塞："爱情是欲望与环境的棋子"

De Lai Se Ai Qing Shi Yu Wang Yu Huan Jing De Qi Zi

> 确确凿凿的是爱情，是对宇宙的完全奇异反应，是世界上最了不起的东西，因此也是最使人吃惊的、最有尊严的和最有艺术特质的东西。
>
> ——德莱塞

西奥多·德莱塞(Theodore Dreiser, 1871—1945)

16 德莱塞:"爱情是欲望与环境的棋子"

心理,是主客体相互作用的产物;爱情心理,更是欲望与环境互动的结果。你若不信,请听美国文学大师西奥多·德莱塞对此怎么说。

功成名就、步入暮年的德莱塞曾向侄女维拉感叹:"和我有过恋爱关系的女人有一千多个,但我拿不准真爱过哪一位。"

这与我国武侠小说中那位风流倜傥、英俊潇洒、武艺高强、吸引过无数美女的大理国王爷段正淳有着异曲同工之处。与其说他拿不准真爱过哪一位,不如说他个个都爱过,但个个又都忘掉。爱的时候轰轰烈烈,如同天上炸开的烟火,但这烟火很快燃尽,于是在另一块天地又绽放了另一种颜色。

你能说他"花",但不能说他坏。有人生来痴心绝对,为何就不能有人生来就是花心的种?有人生来向往永恒之一恋,为何就不能有人偏执于永恒之乱恋?

与其胡乱地为他套上道德败坏的铁链和枷锁,不如和和气气地听听他怎么为自己的"花"来辩护。段正淳充满纨绔子弟般的激情直白地说:"每个女人我都爱,是实实在在的爱,真心的爱,我就是这种人。"

而作为大文学家的德莱塞,以《嘉莉妹妹》和《珍妮姑娘》等小说,以及他自己丰实的爱情经历对我们说:"爱情,是欲望与环境的棋子。"

操纵爱情的一只大手——欲望

欲望,一个太可怕的字眼,多少人因此沦为阶下囚,多少人因此身败名裂。但它又是一个多么鼓舞人心的字眼,多少人为之创造财富,多少人为之实现梦想。更为厉害的是,欲望对爱情——这个为人类所特有的、美好的、伟大的、被无数文人志士歌颂过的东西,也发挥着巨大的魔力。

德莱塞,一个出生于古板的德裔宗教家庭,心思细腻、敏感,长相温文倜傥的年轻男人,太懂得这欲望的魔力了。初中时,他迎来了第一个爱慕对象——卡尔弗特老师,在她身上,他感到一种温暖亲切的爱意。在大学以及除了当记者的那些岁月中,他经历过几次恋爱,但都由于羞怯、不自信以及对婚姻和生孩子的恐惧而没能在恋爱中建立

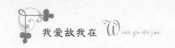

稳固的关系,甚至因此遭到女友的讽刺和打击。无法舒张的情欲越发使德莱塞幻想连连,充满渴望。随着恋爱经验的积累,德莱塞终于享受到了性的愉悦,而这也仿佛打开了他那压抑许久的性欲阀门。他喜欢那些身材丰满、主动随便的成熟女人,因为她们使他感觉刺激;他爱慕那些生气勃勃、天真无邪、脸盘如花蕾一样的花季少女,因为她们让他产生"天然般"的爱恋之意。他在圣路易斯邂逅了他的第一任妻子萨拉·怀特——一位温柔、善良、娴淑、传统、细心的女子,他们并没有一开始就发生性关系,而是手拉手散步街头,一起弹奏钢琴,享受浪漫,享受美好,即使有好一阵子两地分居,两人也保持着甜蜜的书信交往,即便当中有些小波折,两人仍深爱着彼此。在经过四年的爱情长跑后,两人于1898年12月28日步入了婚姻殿堂。

之后,萨拉在努力扮演好家庭主妇角色的同时,也帮德莱塞纠改文稿错误、誊写手稿,婚姻生活十分美满。但奇怪的是,德莱塞从未将自己已婚的事实告诉过同事,这或许是一个风流才子害怕受婚姻束缚而采取的简单方法吧。这也隐隐暗示着:德莱塞迟早要另寻他爱。果不其然,1903年他迷上了疗养期间的女房东之女。1909年他跟同事的女儿、18岁的塞尔玛产生了恋情。虽然在重重阻力下,这段恋情终告失败,但受了伤的萨拉开始与德莱塞分居,最终两人的婚姻破裂。而后,德莱塞继续着风流韵事,与同事,与妓女,他总是不厌其烦地重复着追女人、甩女人的过程,女人似乎只是用来满足他那永无止境的欲望的工具,而真正的、永恒的爱情又在哪呢?他只是说:"我认为真正的激情是悄无声息、无法控制的,欲望是致命的。"

1919年9月,48岁的德莱塞遇到了后来作为他妻子的25岁的海伦·理查德森。他们都是有过婚姻经历的人,而他们正式进入婚姻是在20多年后。他们经历过多部杰作的受阻与轰动,享受过名利带来的奢华生活,他们既是生活上的伴侣,又是写作上的搭档。但德莱塞仍是德莱塞,20多年来,"德莱塞醉心于海伦,但也放弃不了其他的女人,不论是过去的、现在的、还是将来的"——德莱塞研究者蒋道超如是说。德莱塞的这些女人中,玛格丽特对他影响最大,是他写作上的左右手,她在德莱塞生命最后几年给了他极大的鼓励和爱抚。最终,德莱塞与一直伴随他的海伦举行了婚礼,也将他对爱的深深感悟融进了小说。

"爱情是一种爆炸性的力量,可以破坏生命,然而,她确实是生命存在的中心。"德莱塞曾这样说。这句话生动描述了爱情的摧毁力和神圣性,但却丝毫没有表达出爱情的精髓来自专一和永恒的观点。或

许这爱的精髓,放置于"文明还处于中间阶段"、"不是兽类""又不完全像人"的芸芸众生中,很难得以实现:

我们的文明还处在一个中间阶段——我们早已不是兽类,因为我们的行动完全不受本能的支配;可又不是完全像人,因为我们还不止是受理性的支配。老虎是不负责的。我们看到大自然赋予它生存所必需的一切力量——它只服从于与生俱来的本能,不知不觉地受到庇护。我们认为,人类早已远离丛林里的穴居生涯,他们天生的本能由于太接近自由意志反而迟钝了,而自由意志还没有得到充分发展,足以取代本能,并对他们的行动加以正确指导。人们已变得太聪明了,不肯老是倾听本能和欲望;不过,他们毕竟还是太懦弱了,所以始终战胜不了本能和欲望。作为兽类的时候,大自然的力量使他们跟本能与欲望混为一体;可是作为人类,他们还没有完全学会让本能与欲望听从自己支配。他们处在这种过渡阶段左右摇摆——既不能主宰自己的本能跟大自然保持和谐,也还不善于按照人的自由意志理智地创造这种和谐。

这是德莱塞在《嘉莉妹妹》第八章开头的论述。

德莱塞所谓的本能、欲望与意志、理性的概念,无疑契合了几乎同一时期蓬勃发展的弗洛伊德的"本我"、"超我"观。本我是欲望的象征,它让男人看到美女就想占有;超我遵循道德法则,它提醒男人忠贞不二。在二者之间,弗洛伊德还提出了"自我",它既能意识到本我的需要,也能认识到现实世界的要求,它遵照"现实原则",主要任务就是协调本我与超我的关系。比如说,一个饥饿而又身无分文的人走过面包房,看到玻璃窗里的各式各样的新鲜面包,闻到弥漫在空气中高浓度的香味,他心里将何等难受!可是为什么会难受呢?因为他想吃又不能吃。没钱买也不能冲进去抢。因为这是规矩,这是道德,而这就是超我。这里不难看出,"想要吃"是本我,"不能吃"是超我,而最后这位可怜的人是吃还是不吃则需取决于自我的协调。挣扎过后,自我将票投给本我,则他就奋不顾身去抢或偷面包;自我将票投给超我,那他就乖乖咽下口水,默默留下背影。同样,当一个美女摆在男人面前时,男人们那由性欲控制的本我和那由道德法律约束着的超我将会进行强烈的斗争。在这场残酷的战争中,自我作为审判大使,宣布前者获胜,男人就投身于另一个女人的怀抱;宣布后者获胜,男人就会按捺不动。

可被欲望操纵的爱是真爱么?弗洛伊德没有给出答案,而德莱塞也踌躇了,更准确地说,德莱塞的那句"拿不准真爱过哪一位"和《嘉莉妹妹》《珍妮姑娘》中那些"男一号",给出了答案。

赫斯特伍德,《嘉莉妹妹》男一号。如果说他对嘉莉一开始的着迷是出于对美丽的先天的倾慕和单纯的欲望,那么后来他为嘉莉失去家庭、失去名望、失去地位,两人一同私奔、自行奋斗,则可见其执著与真心。虽然最后他在德莱赛的笔下沦为了乞丐,惨死在贫民窟,但他的悲剧留给读者的是同情而非庆幸,他对嘉莉的爱情留给读者的是感慨而非不屑。

进化心理学说,男人最看重的是资源,是财富,因为这样才可以吸引女性,才可以养活后代以延续自己的基因。可赫斯特伍德为一个女人放弃了财富——这男人看重的东西,难道还能说他不是真爱吗?可悖谬的是,当他放弃财富后,他真爱的女人离他而去了,他失去了爱情,失去了一切。从这个意义上来说,真正的爱情,敌不过深藏在人类潜意识中的动物属性;真正的爱情,注定是个悲剧——让人回味称赞的悲剧。

莱斯特,《珍妮姑娘》的男一号,一位名副其实的富家子弟。他将一份真挚而动人的爱情呈现在了我们面前。追求珍妮,德莱塞说得很清楚,因为莱斯特被她的美貌和单纯所吸引。他强烈地想拥有她,他疯狂地写情书,甚至强吻她,而她到底是不是他的真爱,他压根儿没有想过,更不要说娶她。欲望,就是他那爱情的始作俑者。但慢慢地,他真爱上了珍妮——一个生活在社会最底层的女佣。莱斯特没有花心过,平静地享受着没有婚姻的家庭生活,礼貌地接纳着珍妮的父母家人,默默地欣赏着珍妮的善良、大度、平和以及那份"安详的,毫不动摇的勇气",即使他知道珍妮有个私生子,即使他受到自己父母兄妹的威逼。虽然最后他没有敌过重重阻碍,放弃了珍妮,但在他临死前与珍妮相伴时的那句"只爱你一个",仍令人感动不已。

财富和爱情,不可兼得也——男人们如同莱斯特和赫斯特伍德般或许经常这么感慨。值得关注的是,德莱塞容忍了别的男人和自己女人的孩子在自己屋檐下蹦蹦跳跳,还和自己的女人也坚持着没生孩子。这对人类传宗接代的本质又是一大挑战——真爱下了这份挑战书。

德莱塞本人的爱情无法书写这种催人泪下的结局,但他对真爱的向往却是不言而喻。大家都在欲望面前坠入爱河,之后,有人辗转到不同的河流,有人仍从一而终罢了。

这就像人们常说的那样,长年的夫妻生活就是"左手牵右手",没感觉,没激情。不同的是,有的人继续咀嚼索然无味的生活,而有人则

16 德莱塞:"爱情是欲望与环境的棋子"

向往寻求激情,展开婚外恋,或者索性离婚再恋。没法判断哪种选择更好,继续坚守的踏实心安,珍惜已得欣赏已有,是宽容与乐观的表现。婚外恋,往往叫人难以预期,碰到了,爱上了,挡也挡不住。人都有欲望,更何况已有的不一定是那适合的"另一半"。从这个意义上说,婚外恋是洒脱和勇气的表现。

德莱塞以男人的视角,用自己的经历与对赫斯特伍德和莱斯特的描述诠释了性欲对爱情的操控,而对于爱情中的另一主角——女性,爱情则成为了实现物欲的手段。其中的佼佼者当属嘉莉妹妹。

华丽的衣服,可口的佳肴,精致的住处,闲适的生活,当这些美好的事物陆续在一个年轻漂亮、好幻想的乡下妹——嘉莉面前出现时,会在她那未开化的心里激起多大的涟漪。

换位思考。当这些放在我们寻常老百姓面前,谁又能保证不心动呢?即使拥有了这一切的人们也仍渴望着更好更美的生活。就像德莱塞说的那样,"人类还没有完全学会让本能与欲望听从自己支配"。欲望是个无底洞。因此才会有一错再错的囚徒,一贪再贪的巨贪;才会有拼死老命赚钱的城市达人;才会有以购买宝马作为理想的小学生;才会有驻足于绚丽橱窗外久久不愿离去的年轻少女……物欲,它在人们心中占据的空间或多或少,人们满足它的手段或正或邪,但它似乎流淌在每个人的血液中,成为人类集体无意识的一部分,毕竟完全脱俗、完全抛开物欲的人实在太少。

这里,我们还有必要说说集体无意识。集体无意识是瑞士心理学家荣格提出的概念。它是祖先世世代代的活动方式和种族经验库储存在人脑中的遗传痕迹,是一种我们一直都意识不到的东西。我们的祖先拼命打猎、摘果子,拼命想要吃好穿好,发展到后面还要用贝壳、碎骨做成首饰佩戴。爱财、爱美,就成了我们的集体无意识,不知不觉中影响着我们的行为。

回头看嘉莉,如果说她跟德鲁埃更多的是被穷困所逼、走投无路,那么后来遇到更加有钱、有品位,全身散发着成熟男人魅力的赫斯特伍德,并不顾及德鲁埃而与之频繁幽会,并最终与其同居,就可被称为所欲而安了。你不能胡乱指责嘉莉道德败坏,因为她没做任何伤天害理的事,只是随心所向,只是被人类与生俱来的欲望基因所控制。

简单一句话,欲望,点点滴滴影响着爱情,影响爱的时限,影响爱的强度。男人在爱情中常受性欲操控,女人的爱情往往由物欲摆布。这就是进化心理学主张的理论的,女性喜欢与资源丰富的男性结合,因为她要保证自己和子女安稳的生活;男性会寻求健康美丽的配偶,

因为他要确保自己的基因得以延续。

深受达尔文影响的德莱塞在小说中将这欲望与生存紧密联系,而爱情似乎成了这二者相连的最浪漫形式。

操纵爱情的另一只大手——环境

说到生存,一个不可回避的词语立马浮现——环境。生存即在环境中生存,生存即是与环境的博弈。欲望来自本能,环境激发欲望,欲望是操纵爱情的一只大手,环境就是另一只大手。

德莱塞一生跌宕起伏。生长于一个信奉宗教却又乱七八糟的家庭。德莱塞年轻时从小城市进入芝加哥,做过洗碗工,帮五金店清理过炉子,干过舞台的杂活,做过调车场的工作,为房地产商做过推销,为洗衣房当过车夫。有过在纽约街头被穷困和迷茫笼罩几欲跳河自杀的无助,有过享受乡间豪华别墅的虚荣,被批评与责骂侮辱过,被名誉与光环包围过,与最底层的劳动妇女亲热过,和上层美丽动人的女士们恋爱过……他似乎体验过社会的种种生活形态,目睹过各阶层人们的种种表情。他对环境的变化异常敏感,他看待环境的眼光异常犀利。而环境与爱情的关系,放置于他的笔下,则透出了真实而生动的厚重感。

我们将环境分为内部环境与外部环境。这里的内部环境,指一个人的相貌、性情等自身条件,它往往直接或间接地影响着外部环境。嘉莉妹妹和珍妮姑娘无疑是难得的美女。单凭这点就足以增加她们的恋爱机会,更改她们的外部世界。如果嘉莉不那么漂亮,就不会吸引德鲁埃、赫斯特伍德,就不会成为明星;如果珍妮不漂亮,就不会被布兰德、莱斯特一眼相中。这冥冥中暗示着,有的人生来就将经受更多的考验。

这多少符合心理学中的"基因—环境交互模型"。社会的、人际的、心理的、环境的因素对我之所以成我、你之所以成你关系重大,而基因对我们如何改变、塑造周围的环境又有极大影响。

外部环境,即置于我们身外的环境。

"人比人,气死人"。这"气"实则是以上二者相比后造成的心理落差反应。

16 德莱塞:"爱情是欲望与环境的棋子"

先看《嘉莉妹妹》中的男主人公——赫斯特伍德,"伟大的美国上层社会——豪富以下第一级人物里——最受欢迎的一个"。有钱,但只是高级白领,拿拿工资罢了。有势,但这得取决于上层的大老板。他很清楚地知道即使自己穿得再体面、住得再高级,也只不过是显摆而已,自己的底气和身边那些真正有钱的人没法比。遗憾的是,他周围还都是名流、豪富,他的工作就是整天和这些人打交道。这一方面不断强化着他对物质生活无止境的追求,一方面也让他有机会接触到美丽动人的女士。一个家庭生活和谐的男人多接触一些女士倒也无碍,但一个男人如果身边伴有只会叫嚷指责、疯狂想要奢华生活、完全无法正常沟通的老婆时,很可能就要出事。家庭环境的一团糟与嘉莉的清新靓丽、自然单纯形成强烈对比,这可对赫斯特伍德的出轨作用不小。

再来看看嘉莉妹妹。一个未涉世的小镇姑娘来到芝加哥这样经济蓬勃发展的大都市,该是多大的冲击。那身她认为是最好的衣服与街上普通人更别说时髦女郎的相比,简直破败不堪;怀揣着到芝加哥打天下的梦,在遭遇屡次被人拒绝而找不到工作的窘境后,彻底破灭;发现制鞋厂女工每周只有 4.5 美元,连养活自己都难时,却老是在回家的路上看到橱窗里炫目的新衣和剧院外兴致勃勃的人群,该是多么的艳羡和失落。最后她终于病倒了,成为了姐姐的负担,单薄、绝望、无力,嘉莉该怎么办,就这么被芝加哥的霓虹淹没?爱情,成了摆脱困境的绳索。

德莱塞将一切描绘得真实而自然,你无法批评嘉莉,不然你要她怎么办?当爱情的阶梯放在她面前可以将她拖离苦海时,一个单纯而又向往美好的她,一个"无异于一茎弱草,任凭狂风暴雨吹倒"的她,一个意志还未茁壮成长到可以抵挡住欲望的她,顺理成章地爬上了阶梯。

欲望没有止境,环境瞬息万变;欲望驱动了决定,环境造就了欲望。当成熟、稳健、懂得欣赏自己的赫斯特伍德的出现,与骄傲、自大、没有内涵的德鲁埃一经比较,反差就形成,环境再一次抛给了她选择题,守住忠贞过个普通日子还是抓住机会拥有更好生活,靠意志还是靠欲望来解题,答案完全不同。嘉莉又一次没抗住欲望的驱使、环境的教唆,做出了选择。

当赫斯特伍德胡子拉茬、穷困潦倒,完全没了持家的责任感和男子汉气概时,嘉莉却开始了蒸蒸日上的演员事业。环境的两难问题第三次呈现。可怜的嘉莉,为何一次次处在这现实与触手可及的理想的反差中呢,为何一次次经受这尴尬的十字路口的考验呢?这一次,又是欲望做出了答案。嘉莉离开了赫斯特伍德,成为了明星。

爱情,像是竹棍搭制的房屋,可供人暂时躲避寒风、躲避雨水,但

当这风来得再凄厉些,雨来得再猛烈些,竹屋就会坍塌,而屋里的人就会另寻他处。

那有没有人冒着狂风暴雨仍坚守一地,竹房破了就修、塌了再建,执著坚韧地保家护地的呢?

有。嘉莉的姐姐明妮和姐夫汉森就是。无论再穷再苦,再怎么处于繁华喧嚣之中,他们都保守着自己的平静,远离周遭的诱惑,辛辛苦苦、踏踏实实地养家糊口。

再看看街头的卖艺夫妇,衣裳褴褛,唯有一把二胡或一支口琴。他们的演奏技艺乏善可陈,甚直是一塌糊涂,但不同于其他卖艺者,他们演奏的曲子并非哀怨苦闷、忧伤孤苦,而是充满了欢心和鼓舞,似乎生活的窘境并未遮挡他们心中的乐观向上,只不过是缤纷滋味中的一点苦而已。

回过头来看明妮夫妇,德莱塞虽然没有将他们描绘得乐观开朗,但对其踏实勤奋、相守相依、不离不弃还是给予了肯定。同时,德莱塞对于嘉莉的每次选择、每段爱情,也没有讽刺、不满,而是给予了极大的理解和包容。

如果说嘉莉的爱情是物欲与环境共同作用的结晶,那珍妮的爱情唯一凶手就是环境。

珍妮与参议员布兰德发生性关系,借此救出狱中的哥哥,因为她太善良。珍妮接受富家子弟莱斯特的追求,因为她的父亲双手致残,她要承担起填饱家人肚子的重担,因为她太善良。珍妮每一次投身爱情,都不能算是真正地爱上了谁,更多的是迫不得已而为之。珍妮更不同于嘉莉,她有着天生的淡定,从未要求过新衣,从未幻想过光鲜,她人生的重大决策来源于环境,又都由环境给出了答案,作为一个善良的、有着极强责任心的女孩,她别无选择。

环境慷慨地送给珍妮爱情,但当她开始融入爱情、享受爱情、经营爱情时,环境又无情地夺走了她的爱情。布兰德突然死亡,让刚开始的爱情火焰立即熄灭,但却不适时地留下一个孩子。爱情有了结晶,却无法延续。莱斯特爱珍妮,接受珍妮的一切,与珍妮幸福地生活、深深地相爱,但却始终逃不过家人的责难、社会的鄙夷,最终不得不选择分手。即使两人依旧相爱,但在这刻骨铭心的爱中珍妮始终没有名正言顺地成为他的太太。爱情经住了时间的考验,却在环境的威逼下无法结果。环境这只大手,举着爱情这颗棋子任意摆放,摆到一处,可能救活一大片棋局,让死气沉沉变得阳光明媚;摆到另一处,可能僵死大好形势,让人欲哭无泪、欲逃无路,只有默默忍痛。

这样的例子在生活中太多见,偶像剧中更是不厌其烦地重现。

爱情,是天时地利的迷信。要不怎会有那么多爱情经不住异地的考验,怎么会有那么多人怀念简单纯洁的校园之恋。

宙斯把人分为两半,被切分的人拼命搜寻"另一半",可别忘了搜寻在什么背景下进行——没错,就是环境,就是时空。这么说,搜寻该是多艰难的一件事。运气好,碰到了,可碰到后又得在漫长的结合过程中受环境不断打磨,经受住打磨的谱写浪漫结局,经不住的又只有抱着感慨和回忆继续搜寻;运气不好,寻寻觅觅终难如愿,最后草草嫁娶,或者终老孤独。

德莱塞在小说中一再表达了达尔文和斯宾塞的思想——丛林法则,适者生存。不适应环境的终会被淘汰,适应环境的基因才能被传承。这是自然界的规则,难以用人的执着与忠贞来解释。爱情也不过在环境需要的时候当个帮手,在环境不需要的时候悄悄退出罢了。

爱情,在操纵中更显伟大

嘉莉、德鲁埃、赫斯特伍德、珍妮、布兰德、莱斯特,包括德莱塞自己,都有着难得的善心,都极富同情心,他们会对穷苦百姓倾囊相助,他们会对单纯与美好投出欣赏的目光,会对虚伪与狡诈报以不屑的眼神,他们遵守法律规范,他们明白是非对错,他们只是逃脱不了欲望与环境的牵引和限制。

也许这爱情不纯,因为它混杂了太多欲念与外物;但正因为如此爱情才显出真实——没有道德,只有自然。

试想一下我们身边的爱情,有哪一桩逃得了欲望与环境的控制?人再高级也是动物,再洒脱也躲不过环境,由人而发、从境而生的爱情,再清澈也总少不了灰尘和矿物质吧。

难道我们就将爱情完全交予欲望和环境,任凭它们摆布吗?

非也,非也。

拥有了金钱和地位的嘉莉,温情脉脉地目送那个让她真正心动的男人艾姆斯离去,心中无比孤独,"好像她已是在绝望地、孤立无援地拼搏着","她一下子成了往昔那个忧郁的嘉莉——充满欲望的嘉莉——总觉得不满足"。欲望给了她荣华富贵,却不能给她真爱。真

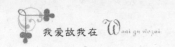

爱在欲望面前直起了腰板,显出了高贵。

珍妮失去了莱斯特,失去了作为他妻子的权利,失去了唯一的女儿,成了"环境的杂糅物",成了财富与势力的牺牲品,但她却得以陪伴自己心爱的人走完生命最后一刻,死死望着莱斯特的灵柩,"直到最后一节卧车上闪耀的红灯消失于一望无际,弥漫在铁轨上的烟雾里"。他们的爱情在环境的蹂躏下书写出了动人篇章,在两个人的心上留下甜美的回忆和永恒的印记。爱情,被环境撕裂,但却高傲地释放出了尊严。

是的,德莱塞是矛盾的,他让爱情听命于欲望与环境,却又让爱情在顺从中凸显伟大。这是他,一个经历了一千多个女人的"花花公子"对爱情的尊重,更是他对爱情最真实的描述。

欲望,是人心的一部分;环境,是激活人心的要素。爱情的产生依附着它们,爱情的发展顺从着它们,爱情的结局离不开它们,爱情的高贵存在于它们,它们本身就是爱情的一部分。

这或许就是自然主义文学家——德莱塞笔下的爱情心理学。

17

马尔克斯：永生永世的爱情

> "我对死亡感到的唯一的痛苦，就是没能为爱而死。"
>
> ——马尔克斯

加布里埃尔·加西亚·马尔克斯（Gabriel García Márquez, 1927— ）

17 马尔克斯：永生永世的爱情

加布里埃尔·加西亚·马尔克斯，著名哥伦比亚作家，拉丁美洲"魔幻现实主义"文学的代表人物。1982年获得诺贝尔文学奖，他的第一部作品为1955年的《枯枝败叶》，其代表作为《百年孤独》、《霍乱时期的爱情》、《没有人写信给上校》、《一桩事先张扬的谋杀案》等。马尔克斯把反映现实生活作为自己艺术追求的目标，他的作品虽荒诞神奇，但无不植根于拉丁美洲民族的土壤中。他在运用魔幻现实主义创作方法上独具特色，致力于将现实主义的场景、情节与完全虚构的幻想情境有机地融为一体，以其光怪陆离的魔幻世界，折射出活生生的现实世界。

从"马孔多"男婴到文学泰斗的完美转身

1927年3月6日，马尔克斯出生在哥伦比亚小镇阿拉卡塔卡的外祖父母家里。他是长子，有六个弟弟、四个妹妹。阿拉卡塔卡的童年经历成为了他最好的记忆宝库，也成为了那部经久不衰的小说《百年孤独》里的"马孔多"。

从阿拉卡塔卡到斯德哥尔摩的领奖台，马尔克斯完成了从"马孔多"男婴到文学泰斗的完美转身。（左图为马尔克斯幼年，右图为老年）

后来，马尔克斯随父母搬到了苏克雷省一个与省同名的小镇。父母忙于生计甚至连马尔克斯的生日都搞不清楚。也由于父母疏于照料，12岁那年发生的一件事，把马尔克斯带入了成人世界。一天，马尔克斯受父亲之托去某处送一样东西，12岁的他到了那里，给他开门的却是一位妇人。她拉着他的手，领他来到一间昏暗的屋子，脱光他的衣服，"强奸"了他。马尔克斯后来回忆道："这是我遇到的最可怕

201

的事情……我不知道发生了什么,只是觉得我快要死了。"这次出乎意料的早期性经历,后来被写进了《霍乱时期的爱情》这部小说中,主人公阿里萨也是如此告别了他的童贞。少年马尔克斯从此变得孤僻内向、郁郁寡欢。

马尔克斯从小就迷恋文学,长大后虽然在父亲的强大压力下,很不情愿地读了大学的法学系,但中途他却想到折衷的办法学了新闻学。对文字的天生敏感让他很快成为了炙手可热的明星记者。他曾经说服乔科省的省长组织了一场盛大的游行示威以抗议撤省,与此同时,他又怀着巨大的悲悯情怀,深入调查了乔科省的文化、地理、经济与民俗风情,造就了他记者生涯里最闪亮的一组报道——《哥伦比亚不承认的乔科省》。

马尔克斯与妻子梅塞德斯第一次相遇是在1945年冬天的一次舞会上。梅塞德斯是苏克雷镇一家药铺老板的女儿,当时年仅13岁,小学刚刚毕业。据马尔克斯描述,这位有着埃及血统的女孩像"尼罗河蛇一般娴静",他当晚便要求女孩嫁给他。这位年轻美丽的女孩根本没有把马尔克斯放在心上,马尔克斯只好耐心地等待她长大。作为记者的马尔克斯总是满世界地乱跑,而这位药铺老板的女儿总能在药铺的柜台上阅读来自波哥大、罗马、巴黎的情书。这期间马尔克斯曾和不少女子有过感情纠葛,多愁善感的梅塞德斯也曾常常以泪洗面,马尔克斯更是因此而给了她一个爱称——"神圣的鳄鱼"。

最终,时空的距离还是没能摧毁"神圣的鳄鱼"在马尔克斯心中的地位。1958年,马尔克斯和梅塞德斯结束了长达13年的爱情长跑,喜结良缘。婚前,马尔克斯向梅塞德斯交待了自己的"情史",而梅塞德斯也大度地告诫"下不为例即可"。

梅塞德斯深知自己嫁给马尔克斯,不仅是为了爱情,也是为了文学。她像《百年孤独》里的乌苏拉一样,在生活上给了马尔克斯最大的支持,她像大地一样用对生活的朴素经营支撑起了魔幻主义的天空。

一次旅行途中,马尔克斯突然想到要写一部小说,要像外祖母那样讲述一个故事,梅塞德斯知道,结束旅行的时候到了。回到家中,马尔克斯卖掉了车子,把换来的5000美金交给妻子,承诺用6个月时间来完成这部小说,而事实上他在16个月后才交出了完整的初稿。当他后来回忆起那段岁月的时候,他甚至不知道妻子是怎么说服那些食品店赊食品给他们,怎么说服房东在超期9个月后依然让他们住在里面,怎么每隔一段时间就奇迹般地变出500页的稿纸来。他只知道,当他在小说里结束了奥雷良诺·布恩地亚上校的生命后,面色惨白地

17 马尔克斯：永生永世的爱情

来到妻子面前时，妻子什么也没问，跟他抱头痛哭。

小说完成了，马尔克斯和妻子带着它来到邮局，可是被告知要把书稿从当时他们居住的墨西哥寄往阿根廷需要 83 比索，而妻子无奈地发现，他们只剩 45 比索了。他们只好请求邮局的工作人员计算出 45 比索可以寄的重量，先寄半部书稿过去，怀着一丝也许可以用一半书稿就吸引住编辑的希望。然而命运弄人，他们寄出的竟是整个小说的后半部。不幸中的万幸！慧眼识珠的编辑竟然凭着小说的后半部就发现了它引人入胜的魔力。很快，编辑就来了约稿的邮件，还有另半部书的邮资。

80 岁的马尔克斯和妻子重回"马孔多"的原型故乡阿拉卡塔卡，大作家调皮地对记者们做起了鬼脸。

《百年孤独》一经发表，就风靡全球，而马尔克斯一开始似乎并没有很快进入畅销作家的行列。有一天清晨，他和妻子坐在街边的一个咖啡店用早餐，忽然马尔克斯瞥见街边一个正要去买菜的妇人的篮子里赫然放着他的《百年孤独》。夫妻两人顿时热泪盈眶，他们知道《百年孤独》真正走进了人们的心里。

凭借《百年孤独》为代表的拉丁美洲魔幻主义作品，马尔克斯于 1982 年获得了诺贝尔文学奖。他的颁奖词是这么说的："在他所创造的文学世界中，反映了一个大陆及其人们的财富与贫困"。但他却没有在这个最高评价之上坐享其成，而是很快推出了一本让所有熟悉他风格的读者感到意外的作品——一本纯粹的爱情小说。他勇敢地告诉全世界："我认为描写爱情的小说和任何其他小说一样，都是极有价值的。"它就是后来为大家所熟知的《霍乱时期的爱情》。

马尔克斯在谈到他的创作意图时说，他要创作一本"关于爱情的百科全书"。显然他做到了。这部小说几乎穷尽了关于爱情的一切题材：一见钟情、暗恋、初恋、失恋、单恋、殉情、婚外恋、夫妻亲情、露水姻缘、黄昏暮情、老少畸恋，等等，庞杂却不累赘。马尔克斯用他惯常

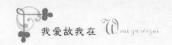

的语气娓娓道来,慢慢展开了一幅拉丁美洲风情的生活画卷。

这部爱情小说拥有一个奇怪的开头——一个亡命之徒的死亡,以及他维系多年的感情秘闻的暴露。此后,整部小说就再也没有提及这个亡命之徒和他的情妇。回头看来,这一段情和小说男主阿里萨的经历是多么相似呀!混乱的一生,却始终维系着对费尔米纳的痴情。我们不得不佩服马尔克斯的手法之高明,从一开始就抓住了读者的心,又隐讳地照应了小说后来的情节。

小说着重描写的是阿里萨、费尔米纳和乌尔比诺医生纠结了近半个世纪的爱情。女主角费尔米纳美丽动人,自负而又倔强,被称为"戴皇冠的仙女"。阿里萨和乌尔比诺医生都对她一见倾心。无奈初恋美好理想的破灭和父亲的阻碍使她最后选择了乌尔比诺医生,经历失恋痛苦的阿里萨偶然发现可以用性来帮助他摆脱对费尔米纳的思念。于是,他开始游戏花丛,寡妇、妓女、女职员、少女,来者不拒。他用25本笔记本记录下每一次"猎艳"的经历,53年7个月11天,622个女人。尽管他在心里说,"心房比婊子旅店里的房间更多",但当半个世纪之后,那个已经透出腐朽酸味的老去的仙女来到他面前时,他仍能像处子一般地说出"永生永世"四个字。小说也就此戛然而止。

"爱是我们逐渐学会的"

"爱是我们逐渐学会的",当马尔克斯谈及他的妻子时如是说。婚姻意味着爱情的终结,抑或是开始?进化心理学表明,婚姻是在进化过程中男女远祖被迫接受下来的以"契约"为基础的制度。婚姻从性质上说是男女之间的契约关系:共同生活、彼此承担养育子女的责任和义务。关于女性婚姻择偶的研究表明,女性偏好于选择拥有更多经济资源、较高社会地位、健康并拥有阳刚之气男性,以换取她自己和后代生活的高枕无忧。在《霍乱时期的爱情》中,费尔米纳与乌尔比诺医生的婚姻亦是如此。希冀一跃进入上流社会的机会、成为众人羡慕的结婚对象,最终促使费尔米纳选择了乌尔比诺。费尔米纳和乌尔比诺没有像与阿里萨那样疯狂的爱恋,没有丁香花下的小提琴曲,没有厚得像书本的情书,甚至婚后很长一段时间,他们都没有"圆房"。费尔米纳深知自己的丈夫像崇拜女神一样崇拜自己,爱自己胜过世上的一切,但他这种爱情只是为了成全他自己,让他完成这神圣的义务。

生活的细枝末节总会狠狠地把他们拉回现实的大地上,他们总在争吵,哪怕为了一块肥皂的摆放,为了年迈的乌尔比诺不小心撒到外面的尿液。但是,他们心里又深深地明白,他们相依为命,谁也离不了谁,谁也不能不照顾谁。这种深刻的依恋随着年龄的增长越来越明白,也越来越使他们惊讶,但是两个人谁都不愿意去寻找这种依恋的原因。马尔克斯相信"夫妻生活的症结在于要学会控制反感",就像小说里一个有趣的情节:费尔米纳原先对茄子深恶痛绝,甚至不惜与婆婆交恶,但当乌尔比诺变着法子做出一种新型口味的茄子时,她终于接受了这种味道奇怪的食物。他们的婚姻从一开始的陌生、平淡到最终的相依为命,当有彼此的生活变成了一种"习惯"之后,他们的婚姻也走向了圆满。

斯腾伯格认为,完美的爱情包括亲密、激情和承诺三个要素,缺一不可。当爱情只有激情和亲密的时候,那是罗曼蒂克的粹纯之爱,但却随时有激情燃尽的那一刻;当爱情只有承诺和亲密的时候,那是伴侣式的爱,爱情还未开始就可能已经结束。阿里萨和乌尔比诺代表的就是这两种拥有巨大差别的爱情,前者是激情的、悲壮的,带有幻想的性质,而后者则是理智的、平淡的,带有世俗的性质。这种激情与理智、悲壮与平淡、幻想与世俗的完美平衡,阿里萨与费尔米纳死灰复燃的激情是爱情,而乌尔比诺与费尔米纳柴米油盐的争吵怎能说又不是一种爱呢?费尔米纳与乌尔比诺由男女契约关系的共同生活、共同承担的 50 年岁月后,实现了从婚姻到爱情的华丽转身,赋予了爱情难以名状的神秘力量。爱情与婚姻虽然不构成充要条件,费尔米纳也在生命的最后时刻选择了飞蛾扑火般的绝恋,但是那些把婚姻看做爱情坟墓的人们,显然只是关注了婚姻作为生殖繁衍的功能而忽视了在婚姻中理解与依恋的滋生。想尽一切办法制作一道可口的茄子获取妻子的欢心,怎么能不算丈夫的宠爱?

"纯粹的爱情"并不等于无性的爱情

马尔克斯在小说里穷尽了世间的情爱百态,但把最浓墨重彩的一笔给了阿里萨和费尔米纳,这是一份不考虑身份、不考虑年龄、不考虑

世俗、不考虑时间的"纯粹的爱情"。很多人追求纯粹的爱情,即所谓的柏拉图的精神之爱,连马尔克斯的小说里也说,"心灵的爱情在腰部以上,肉体的爱情在腰部以下。"似乎真正的爱情只能存在于人们的观念里,当它走下圣坛进入寻常生活时,就沦为平凡的迷恋了。西方爱情心理学的鼻祖柏拉图在论述爱情时所说的那种爱,即后人所称道的"柏拉图式的爱情"并不是指没有性的爱情,其实他强调的是身体爱欲与灵魂爱欲的结合。认知神经科学从神经生理机制的角度给出了关于爱情本质的解释。爱情,不过是伴随着古老的神经联结和神经递质的作用而出现,经过大脑内神秘的奖赏区域("伏隔核区域")而长久地使人感到满足和快乐。认知神经科学的研究成果和柏拉图的原意不谋而合。心灵的爱情和肉体的爱情均属爱情,就像阿里萨和费尔米纳,两人相伴出行,最终决定结合,两个已近暮年的老人,行动都已迟缓,费尔米纳甚至羞于向阿里萨展示她那曾经让他神魂颠倒的身体,但他们依然选择肉体的结合,把它看做是心灵契合的神圣仪式。

　　灵与肉的双重结合才是爱情,也不是说,只要有了性就会有爱。《霍乱时期的爱情》里,阿里萨纠缠于622个女人之间,有对于肉体的单纯迷恋,有对于性欲的发泄,当然也不乏深深的依恋,但是阿里萨与这些女人结合的原因不过只有一个——用她们短暂的鱼水之欢来缓解对费尔米纳持久不衰的爱情。所以那些寡妇、有夫之妇或少女,无论多么风情,无论让阿里萨多么惊艳,最后的命运,不过也就是阿里萨25本笔记本中的一页。也许有一天,他翻起笔记本,偶尔会回忆起多年前那个许他销魂的午后,但合上本子之后,她也不过就是一张印象模糊的脸了,连名字都记不清。马尔克斯亦如阿里萨。虽然他婚前曾流连于救他于穷困潦倒的巴黎妓女床前,婚后又与略萨的妻子传出过绯闻,但当他登上斯德哥尔摩的领奖台时,感谢的仍然是那个让他一见面就想娶的梅塞德斯。真正的爱情是以性的吸引为前提,但同时又不局限于简单的肉欲。由理智所操控的爱的欲望才是爱情的本质,诚如柏拉图所说,"爱欲是快感的主人"。

灵与肉的挣扎

　　灵与肉的斗争,自古以来就是众多作家追寻的难题,比如昆德拉的

17 马尔克斯：永生永世的爱情

《不能承受的生命之轻》，且不论深埋在小说之中的政治意味，托马斯、特蕾莎和萨宾娜之间的性与爱的纠葛就引发了多少对于爱情本质的探讨。

自从阿里萨第一次被无名氏妇人夺走童贞之后，他便发现了性的神奇妙用——可以帮助他摆脱对于费尔米纳的思念。少女、有夫之妇、寡妇、白人或黑人妇女，他来者不拒。在一次次纵欲中体验着脱离烦恼的狂欢。当然，发现性之妙用的远不止他。小说中一名叫纳萨雷特的遗孀，已经守寡三年，之前从来没有和已故丈夫之外的任何男人上过床，但当她决定把自己的身体交给阿里萨时，她脱掉了丧服，甚至丢掉结婚戒指，只有在疯狂的性爱中，她才摆脱了亡夫的灵魂以及道德的纠缠。

这不禁让我们想到了那个古老的"隐喻"：宙斯为了统治日渐强大的人类，便将人类"一分为二"，以此削弱他们的实力。于是只剩下一半的那些人急切地寻求着自己的"另一半"；迫于社会习俗压力而草草结婚的人们大多很快就发现找错了另一半，于是才有今日的离婚率居高不下，婚外情屡见报端。从这个隐喻的角度来看，人们如此追逐异性的身体，只不过是因为"在很久很久以前，人身上就种下了彼此间的情欲，要回复自己原本的自然，也就是，让分开的两半合为一体，修复人的自然"。正是因为这种渴求，人们不断尝试，偶尔会沉迷于某个异性，一旦清醒就又继续前行。虽然有时会被世俗的法律和道德所束缚，但这些外界强加的限制却无法阻止人们欲求另一半的"情结"。

不可否认，阿里萨对于那622名女性中的少数几名还是产生了不同于纯粹的性的情愫。比如，他的最后一个小情人，年轻鲜活的生命，但当他在床上拥着她的时候，乌尔比诺死亡的钟声传来，他毫无眷恋地离开了第622位情人。阿里萨，这个自称"心房比婊子旅店里房间更多"的男人，在那一刻对于费尔米纳半个世纪的思念又占据了他全部的心理空间。有心理学家对一见钟情的解释是，人们在社会化过程中，因为观察学习或观摩社会榜样而内化成自己的情爱图式：一旦机缘巧合，这种深藏于心底从未意识到的图式一下子就燃烧起来。所以，当"戴皇冠的仙女"的召唤传来，虽然她青春不再，虽然她曾毫无预兆地拒绝了他，虽然她身上已经透露出了"腐败"的气息，但是，阿里萨依旧可以小心翼翼地来到她面前，一改情场老手的驾轻就熟，羞涩地求婚。在半个世纪的漫

马尔克斯挨了好友略萨一拳后，请摄影师好友拍下的一张珍贵照片。

长岁月中,阿里萨在数目惊人的女性肉体上寻找和迷失,但是那些"房间"在费尔米纳面前轰然倒地,对于阿里萨来说,那持久的等待与思念不是束缚他的牢笼,他在爱情的苦海里游走,上帝创造了他的本能,但是他始终被悬在本能之上的"爱情"而召唤。而现实中的马尔克斯,或许也曾一度沉迷于那段"传闻的"婚外恋中。马尔克斯曾与同样是大作家的巴尔加斯·略萨的妻子传出过绯闻。当时略萨正沉迷于一位瑞典美人,略萨的妻子则跑去向马尔克斯诉苦。作为"回报",好友略萨在电影院里相遇时给了马尔克斯狠狠的一拳。但最终马尔克斯还是回到梅塞德斯身边,那也是爱情的召唤。于是,在船舱里,阿里萨可以面不改色地说,我依旧为你保有"处子之身",那不是未经人事的身体,而是矢志不移的"处子之心"。虽然阿里萨花了53年7个月又11天才再次走到费尔米纳的身边,但这份爱情支持他走过了从贫穷到富贵,从年轻到衰老,并最终将他送向"永生永世"。

每一个女性似乎都盼望着在暮年的时候,有一位绅士向自己走来,对自己微笑着说:"我爱你年轻时的美貌,但我更爱你备受摧残的容颜"。那个邮局小抄写员的惊鸿一瞥引发的一场半个多世纪的爱情灾难,终于在53年之后开始解冻。美人迟暮,但阿里萨不合时宜地执意求婚,终于让费尔米纳发现心底那个拥有弃儿般眼睛的"影子"从未离去。他们带着各自腐朽的酸味,挂上霍乱的黄黑旗子,驶向加勒比内河的永生永世。

"永生永世",也许才是对爱情的最好的注解。

18

屠格涅夫：追求纯真的爱

Tu Ge Nie Fu Zhui Qiu Chun Zhen De Ai

> 爱情——这是最高贵的、最特殊的感情。别一个的"我"，深入到你的"我"里，你被扩大了，同时你被突破了；现在从肉体上说你很超然了，而且，你的"我"被消除。可是，正是这个消除，使一个有血有肉的人愤怒。让一切不朽之神复活吧！
>
> ——屠格涅夫

伊凡·谢尔盖耶维奇·屠格涅夫（Ivan Sergeevich Turgenev, 1818—1883）

在世界文学史上,伊凡·谢尔盖耶维奇·屠格涅夫是一位描写爱情的大师,一位人类永恒之爱的热情讴歌者。他在一首散文诗中这样写到:"爱,我想,比死和死的恐惧更加强大。只有依靠它,依靠这种爱,生命才能维持下去,发展下去。"他的爱是既具体又抽象的:爱祖国,爱所有劳动者,爱绚丽的大自然,爱生活中一切真的、美的、善的东西。

屠格涅夫对于社会底层一切被迫害、被凌辱的弱小者和不幸者给予了极大的同情与怜悯,他用炙热的思想描绘出那些社会底层的人善良的品格和美好的心灵,赞美他们对纯洁爱情、幸福生活与美好理想的追求与向往。

那么,屠格涅夫自己呢,他是否也向往着那种纯洁和高尚的爱情?

美丽却又残忍的《初恋》

苏联心理学家库兹涅佐娃曾说过:"初恋的爱情所创下的财富,往往是第二次爱情难以达到的。初恋留下的烙印在心灵上是如此深刻,以致初恋留下的心灵创伤是几乎无法痊愈的。"即使是伟大的现实主义文学家屠格涅夫也不能摆脱这样的命运。他的经典小说《初恋》无疑是最好的证据。屠格涅夫承认,《初恋》中的主人公就是他本人,而他的父亲、母亲和他13岁时爱过的一个少女,是小说中其他人物的原型。初恋对于屠格涅夫来说是心酸的,那他为什么不将这份感情尘封起来,却要将其展露无遗地表达出来呢?西方心理学家契可尼也许可以帮我们做出解释。他发现一个有趣的现象,那就是一般人对已完成了的、已有结果的事情极易忘怀,而对被中断、未完成的、未达成目标的事情却总是记忆深刻。对于屠格涅夫来说也是如此,未获成果的初恋中那些美好的时光和情景深深地印入了他的脑海中,使他一生都难以忘却这段失败的感情。屠格涅夫一定是抱着这样痛苦的回忆不能释怀,于是为了"祭奠"这份感情而写出了《初恋》这部苦涩却又细腻的小说。

《初恋》的故事情节其实非常简单,描写了父与子同时对公爵小姐齐娜伊达产生了感情,但这是两种截然不同的感情。屠格涅夫将少年主人公的初恋滋味刻画得很细致并且相当到位,向我们真实地诠释了初恋为何物。少年主人公的年龄是我们所熟知的青春期,对于这样一位男孩来说,他会为自己构建出一位理想的梦中情人,会在自己头脑中形成一个择偶的理想模型。这个模型可能是具体的,也可能是抽象的。有时是以一个真实的人为模特,有时是把几个人的特征拼凑在一起。并且,他们都会到生活中去寻觅那些符合这一择偶理想模型的异性。不知不觉,终于有那么一天,当自己心中的模型与某一位异性相匹配时,爱的火花顷刻就被擦出。初恋便是爱情抽象的意识转变为现实对象的开始。"我回想起来,在那时候,女子的形象和爱情的幻影几乎从来没有以鲜明的轮廓在我的头脑里出现过。但是,在我所想和所感受到的一切中,隐匿着一种半意识的、富有诗意的预感,某种不可名状的东西,某种无法表达的温柔而女性的东西。"这就是懵懂少年对初恋莫名的"第六感",虚幻却也实在。奇娜伊达小姐正好符合了少年主人公心目中的理想模型。于是他不可自拔地陷入了初恋的漩涡。可叹的是,对公爵小姐奇娜伊达而言,与少年的"爱情"原本只是一场游戏,她肆意玩弄他的感情,时而冰冷,时而热烈。实际上,在奇娜伊达心中所唤起的不是爱情,只是一种怜爱。这种揪人心疼的甜美对于少年来说,何尝不是一种美丽的初恋感受。其实奇娜伊达早已陷入了另一段热烈的、真实的却只能给她带来痛苦的爱情而不能自拔。少年也察觉出了,嫉妒心理由此产生。嫉妒是主体的独占性的一种心理反应,即主体感受到自己的爱情被第三者分享或夺取时所产生的一种痛苦情感。这种情感是人之常情,所以也被称为"自然的性嫉妒"或"合情合理的性嫉妒"。有这种心态的人往往比较敏感,正如少年主人公一样,他们经常会从一些细枝末节中进行猜疑,并努力寻找证据来证实自己的猜测。就是这样一次次的举证、一次次的推翻,让少年主人公濒临崩溃的边缘。神秘的第三者终于浮出水面,这使原本纯洁的初恋被迫抹上了一丝残忍的气息。我们不说第三者是什么时候进入了角色,不说奇娜伊达是出于什么理由喜欢上了第三者,但这无疑扼杀了少年的初恋,这朵还没有盛开就已经凋谢的花朵让人感到惋惜。如果说初恋是美丽的,那么屠格涅夫的这段初恋必定伴随着残忍。残忍的是,初恋的种种美好最终不欢而散,残忍的是初恋者自己最终不能体验到真正的爱。

从《初恋》中,我们不难发现少年有着强烈的恋母情结。"恋母情结"有多种含义,其中一个含义是,在少年或青春期,男性往往表现出对比自己年龄大的成熟女性的热恋。按照荣格的观点,它是一种集体无意识的遗传,也就是说,它是我们的远古祖先留在我们生命中的"记忆符号"。在小说中,少年主人公13岁,而他爱恋的对象却是比自己大7岁的公爵小姐奇娜伊达,这就是很好的证据。其实,恋母情结在小说中的出现绝不是空穴来风,我们可以从屠格涅夫的家庭背景中隐约发现它的踪迹。在《初恋》中作者描绘了少年主人公的父母的性格特质:"我父亲,一个还很年轻英俊的男子,出于私利而娶了我母亲。我母亲比他大十岁。她生活得很凄惨,总是情绪不安,心怀妒忌,怒气冲冲,但当着我父亲的面,却又从不流露出这种情绪。她非常怕他。至于我父亲,他显得冷漠、持重,总是与她保持着一定的距离。"而屠格涅夫的母亲也是贵族出身,公爵小姐无疑投射出了屠格涅夫母亲的身影。少年主人公一方面迷恋着公爵小姐,另一方面又畏惧着自己的母亲,于是他只能以捎口信这样的借口偷偷地与公爵小姐约会,在公爵小姐经常出没的地方守候着她。奇娜伊达的周围不乏追求者,而且年龄都和奇娜伊达相当,少年主人公的爱情显得幼稚可笑,于是他发现奇娜伊达有可能喜欢其他对象时,便表现出极度的焦虑,不断猜疑、不断自我否定。这也是恋母情结的表现。

游戏般的"精神恋爱"

屠格涅夫在享受着肉体快感的同时,精神恋爱也在某一时刻被悄然启动。他与巴枯宁的妹妹达吉雅娜一起撰写了一部纯属精神性的"小说"很好地表明了这一点。达吉雅娜年过 27 岁,为人热情,对思想和意识问题十分着迷。她与屠格涅夫在自己的家中相识。当时屠格涅夫前往普雷穆基诺转交巴枯宁的一封家信时,被巴枯宁的三位妹妹当做兄长接待。屠格涅夫英姿飒爽、博学多才,很快赢得了三位少女的心。然而,屠格涅夫与女子的关系往往总是带着双重的情感色彩的。他先是使出浑身解数,对女子进行表白,一旦女子拜倒在他热情的追求下,他很快就发现自己生来就不适合对付如此强烈的感情,甚至对这类感情感到恐惧。于是,他便"升华"自己的爱情,用"精神恋爱"作为挡箭牌,将反过来追求他的女子一一击退,从而换取精神上的抚慰。屠格涅夫和达吉雅娜的情况也正是如此。他先是和她谈情说爱,后来发现自己已征服了她,便马上希望把这种爱情关系转化为纯精神关系。达吉雅娜对他的爱是真真切切的,但却得不到应有的回应。这位纯情的姑娘被这股突如其来的爱情之火扰乱了心智。屠格涅夫的传记作家莫洛亚写道:"对一个女子来说,当她的整个心在胸膛里剧烈地跳动,内心有如浩瀚无底的汪洋大海时,活在人间就再也

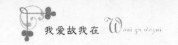

没有比感受到这样的爱情更让人畅快的事了。"不久以后,她终于发现屠格涅夫原来是这样一个不值得信赖的人。于是,她不无责备地、辛酸地说:"有些人竟然会自以为可以为所欲为,竟然会把最神圣的东西当做他们的玩物,甚至毫不犹豫地把别人从船上推入水中,视他人的生命为儿戏。为什么他们对自己也不能真诚相见,严肃对待呢?难道他们不懂得真理与爱情是什么东西吗?"

到底是什么原因使屠格捏夫无法接受这火热的爱情呢?也许是女性的热情和主动使他晕眩,也许达吉雅娜的这种热恋搀杂了某些矫饰和不自然,使得屠格涅夫做出了一种谨慎的处理方式——回绝达吉雅娜的爱慕。那为什么屠格涅夫一开始又对达吉雅娜示好呢?他是出于什么目的?对于爱情中的这些极其微妙的心理因素,谁能说得清!但这并不代表没有理论可以支持这样的爱情观。加拿大社会学家阿伦·李将男女之间的爱情划分为六种形态:情欲之爱、游戏之爱、友谊之爱、依附之爱、现实之爱、利他之爱。情欲之爱建立在理想化的外在美上,并且是罗曼蒂克式的、充满激情的爱情;游戏之爱视爱情为一场让异性青睐的游戏,并不会将真实的情感投入,常常更换对象,且重视的是过程而非结果;友谊之爱是指如青梅竹马般的感情,是一种细水长流的、稳定的爱;依附之爱对于情感的需求非常大;现实之爱则会考虑对方的现实条件,以期让自己的酬赏增加且减少付出的成本;利他之爱则带着一种牺牲、奉献的精神,追求爱情且不求对方回报。不难看出,屠格涅夫那时正处于游戏之爱中。他投入的不是真爱,而是在和异性大玩暧昧游戏。同时,屠格涅夫的"博爱"也是确有记载,和异性眉来眼去地嬉戏打闹,从来不会触及谈婚论嫁,这都是他将爱情视为游戏的最好表征。

情系四十年

如果要问屠格涅夫一生未娶的理由是什么,大部分人的视线会投向波利娜·维亚多——一位红遍圣彼得堡的年轻女歌唱家。她和屠格涅夫有着千丝万缕的关系,却已早早嫁为人妻。1843年11月1日,他们初次见面,对于屠格涅夫来说,这是值得纪念的日子。从此屠格涅夫与波利娜成为终生的密友。正如他在写给她的信中所说的:"在我生命的旅途中,遇到您,是我一生最大的幸福。我的忠诚与感激之情没有止境,只能随我一起死去。"这种深挚的情感,一直伴随着他走完人生的旅程。40年后,他临终时,在身边守候他的只有一个人——波利娜。

波利娜长得并不怎么漂亮,她双眼鼓起,面部线条粗犷,而且驼背,可以说是长得相当难看,但这是一种吸引人的丑陋。海涅曾把这种"丑陋"比作一幅富于异国情调的奇特风景画。她的歌声是那么的动听,大学生们甚至冒着生命危险,穿过尚未结成厚冰的涅瓦河,前来争购门票,倾听"无与伦比的维亚多"演唱。屠格涅夫也成了她忠实的粉丝。第二年夏天,屠格涅夫为了到库尔塔弗内尔城堡登门造访维亚多

波利娜·维亚多为屠格涅夫画的像

夫人,初次旅行去法国。他在那儿成了波利娜的丈夫路易·维亚多和他的孩子们的朋友。很难说清屠格涅夫究竟是不是波利娜的情人。如果真的是情人,那么路易·维亚多绝对不会袖手旁观;如果不是情人,屠格涅夫也不可能浪费时间徘徊在波利娜身边。不管是爱情也罢,友谊也罢,从那时起,这股激情确实充实了屠格涅夫的生活。他多次出国和侨居国外都与她有关,她在他的创作中留下了深刻的痕迹。他甚至将自己的女儿也托付给波利娜照料。对于屠格涅夫来说,除了波利娜、波利娜的家庭和波利娜的事业之外,世界上什么都不存在了。

年轻歌唱家:波利娜·维亚多

他每天要给她写去好几封谈论各类事情的冗长的信函。波利娜在外演出时,屠格涅夫最大的乐趣便是阅读报刊上所登载的有关她演出成功的消息。随后的40年,屠格涅夫都与波利娜始终保持着剪不断、理还乱的关系。虽然他有时被逼迫返回俄国或被迫与波利娜分离,但不久又会回到她的身边。屠格涅夫一生的最后10年就是在"杜埃街48号"维亚多夫妇的楼上度过的。然而,这毕竟是一种心绪纷乱的幸福。屠格涅夫终日为生在"另

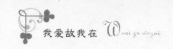

一个男人的安乐窝边"而痛苦。尽管屠格涅夫有好几次结婚的机会，但他都放弃了。对他来说，世上唯有一个人是重要的，那就是波利娜。

有时候，爱情确实会赋予不幸的人一种惊人的力量，一种了不起的高尚情操。屠格涅夫对波利娜的爱似乎超越了肉体，却又不是对达吉雅娜那种游戏般的精神恋爱。也许这时我们的屠格涅夫已经长大，真正地将爱演化成柏拉图式的爱情。就像柏拉图坚信的那样，真正的爱情（爱的"理念"）是一种恒久不变的情感，时间是它唯一的试金石，而唯有超凡脱俗的精神恋爱，才能经得起时间的考验。的确，屠格涅夫对波利娜的爱经受住了时间的考验，尽管在这漫长的40年中，屠格涅夫也有过其他情妇，但他的心中始终留有波利娜的位置。他的爱从每一种文学作品中渗透出来，波利娜在精神上的支持一直引导着屠格涅夫在创作道路上前行；他的爱也从每一封写给波利娜的信件中显现出来，无论是学术上的探讨还是生活上的慰问，无不透露出屠格涅夫发自肺腑的爱。如果说屠格涅夫的爱情是不幸的，那么最后一刻的厮守也许能让我们释怀一些。

爱之路：感激不是爱情

对于爱情的感悟和理解，屠格涅夫在他的散文诗集——《爱之路》中作出了概括性的诠释："一切感情都可以达到爱情——如恨、怜悯、公平、尊敬、友谊、畏惧——甚至是轻蔑。是的。一切感情……只有一个例外：感激。""感激是一种债务；每人都还他的债……但是感情不是金钱。"这两段格言式的散文诗，既是屠格涅夫自己，又是与他同时代坚持民主主义和自由主义思想的人们对爱情所持的观点和态度。前一句格言揭示了爱情的复杂性和特殊性，是爱与恨的较量；后一句则告诉我们，爱情不是由感激而生，爱情无法用金钱去衡量，唯有无私的爱才能叫做爱情，一个人为了自己所爱的人付出一切，甚至是生命也在所不惜。这就是爱！今天我们读屠格涅夫的作品，字里行间仍然使人感到亲切，依然没有失去思想的光辉和对现实生活的意义。

19

麦卡洛：寻找爱情的"荆棘鸟"

> 有一个传说，说的是有那么一只鸟儿，它一生只唱一次，那歌声比世上所有一切生灵的歌声都更加优美动听。从离开巢窝的那一刻起，它就在寻找着荆棘树，直到如愿以偿，才歇息下来。然后，它把自己的身体扎进最长、最尖的荆棘上，便在那荒蛮的枝条之间放开了歌喉。在奄奄一息的时刻，它超脱了自身的痛苦，而那歌声竟然使云雀和夜莺都黯然失色。这是一曲无比美好的歌，曲终而命竭。然而，整个世界都在静静地谛听着，上帝也在苍穹中微笑。因为最美好的东西只能用深痛巨创来换取……反正那个传说是这么讲的。
>
> ——《荆棘鸟》题记

考琳·麦卡洛（Colleen McCullough，1937— ）

19 麦卡洛：寻找爱情的"荆棘鸟"

什么是刻骨铭心的爱情？是相濡以沫的互相照顾还是饱受折磨的相思，是无声无息的等待还是不顾一切的追求，是对上帝的忠诚还是对爱情的信仰，是激情浪漫还是毁灭死亡？无论答案是什么，爱是我们生命永恒的主题，她使人间温暖，使生命精彩，使血脉得以传承和延续。澳大利亚女作家考琳·麦卡洛的经历和"荆棘鸟"的传说，让我们联想到：对于有些人，爱情就是那根最长、最尖的荆棘，要获得爱情必须付出痛苦的代价。

可遇而不可得的文学之路

1937年6月1日对澳大利亚来说是平凡的一天，阳光明媚一如往常，在广袤无垠的土地上洒下金色的光与影。然而对于澳大利亚新南威尔士州西部惠灵顿的一个家庭来说，却是不同寻常的一天，他们家一个可爱的小女孩呱呱坠地了——她就是考琳·麦卡洛。麦卡洛出生在一个普通的牧业工人家庭，一家人过着游牧的生活——赶着羊儿迁徙于广袤的土地上，哪里有富饶丰厚的草地哪里就是家。这样不同寻常的游牧的生活虽然有些艰苦，也并不富裕，但是也极大地扩展了小麦卡洛的视野。她怀着一种好奇的心情观察生活中的事物，从一处迁徙到另一处，总有不同的经历和不同的发现，于是她深深爱上了自己足下的这片土地。

麦卡洛不仅在游牧生活中自由自在地成长起来，并且在很小的时候便表现出了非凡的艺术才能和天赋。5岁的时候，小麦卡洛就开始尝试着写诗歌，讲故事，学习绘画，阅读书籍。随着渐渐成长，她更喜欢沉浸在艺术和文学的海洋中，博览群书，并有了自己深深的体会和感悟。她感叹历史轰轰烈烈前进的轨迹，羡慕男女主人公拥有凄婉动人的爱情，也欣赏艺术作品的绝美与精妙，而更多的是对伟大的文学艺术创造者的仰慕和崇拜。虽然当时年纪尚小，但是对艺术和文学的美好感悟对感情细腻的小麦卡洛来说是一种珍贵的生活积累。12岁那年，麦卡洛随父母移居悉尼，结束了她热爱的游牧生活，离开了她深爱的广袤土地。

现实有时是残酷的，在不经意间给人们所热爱的事物以沉重的一击，它仿佛是既定命运的安排，让人苦恼，但又不得不做出选择。虽然麦卡洛从小表现出非凡的文学天赋,在与文学相伴的成长过程中也深深地迷恋上了的文学创作,但是出身于清贫劳动者家庭的麦卡洛很小就意识到,如果从事自己所热爱的文学创作的话,那就很难让一家人过上衣食无忧的安逸生活。这种窘境和困苦是她不愿意看到的。清醒地认识到现实和理想之间的矛盾使得麦卡洛十分忧郁、惆怅,但是经过一番激烈的痛苦挣扎后,麦卡洛决定为自己开启另一扇命运之门——她选择"神经生理学"作为自己今后的学习和发展方向。几年后,她作为一名毕业于新南威尔士大学的品学兼优的医科学生。在神经生理学方面她显示出了非凡的能力,于是麦卡洛决定将神经生理学作为自己的事业。此后,她继续学习和深造神经生理学,并获得了英国伦敦大学儿童健康研究所的硕士学位。后来麦卡洛移居美国,在耶鲁医学院从事教学和科研工作。

至此,虽然麦卡洛有了一份稳定的、收入颇丰的工作,也实现了让自己和家人过上衣食无忧的安逸生活的愿望,但是文学创作始终像那明朗的夜空中一颗闪耀的星星,让她神往,使她迷恋。

父母不幸婚姻的阴影

童年时期的麦卡洛虽然常常沉浸在享受文学的快乐中,但她是个感情细腻,对生活有敏锐的观察力的女孩,随着渐渐地成长,她发现父母之间的关系并不像过去感受到的那样好。由于生活的重负,曾经相爱的父母常常为了生活琐事而发生冲突,或者彼此冷漠,貌合神离,家中不再有那种美满甜蜜的感觉。虽然他们依然深爱自己的女儿,但是这一切对麦卡洛来说却是心中挥之不去的阴影。

麦卡洛对自己未来的爱情和婚姻的决定可谓是悲剧性的。而这种悲观的爱情婚姻观可以从心理学层面找到其根源。父母是孩子社会化过程中最初的模仿对象,父母作为社会榜样,孩子们会去学习和观察他们对爱情的看法以及他们婚姻生活里的一切,继而把他们的爱情生活内化成自己的爱情图式。而正是由于麦卡洛儿时亲眼目睹了父母的爱情消磨殆尽后不幸的婚姻生活,使她对异性产生了某种厌恶和恐惧感,也害怕父母不幸的婚姻再次发生在自己身上,于是她做出了终身不嫁的逃避性选择。

爱情悲歌——《荆棘鸟》

深深热爱文学创作的麦卡洛实现了生活和事业的理想后,又一次迸发出了激情和火花。1972年,她利用业余时间创作的长篇小说《提姆》(Tim)获得了很大的成功。而此后,麦卡洛的文学创作热情更加高涨,1977年,她出版了呕心沥血之作《荆棘鸟》。凭借麦卡洛小时候的游牧生活的经历和积累,小说以澳大利亚牧场作为背景,细腻地刻画了女主人公梅吉和神父拉尔夫之间缠绵纠结的爱情,以及克利里一家三代的悲欢离合。背景苍凉悲壮、笔调凄婉细腻的小说《荆棘鸟》一经出版,便引起了世界性的轰动,被翻译成二十多种文字在世界各地出版,同时也被拍成电影、电视剧广为流传,更有读者盛赞《荆棘鸟》为澳大利亚的《飘》。一夜之间麦卡洛实现了她从小的文学之梦,成为了文坛一颗耀眼的新星。

《荆棘鸟》中的女主人公梅吉勇敢善良,敢于表达和追求爱情,神父拉尔夫英俊帅气,却始终在对上帝的信仰与对梅吉的爱之间徘徊,饱受了灵与肉的折磨,最终还是选择了上帝或者说是教会的权力。而他们的儿子戴恩长大后也决心成为一名教士,将自己的生命奉献给上帝,却在一次执行教会任务的途中,为了救几个溺水的女人而献出了宝贵的生命。戴恩的离世使梅吉悲痛欲绝,而直到此时,她才向拉尔夫坦白戴恩的身世。她悲伤、感慨地说:"我们把你向上帝发过誓的东西偷来了,我们两人都得付出代价。"而此时已是红衣主教的拉尔夫深受灵魂的震撼和责难,亲自为自己的儿子做完追思弥撒后,在他深爱的梅吉的怀中离开了人世。虽然他们爱得圣洁,他们的灵魂永远相依,但是梅吉和拉尔夫由于宗教和权力的阻隔使得他们都经历了人世最大的悲痛。

小说中不仅是梅吉和拉尔夫神父经受了爱情的磨难,梅吉的父母也有不匹配的婚姻,以及直到死亡才被接受和理解的爱情。梅吉的母亲菲是新西兰上流社会的小姐,但是年轻时的她倔强地爱上了一个有声望、有才华的已婚政客,并和他生下一个小男孩。她的家人认为她的行为败坏了家族的名望,并决定将她赶出家门,菲的父亲找到了家里雇佣的工人帕迪,希望帕迪能够娶自己的女儿,并给他一笔钱,让他们远离家乡。相去甚远的家庭背景和学识教育让这样的婚姻成为了一种畸形的相处：帕迪对菲充满了敬畏和崇拜之情，结婚的头两年，都不敢接近她；而菲对帕迪既没有爱意也并不怨恨，一个人毫无怨言地承担起家庭繁重的家务，对孩子和帕迪只是一贯的冷漠和平淡。菲和帕迪的婚姻中只有帕迪一厢情愿的"爱情"，直到一场大火夺去了帕迪的生命，菲才发觉自己原来是爱着帕迪的，她伤感地对拉尔夫神父说："神父，你想了解一些事吗？两天以前，我才发现我是多么地爱帕迪。就好像我终生都爱着他似的——但是太晚了。对他来说太晚了，对我来说也太晚了。"真的太晚了，也太痛苦了——直到爱人的离去才明白真爱就在身边，而自己却从来没有珍惜过。

《荆棘鸟》真的是悲剧爱情小说的范本，几乎看不到幸福的爱情，梅吉和拉尔夫，菲和帕迪，还有家族的其他兄弟，他们要么真心相爱却受到上帝的阻挠而无法结合，要么直到爱人离世才明白爱情的珍贵，要么从来都不想去知道爱情是什么并拥有爱情。也许读者会不禁自问，为什么麦卡洛的笔下尽是些不幸的爱情呢？这个问题也许还是要追溯到她儿时观察到的父母的婚姻生活。父母不幸的婚姻生活一直是麦卡洛心中的一根荆棘，虽然她健康地长大了，她的智慧和勤奋也使她实现了原本已经擦肩而过的文学创作之路，但是父母不幸的婚姻在她长大成人后还让她隐隐作痛，渐渐地内化成自己不敢触碰的人生悲剧，也许在她看来爱情是危险的，只会给人带来无尽的悲伤和痛苦，这和她的小说《荆棘鸟》所表达的爱情思想一样——一切美好的事物，都要以最痛苦的代价来换取，尤其是爱情。再从心理学的角度审视一下为什么麦卡洛的笔下尽是不幸的爱情这个问题。麦卡洛的写作是一种存在于潜意识里的行为，儿时面对父母不幸的婚姻使得麦卡洛幼小的心灵受到了巨大的创伤，虽然长大后凭借自己的天赋和努力在很多领域取得了非凡的成就，使儿时的创伤在她心中都淡化了，甚至她自己都无法意识到。可是在她的小说中一旦触及婚姻和爱情，她便在不知不觉中根据她所观察到的和经历过的父母的爱情悲剧以及她对爱情的某种悲观认识来刻画《荆棘鸟》中的主人公。

邂逅爱情

一本可歌可泣、缠绵悱恻的家族爱情传奇《荆棘鸟》，让麦卡洛得

19 麦卡洛：寻找爱情的"荆棘鸟"

到了全世界书迷的追捧。可是记者和书迷对她的瞩目和追捧，打破了麦卡洛从小喜爱的平静和安宁的生活，使她再也无法过上平淡自由的正常生活。为了逃避这种无聊的喧哗，重新过上宁静的生活，麦卡洛几经周折，最终只身一人离开了美国，回到了阔别已久的祖国——澳大利亚。久违的澳大利亚使她感到亲切和安宁，为了彻底躲开城市的喧嚣和他人的打扰，麦卡洛于1980年1月来到太平洋深处的一个小岛——诺福克岛。小岛长5英里，宽3英里，距澳大利亚东海岸有1000英里之遥，这是一个秀美宁静的地方，远离世俗的喧嚣。麦卡洛决定长期定居于此。起初，这个举目无亲的小岛上生活让麦卡洛倍感孤单和寂寞，6个月后她渐渐适应，开始欣赏小岛上人们的淳朴善良，并享受那儿的阳光雨露，过上了游吟诗人般的生活。恬静美丽的诺福克小岛给了麦卡洛另一种创作的激情，她在那里创作了10部小说和1部传记。又引起了西方文坛的热烈反响。

诺福克小岛不仅为麦卡洛提供了一个创作的佳境，同时也点燃了她对生活的热情和对爱情的渴望。也许这么多年独来独往的生活让麦卡洛感到孤单和厌倦；也许作为一名柔弱的女性，她的心中也向往可以依赖的厚实肩膀；也许经历过人生的起伏沧桑后，她对父母不幸的婚姻已然释怀。不管怎样，在诺福克岛生活期间，麦卡洛对爱情敞开了心扉，对婚姻也采取了接纳的态度。诺福克岛当地的画家里克·伊恩·鲁宾逊深深地赞赏麦卡洛的才华和智慧，并用他淳朴真挚的感情赢得了她的芳心，使她打破了年轻时"终身不嫁"的誓言。在1984年4月13日，那是一个好日子，47岁的麦卡洛和里克·伊恩·鲁宾逊幸福地走进了教堂，立下美好的誓言，结为夫妇。

世间寻找爱情的"荆棘鸟"

"鸟儿胸前带着棘刺，她遵循着一个不可改变的法则。她被不知名的东西刺穿身体，被驱赶着，歌唱着死去。在那荆棘刺进的一瞬，她没有意识到死之降临。她只是唱着，直到生命耗尽，再也唱不出一个音符。但是，当我们把棘刺扎进胸膛的时候，我们是会知道的。我们是会明明白白的。然而，我们却依然要这样做。我们依然要把棘刺扎进胸膛。"《荆棘鸟》的结尾是这样说的，正如小说以一个家族的情感沧

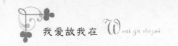

桑告诉我们的：一切美好的东西必须要以巨大的痛苦来换取。对于麦卡洛来说，她也是一只寻找爱情的"荆棘鸟"——儿时经历父母不幸的婚姻，长大后决心"终身不嫁"，功成名就后逃离喧嚣，经受了多少个春秋的孤寂落寞——最终找到了幸福的归宿。曾经对爱情的不屑，对婚姻的失望，对异性的抗拒，直到情窦初开的一霎那，虽然已是47岁，可爱情终究是爱情，47岁的爱情也可以如同少女一般纯洁可人。

中国有句谚语——"是情皆孽，无人不苦"，不无哲理地道出了爱情的苦难。那么我们又回到了开头的问题：爱情是什么？爱情会使一颗完整的心因等待、相思和毁灭而千疮百孔，爱情也会使一颗受伤的心因亲密、关怀和理解而得到抚慰，获得重生。那么爱情到底是什么？文学大师们各有见解。但丁说，"爱情使人心的憧憬升华到至善之境"；托尔斯泰说，"人只应当忘记自己而爱别人，这样才能安静、幸福和高尚"；夏洛蒂·勃朗特说，"爱情是真实的，是持久的，是我们所知道的最甜也是最苦的东西"。文学大师对爱情的解释唯美而动人，而心理学大师则对爱情做出了更理性而完整的解释。心理学大师斯腾伯格的爱情三角理论告诉我们，只有包含亲密、激情、承诺这三种成分的爱情才是完美的爱情。缺少其中一种或者两种，都是不完美的：缺少亲密的爱是愚蠢的爱；缺少激情的爱是伴侣的爱；缺少承诺的爱是浪漫的爱；缺少亲密和承诺的爱是痴迷的爱；缺少激情和承诺的爱是喜爱和友谊；若是三者全无，那就是无爱。年轻人的爱情往往激情热烈，亲密无间，但给不出真正的承诺，多为浪漫的爱；老年人的爱情往往相濡以沫，相守相伴，但年轻时的激情渐渐消退了，多为伴侣的爱；单相思者的爱情没有亲密和承诺，只有一厢情愿的"激情"，属于痴迷的爱。无论爱情是否完美无缺，心理学告诉我们爱情不是单一模式的而是多种多样的。人们只是选择了其中一种或几种去经历，别人的爱情不等同于自己的爱情，父母的爱情也不等同于子女的爱情。所以当麦卡洛经历了生活的磨砺，直到中年才接受爱情并进入婚姻时，也许少了年轻人的激情，但是以亲密和承诺为基础的伴侣之爱也足以让她和克·伊恩·鲁宾逊的婚姻长久而幸福。

世间苦苦寻找爱情的"荆棘鸟"们啊，也许只有寻到属于自己的那根最长、最尖的棘刺，扎进胸膛、放声歌唱时，方能顿悟爱情的真谛吧！

跋：性、爱情与婚姻的功能独立性
——关于爱情的模块理论

近些年，我一直在思考我所谓的"爱情的模块理论"。而在编完了这本《我爱故我在——西方文学大师的爱情与爱情心理学》之后，更加坚信了这个理论的重要性。现在，利用写这个"跋"的机会，把我多年来的思考整理一下，希望有助于读者理解文学大师的爱情生活和他们的爱情心理学思想。我特别希望这一理论能够成为读者们今后爱情生活的指南。

当代西方心理学至少有四种代表性的爱情理论，即所谓"三角形"、"依附"、"神经化学"和"爱情故事"理论。我认为，这些理论均有其不足。我试图建构一种"爱情的模块理论"。其立论的依据是，随着进化心理学、行为遗传学、认知神经科学等学科的日趋成熟，爱情的研究有可能从过去的"常识心理学"水平上升到当今的科学心理学。

爱情的模块理论或爱情模块心理学，其要旨是：从"功能分解"的方法出发，将性、爱情和婚姻分解为三个功能独立的模块（或单元）。这就是说，性、爱情和婚姻，三者彼此的功能是不同的，或三者分别具有独立的功能：性（Sex）的功能是为快感而快感；爱情（Love）的功能是为幸福而幸福；婚姻（Marriage）的功能是为繁衍而繁衍。如果人们无视这三者的功能区分，或将三者的功能加以混淆或替代，那么两性的情感关系将会出现问题或危机。以下将对这一要旨做纲领性的阐述。

性、爱情和婚姻：三个功能独立的模块

进化心理学关于"进化而来的心理机制"的理论和方法，为我们研究爱情的心理机制提供了一个新视点。但在我看来，仅有进化心理学的视角是不够的。这主要是因为，进化心理学的许多观点和结论带有很大的推测性。由于进化史的不可倒转，过去的时光难以完全重演，加之考古学、人类学的资料有限，所以进化心理学家对我们远古祖先的生存环境、面临的问题及解决的手段和方案，特别是他们到底建构

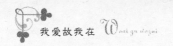

了哪些心理机制等,都不可避免地有着猜测、臆想和推断的性质。

为了克服进化心理学在研究方法上的不足,我试图引入一种"功能分析方法":对爱情的当下功能或现有功能——而不是进化史上曾经有过的功能——进行分析。这种功能分析方法的要旨便是"功能分解"(functional decomposition),也就是对一个系统进行这样的分析:这个系统是由各个独立的"子系统"所构成的,每一个子系统都有与该系统相一致的从属功能,而该系统的运作正是各个功能独立的子系统之间相互作用的产物。

按这种功能分解的方法,我把人的"两性关系系统"划分为"性"、"爱情"和"婚姻"三个子系统或子模块。所谓"模块",也就是一个具有特定功能的单元。划分模块的依据,就是看它是否具有某一种特定的功能;任何具有自己特有功能而"他者"所不具备的,都可以看做一个模块。

性的功能:为快感而快感

从功能的观点看"性",其基本功能或主要功能是"快感",或更准确地说,是"为快感而快感"。性,特别是性高潮,说到底是一种身体的生理功能,而不属于心理功能——尽管它与心理功能有关。这里的"快感"一词,也是一个关乎生理功能的词汇,它与日常所说的"兴奋"、"享乐"、"感官刺激"、"纵欲"、"肉欲"等词相近。

在界定了性的基本功能之后,再来分析一下基于这一功能的各种其他特性:

第一,性是身体的感觉效应。

把性当做一个专门的模块,首先是因为有一个强有力的神经科学根据,即性在大脑中有其专门的定位。根据现有的"脑功能定位"理论,性功能被定位于大脑的"边缘系统"。边缘系统位于大脑的中心部分和外部(脑皮质)之间形成的一个边界,一般包括杏仁核、海马回、脑回、隔膜、丘脑、视丘下部、垂体和网状组织。现有一些实验表明,如果对视丘下部这一区域施以电刺激,男性的阴茎会勃起并促进他们的性行为;如果这一区域受损(毁坏),他们就无法再与女性性交。"功能性核磁共振成象"对大脑的扫描显示,健康男性的性欲能够呈现出"性欲图象"——边缘系统的几个关键区域被激活了。

性还有特定的反应机制,这就是"感觉"或"感觉系统"(sensations)。从反应机制上看,性就是我们身体的一种感觉效应——一种全身性的快感效应。这里所用的"感觉"一词,不是通常相对于"知觉"和"表象"使用的那种意义。当我说"性的反应机制是感觉"时,这里的感觉是一种综合性的身体效应(特别是当性高潮发生时),涉及人的身体内部所有器官的活动——除了一般的五种感觉器官外,还包括那些参与性反应的其他器官组织(大脑、脊髓束、激素、信息素等)的活动。这也与弗洛伊德的观点完全一致,他一直主张"应该把整个身体看成性兴奋区域"。这样,广义地讲,性活动就是一种引起人体感官兴奋的活动,一种"肉体器官的享受"。

第二,性是自然的"中性"活动。

从进化的观点看,性活动是一种大自然赋予人类的中性的活动。性具有"自然性",是生物世界的长期进化赋予人类的一种"天性"。这种天性是我们所说的"人性"中的一个最重要的部分。这就意味着,追求快感的性冲动是完全符合人性的,它是我们所有人类的共同本性。性既然是大自然的产物,那说到底它就是一个中性的东西。所谓"中性",可以说是"无特征性",也就是没有任何独特的、典型的、必不可少的甚至必然的特征。在这个意义上,所谓"性的中性",其具体的表现形式就多种多样了:性的自然性(天性),性的无目的性,性的相对性,性的随机性,性的可替代性,性的非道德性等等,都是中性的表现。

性,就其本身来说,与"道德"无关,这正是性之中性的突出体现。任何正常的性活动,无论是"一个人的性活动",还是"两个人的性活动",其本身都是与道德无关的。而"性道德"这个概念,只有当涉及利用权力、暴力、攻击、欺骗等进行性侵害时,才有意义。任何用"性道德"这一标签肆意扼杀正常性行为的做法,都是对天赋"性权利"的践踏。

第三,性的无目的性。

性欲、性冲动、性行为的发生,都是在本能的无意识水平上发生的无目的活动。性当然是一种本能,而按詹姆斯的定义,"本能"是一种能够以某种方式产生特定结果的行为,但它对结果没有"预见性",之前也不需要任何"学习"。在这个意义上,我们才说"性本能"。性本能是没有目的性的。因为"目的"这个词,一般适用于在有意识的水平上发生的行为。但当男性和女性对有效的性刺激做出反应时,这种反应就是一种无目的的活动。

根据"微观精神分析学"观点,我们正是通过性活动的无目的性而"出生、生活和死亡。""无论人是否愿意承认,女人和男人首先是卵子与精子的盲目分发者……此外,不存在妊娠目的性。假如人的诞生真

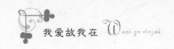

的是妊娠的目的,孕妇就不会总在念叨:但愿一切顺利!其实,孕妇比任何人都更接近动物,她知道或者至少感到胎儿对她的威胁。正是因为这类威胁的确存在,地球上今天才只有数十亿居民,而不是数千亿居民。""子宫战争"显示了性的无目的性:我们的生命完全偶然产生于性活动的一次盲目的喷发。

第四,性的相对性。

相对性的一种情形是:性是"守恒的"——这就暗含着它是"有限的"。这是弗洛伊德一再强调的一个观点。他杜撰力比多(Libido)一词表示"性的能量"。这种性能量遵循着"恒定原则",即力比多在"量"上是守恒的,固定的,不多也不少。性的能量(或爱欲能量)可从一种形式转换为另一种形式,但它既不能被创造,也不能被消灭。相对性的另一种情形是,性对象是可替换的(进化心理学关于"短期择偶"研究表明了这一点)。这是性之"中性"最突出的体现。

爱情的功能:为幸福而幸福

我把爱情的基本功能或主要功能定位于"幸福",而且是"为幸福而幸福"。这就意味着,如果追求幸福是人生最高境界的话,那么惟有爱情,也只有爱情,才能使我们从心理上真正体验到、享受到幸福!

"幸福"的含义,最早是由苏格拉底、柏拉图着力探讨的,他们总是把幸福与"美"、"爱欲"、"情爱"或"向善"联系在一起。柏拉图在《会饮》中更是把幸福的意蕴归结为爱情:"我所讲的针对的是世上所有的男男女女:我们人这一类要想幸福,惟有让爱情达至圆满才行,人人得到自己真正心仪的人,由此回归自己原本的自然。倘若这才是最好的事情,就眼下的处境来说,最切近地圆成这一美满的最佳方式当然就是,人人找到合自己意的情伴。"如果这样来理解幸福一词的含义,那么把爱情的功能看做是"为幸福而幸福",就具有特别的科学心理学价值了。下面再来看一下基于这一功能的各种特性。

第一,爱情是心理上的情感效应。

这是我把爱情当做一个模块的基本依据——它刚好与性对应或对照起来。性是身体的感觉效应,而爱情是心理上的情感效应。在这里,前者是生理功能,属感觉系统,后者是心理功能,属情感系统。值得注意的是,神经成像技术的发展已使我们大致上了解到,过去被视为"浪漫而神秘的"爱情在大脑中也有其定位。对正痴迷陶醉于爱情的人的大脑进行扫描,发现其"深层边缘系统"和"前额叶皮质"这两个区域明显被激活。

第二,爱情是由"信念"所主导的情感。

所谓"信念"(belief),简单地说就是你"信以为真"的东西。信念,说到底是无意识层面上的东西,准确说是荣格的"集体无意识"中的东西。爱情的信念普遍存在于地球上每一个种族的集体无意识中。在爱情中,信念就是一切!爱情的降临是由信念所激发或启动的;当你的爱情面临危机或陷入绝境时,信念会使它重获新生或起死回生;当你痛失爱情或爱情消失的时候,由爱之信念所建构的宏伟大厦随之轰然倒塌。

第三,爱情是过程,而不是结果。

爱情是过程,从心理机制上说就是:因爱情而激发的幸福体验本身就是一切!此外你再不希冀任何别的东西。任何超出幸福体验本身而欲求的别的东西,都不再是爱情本身。

说爱情不是结果,并不等于说爱情没有结果。实际上,"不是"结果与"没有"结果,应该是两回事。当我说爱情不是结果时,这是从爱情的性质上说的;如果硬要与结果挂钩的话,那么对幸福的体验过程本身就是"结果"——除此之外,你还要什么"结果"呢?难道你嫁给了他,有了一纸婚约,你的爱情才算有了结果吗?难道你从身体上占有了她,你就得到了爱情的结果吗?聪明的人都知道,这样的"结果"实际上是毫无结果的!

第四,真正的爱情是要付出代价的。

是否付出重大的,甚至惨痛的代价,是衡量是否是真正爱情的一个标准,因为"代价"总是与幸福相关,或者说,代价的付出与幸福的获得有内在联系。既然付出代价是为了追求幸福,而幸福又是我们爱情的唯一目的,那么为爱情而付出代价,就是顺理成章的了。

婚姻的功能:为繁衍而繁衍

从功能的角度看婚姻,我以为最好的说法是为了"繁衍"。婚姻的基本功能或主要功能是繁衍,甚至是"为繁衍而繁衍"——也就是中国人所说的"传宗接代"。

目前,进化心理学为我们理解婚姻的起源和功能提供了最好的解释。男人和女人都需要婚姻来解决特定的适应性问题。就男人来说,婚姻可以增加"父子关系的可信度";可以增加男性吸引异性的成功概率——给出可信的承诺和"爱"的表现,进而传递更多的基因;能够提高人类子女的存活率；而婚姻中父亲的亲代投资，能进一步促进子女的成功繁衍。

在明确了婚姻的繁衍功能之后，就可以进一步看一下基于这一功能的各种特性。

第一，婚姻是人类被动接受的契约制度。

我把婚姻当做一个专门的模块，是因为从功能上说，它与性和爱情绝然不同。婚姻意味的是制度、体制、习俗、习惯、法律和文化传承。古希腊人非常深入地探究了婚姻的本质，一般把"生育"（获得后代）和"共享生活"（生命共同体）作为婚姻的双重职能。他们甚至认为这就是"婚姻的自然性"。古希腊哲学家穆索尼乌斯这样说："假若有什么东西是符合自然的，那么这就是婚姻。"而婚姻的自然性通常是以一系列的原因为基础的：男女为了生育必须性交；为了确保后代的生存教育必须让这种性交以一种稳定的关系延续下去（这颇有一点进化心理学的味道）；两人生活能够在提供责任和义务的同时带来一切帮助、舒服和娱乐的总和，最后还有作为社会基本要素的家庭的构成。

进化心理学进一步表明，婚姻是在进化过程中男女远祖被迫接受下来的以"契约"为基础的制度。婚姻从性质上说是男女之间的契约关系：共同生活、彼此承担养育子女的责任和义务。古希腊人特别强调这一点。像哲学家埃比克泰德说，结婚不属于一种"最好的范畴"，它是一种义务。婚姻关系是有"普遍准则"的。人之存在，是在一种既自然又理性的冲动的引导下，走向婚姻。婚姻是对所有想过一种"符合自然的生存方式的人"都普遍适用的义务。

第二，婚姻不是爱情的必然结果。

也许是因为人类婚姻制度的长期"习惯"，人们往往误以为婚姻是爱情的必然结果。大量证据表明，爱情与婚姻并不构成因果关系。也就是说，爱情并不是导致婚姻的原因。一般说来，因果关系是指包括时间顺序在内的、由一种现象引起另一种现象的必然关系。因果关系同时也意味着必然关系。但科学研究表明，爱情与婚姻的关系并不构成这样的必然关系。有关男性的婚姻择偶研究表明，促使男性结婚的因素多种多样，而年轻、外貌美、性魅力、体形与腰臀比率、健康才是驱动男人的主导因素，其中爱情固然重要，但它只排在次要位置（评分居中）。用科学的术语来说，爱情与婚姻是"相关"关系——尽管不排除其相关度会随某些背景因素的变化而有不同，但毕竟只是"相关"，而不是因果关系。

第三，婚姻使爱情平庸。

既然婚姻不是爱情的必然结果,那么一个合理的结论是:婚姻对爱情具有不可避免的负面效应。这也正是古今中外人们总是在调侃婚姻的弊端的原因。爱情与婚姻的"不和谐",说到底是二者功能上的不同。概括地说,爱情是一种浪漫的、激情化的情感状态,婚姻则是一种平板的社会制度——与情感根本不沾边;爱情是发自内心的神圣信念,婚姻则是出自社会外在压力的无奈;爱情是过程,婚姻则是结果;爱情需要付出高昂的代价,婚姻只需迁就世俗的习惯,如此等等。

性与爱情的可分离性

在明确了性、爱情和婚姻各自的功能特性之后,就需要进一步厘清这三大模块彼此之间的关系。当我们说"某某"与"某某"之间构成模块关系时,最主要是指二者之间的可分离关系;而之所以存在着可分离性,是因为它们具有功能上的独立性或特殊性。从功能独立或特殊的角度看,性、爱情与婚姻都具有可分离性。我们先来看性与爱情的可分离性。

从心理机制的角度在理论上论证性与爱情的可分离性,我的一个核心命题是:爱情本身就意味着性,但性并不意味着爱情。也就是说,前者的逆命题是不能成立的,这是性与爱情分离的实质性含义。爱情"本身"就意味着性。这就是说,爱情本身就内在地包含着性,或者说性是爱情本身的应有之"意"。当爱情降临时即便是性活动发生之时——性活动是爱情的必然伴随物。

而"性并不意味着爱情",这是由性的中性、无目的性、相对性、可替换性等功能特性所决定的。正是由于性的功能特性决定了它与爱情是可以分离的。首先,性对象的选择是中性的,可与爱情分离。进化心理学关于短期择偶的研究表明,在"零点现象"、"酒吧效应"、"一夜风流"、卖淫与嫖娼、性幻想、随意性关系的意愿、性伴侣多样性的欲望等研究中,性与爱情的分离具体表现在:猎取性对象时,往往是理想的性伴侣数目越多越好;与性对象分手得越快越好(以便投资最小化);从见到异性到发生性关系所需的时间越短越好(以便短期内得到多个性对象);择偶标准(如年龄、美貌、智慧、性格等)降得越低越好;发生性关系后作出的承诺越少越好(以便免除责任和义务);在特定时刻(如"零点")随着性的可接触性下降而择偶标准越低越好;在特殊场景(如骚乱和战争)下侵占的性资源越多越好;在一个性幻想情景中性对象越多或更换得越快就越好,等等。此外,婚前性行为越多,则婚后"越轨"的可能性越大;性伴侣的数目越多,其中每一个性伴侣的价值就越小;性经历越丰富,则真正爱上一个人的能力或可能性就越小。

其次,性交的过程本身是中性的,可与爱情分离。斯马特斯和约翰逊对人类性活动和性刺激过程中的生理反应的研究证明了这一点。他们使用的被试主要是卖淫者和志愿者。为了观察和记录特定的性反应,"被试在各个时段的性活动将包括各种人工操纵和机械操纵,男性被试与其女伴以仰卧、跪式或最习惯的姿势进行自然的性交。女性被试则以仰卧或跪着的姿势进行人工操纵的性交。"这样,研究者不仅观察和测量被试以各种姿势进行的自然性交,而且还观察和测量在人工或机械装置的帮助下所进行的手淫活动。可以想见,如果你相信这项研究的"科学"价值的话,你就应该假设性交活动本身是不带情感色彩的中性活动。

再次,性高潮后的心理感受是彻底的"孤独"。如果说爱情是为了避免孤独的尝试,那么性高潮的后果将彻底消除这一尝试。弗洛伊德最先强调这一点。他把性高潮与"死亡"(至少是对死亡的感受)联系在一起。他指出,"力比多"作为尚未解除的性欲,其要求是直接满足。但它有一个特殊的满足形式,即通过性物质(精液)的发泄。这个性物质是性张力饱和的媒介物。在性高潮中,性物质的射出,相当于躯体与"种质"相分离的意思。这说明,伴随完全的性满足而来的状况活像"消亡"的状况,也说明死亡与一些低级动物的交配行为是相一致的。这些造物(如蜘蛛、螳螂)在生殖的行为中死去,因为"爱的本能"(性本能)通过满足的过程被消除以后,"死的本能"就可以为所欲为地达到它的目的。

弗洛伊德关于性本能随着满足(性高潮)的过程而被消除的思想,在方迪的"微精神分析学"中得到了进一步的验证。他指出,性高潮的后果就是取消一切客体之间的相互关系。无论男女,人在性高潮状态中,均独自处于虚空(或孤独)的门口。不可避免的结论是:"性高潮越成功,爱情越失败。"性高潮与爱情是什么关系呢?方迪分析了两点:

第一,性高潮的出现意味着彻底的孤独。这是因为,处于性高潮状态中的人发生了"性心理分裂"。在那气喘吁吁、欲仙欲死、不再属于自己的瞬间,他(她)脱离了现实的世界,成为孤独者,摆脱了精神与肉体,在虚空中蔓延、消散。因此,那些所谓"令人神往的"、"美妙无比的"、"成功伟大的"性交或性高潮,其实是人类为了摆脱个人内在的孤独而进行的绝望的尝试;更何况,性高潮的出现很有可能不取决于性交伙伴。

第二，伪装性高潮不过是为爱情戴上了假面具。如果性高潮是伪装的，那么还可以对那可怜的性伙伴说"我爱你"。其实，性交伙伴与"潜意识地伪装性高潮的动机"没有任何关系。在性活动中，伪装性高潮的现象比人们一般想象的更普遍。即使在性高潮的最兴奋的时刻，作为性伙伴的男人与女人相互之间仍然是深深隔绝的，彼此很不了解。性高潮的这一特点"暴露了最令人满意的性交伙伴所具有的中性功能，表明他（她）是可以替换的。微精神分析学的这一观点完全符合'性'这个词的本意。该词源于拉丁语 secare，意为切断、分开、截断、使痛苦。"

最后，所谓"一个人的性活动"（手淫、性幻想、振动器、人造阴茎等）将使性与爱情完全分离。在这个"后情感主义"时代，手淫的重要性似乎被空前地强化了，成了人类追求性快感的合理的源泉。

综上所述，如果人的性活动的本质就是身体感觉，且最大的身体感觉就是性高潮，而性高潮又是性活动的终极目的，还有，这终极目的的达到仅仅手淫就能够实现，那么，性与爱情的分离就真的——如果不说"完全、彻底的"话——实现了。说到底，在性与爱情之间最终形成了这样一个"怪圈"：爱情本身内在地趋向于性，而性（特别是性高潮）又不可避免地造成普遍的性心理空虚，最终导致对爱情的否定！

爱情与婚姻的可分离性

前面关于婚姻的功能特性的描述，已经从理论上说明了爱情与婚姻的可分离性。婚姻是契约制度，婚姻不是爱情的必然结果，婚姻使爱情平庸，这几个主要论点已经客观地表现了二者的可分离性。下面要做的只是更具体地用例证表明这一点。

有些婚姻问题专家大谈所谓"婚内爱情"，试图给出解决婚姻内爱情逐渐消失的良方。为了实现"婚姻保卫战"的胜利，他们劝导人们婚后绝不要以为进了"红色保险箱"，可以"万事大吉"，可以忽视"诱惑技巧"。这也正是托尔斯泰在《战争与和平》中，所讽刺的"聪明人（特别是法国人）鼓吹的金科玉律"——女人在婚后要更注意打扮，以便让丈夫像婚前一样为她神魂颠倒。但事实证明，这一"金科玉律"并不管用。丈夫照样越轨，妻子照样红杏出墙。

在我看来，"婚内爱情"的提法并不符合科学事实。我主张，婚姻就是婚姻，爱情就是爱情，婚姻内不可能有爱情——除非你随便叫一种什么感情为"爱情"，至少，婚姻内的感情不能叫爱情。在我所界定的"爱情"的意义上，婚姻无论如何也不能担保爱情的实现。这是由婚姻的功能决定的。

婚姻内夫妻的感情是一种特殊的"亲情",叫"婚内亲情"或"夫妻情"比较准确。刚好,在西语中有一个对应的词"conjugal affection",正好可译为"夫妇情"、"婚姻情感"。我的这一主张主要还有遗传学的根据。根据汉密尔顿的"内含适应性"理论,夫妻之间不存在"遗传相关度",因此夫妻之间不存在严格意义上的"利他行为"。但由于婚姻关系的建立是以承诺、义务和责任为前提的,因此夫妻关系时间长了,便培养出一种类似基于遗传相关度的亲情,这在理论上是完全成立的。像中国传统上的"包办婚姻",也有不少是"先结婚,后恋爱"的(如电影《李双双》)。而这里所谓"后恋爱",不过是夫妻随后建立起来的一种亲情而已。

婚内亲情的提法也许你会感到"不浪漫",甚至会泄气,对婚姻不再有信心。其实,爱情的模块理论最终并不否定婚姻,而是要客观地对待婚姻,更好地行使婚姻的功能。老百姓似乎比我们更能懂得这一点。像民间说的"少来夫妻老来伴","娶个老婆过日子","嫁鸡随鸡,嫁狗随狗"等,都是民间的生活智慧。也许那些专治婚姻问题的专家倒不如百姓聪明呢!

在理论上把婚姻与爱情分开,有助于健康地维系婚姻,特别是智慧地对待婚外恋。婚外恋属于短期择偶,这种爱情不会持续很长时间,更不会是永恒的。它会自动终止。而自动终止的时间在很大程度上取决于丈夫(妻子)的态度和应对方式。婚姻的功能决定了婚外恋既是不可避免的,又是合理的。进化心理学表明,婚外恋与"道德"无关。

性与婚姻的可分离性

令婚姻问题专家头痛的一个问题是:"你究竟怎么样才能一辈子只和一个人睡觉?"如果性与爱情可以分离,而爱情又可以与婚姻分离,那么必然的结论是:性与婚姻也可以分离。事实上,分离真的发生了。

性与婚姻分离的第一个表征就是夫妻之间长期的"无性婚姻"。无性婚姻是一个客观的事实。要解释这一事实,还是要从功能独立的观点来看。也就是说,我们要探讨的问题是,也许婚姻的功能从本质上说是具有抑制、束缚性的?

根据福科在《性经验史》中的研究,古希腊时期的哲学家把婚姻界定为"快感享用的独一无二的关系"。这一定义要求性关系的"配偶化"——一种既直接又相互的配偶化：所谓"直接"，是指性关系在本质上应该排除婚外的性关系；而"相互"，是因为夫妻之间形成的婚姻应该排除在别处寻找性的快感。但遗憾的是，这种性关系的配偶化主张，充其量只是一种"婚姻道德"的理想。人类的婚姻史一直在总体上破坏这种理想。婚姻使夫妻之间的性关系"合法化"，但性的功能却反其道而行之：越是合法的东西就越是不构成肉体器官的享受。

法国哲学家乔治·巴塔耶在《色情史》中，专门探讨了人们为什么需要色情。他指出，"性"的本质是对禁忌和限制的根本上的侵越。这是为什么呢？原来，我们人类是一种"不连续的存在"——一种有限的、封闭的存在，无法与他人进行深入的"交流"，因为他人的身体对我们都是封闭着的。而在不期而遇的性活动中，这种不连续性和身体的界限被突破了——哪怕只是暂时的。在性交过程中，一个身体进入了另一个身体，突破了另一个身体的"墙壁"，进入了它的身体入口。这就可以解释为什么需要色情了。其实，所有的色情作品都是为了消除他人身体的封闭状态；而决定性的行动就是使之变成"裸体"——裸体是相对于身体的封闭状态而言的。这样一来，裸体就构成了"交流的条件"，超越了对自我的封闭。

荣格则通过研究什么是"禁忌"而进一步解释人们为什么会有婚外性关系。他认为，被"禁忌"的东西或事情，往往是人们各种"心理投射的存储器"。原始人对"性"是缄口不言的。要暗示性交，他们只用一个字，那个字等于"别出声"。性方面的东西对他们是禁忌，正像对我们这些现代的"自然而正常的人"一样。正是在这个意义上，荣格说："性，根据其定义，是你跟配偶之外的人发生的事情。如果是夫妻之间的事，神秘感就会消失。性是神秘的、有魔力的，含有禁忌的味道。"

巴塔耶和荣格的观点都表明，性，就其本质上来说，只有在被禁止的、"不合法的"、隐秘的，甚至是"不道德的"状态下，才真正构成刺激和乐趣。如果你本"可以"或"应该"这样做，那么性就没有什么可兴奋的了。而婚姻，正是消除这种刺激和兴奋的"安定剂"，安定得致使夫妻躺在同一张床上却不想做爱。在苏格拉底的另一学生色诺芬写的书中，苏格拉底直截了当地道出了夫妻之间性生活的尴尬："有一点，男女之间是有所不同的：做老婆的，无时无刻不希望和丈夫一起享受性爱的欢愉；另外一方却要冷静得多，当他的伴侣醉心于阿佛洛狄忒的时候，他却可以不动声色地看着她。所以，我们不妨看一看，这就一点都不值得大惊小怪了，因为，他在心里是会对那样一种爱人深深鄙视和嘲讽"。这里,"阿佛洛狄忒"作为女神,一般是女性的性欲之象征;当妻子要求享受性爱欢愉的时候,丈夫却在那里待着无动于衷。

性与婚姻分离的第二个表征是人们在婚外恋中得到了性满足。正如安妮特·劳逊在《通奸:爱情与背叛的分析》中表明的那样,20世纪70年代,英国男性的变化在于,他们对偶尔偷腥或一夜情已不太感兴趣,转而认为正儿八经地搞婚外恋更有吸引力,尤其是在婚外恋的初期阶段,他们对与之有性关系的女人还有一种陌生感,性活动的频率极高。还有些男人的确在婚外恋中达到了情感高峰,或者说他们明显被从未有过的情感体验所折服。而女性婚外恋的原因,有的认为是婚姻正在阻碍她们获得浪漫的爱情;有的认为是没有性生活证明了她们的婚姻是失败的。"这就是说,女性正在克服有关性方面的拘谨刻板心理,已经能够说性对她们而言极其重要——性在正常的充满激情的两性关系中已成为爱情不可或缺的辅助手段——所以只有爱情而没有性(而非只有性而没有爱情)就足以成为她们搞婚外恋的理由和动机。"

鉴于国内心理学界的文学知识极度匮乏,本着培养本科生跨学科视野的良好愿望,我在《心理学史》课程的教学中,向华东师范大学心理学院"国家理科基地"2006级基础心理学专业的学生,发出了"向文学家学习心理学"的口号,并要求他们"精读一部文学经典,浏览一本作家传记"。正是在这样一个倡议之下,其中的部分同学,出色地完成了本书的初稿。对他们来说,这是一次心理学与文学发生碰撞、沟通的全新的体验,必将对他们今后的心理学之路、特别是他们毕生的爱情之旅,产生深刻而久远的影响!

以下是各位初稿作者的姓名(以本书目录为序):

莎士比亚(杨欣蓓)、奥斯汀(张祺)、拜伦(黄丽凤)、巴尔扎克(郑璐)、雨果(李文君)、乔治·桑(陈漪清)、福楼拜(马文玲)、小仲马(杨海丽)、杜拉斯(陈姗)、昆德拉(李元瑛)、歌德(徐君逸)、席勒(郁诗铭)、莎乐美(林婉芳)、里尔克(施轶)、茨威格(王萱)、德莱塞(唐谭)、马尔克斯(王静洁)、屠格涅夫(徐珉思)、麦卡洛(陈健美)。

书中的行文表述文责自负,体现的是每一个作者的研究成果,并不直接代表主编的观点。在写作过程中,作者们也参考了国内文学界一些有关的研究成果。我在此谨向有关成果的作者表示衷心的感谢!我们试图在书中首次探索一下心理学与文学相互融通的可能性,特别是由于我们的文学知识有限,难免有这样那样的不足或欠妥之处。我真诚地希望文学界的前辈和同人及文学爱好者不吝赐教、指正;对于我的学生们尚难避免的某些稚嫩,我也希望得到读者的宽容。

我的硕士生马文玲以《福楼拜的爱情心理学》作为她的硕士论文选题,并在本书中撰写了"福楼拜"一章,同时出色完成了本书助理主编的任务。特此感谢!

最后的谢意致以北京大学出版社的领导和教育出版中心主任周雁翎编审及编辑刘军先生,是他们独具慧眼,使《心理学视野中的文学丛书》得以正式出版。

还是如我在《心理学大师的爱情与爱情心理学》"跋"中说的那样,"本书献给所有把爱情当做生命的意义来看待的人们"。但我在这里再用一点点特权:也献给我那虽满了20岁,却依然对爱情尚处在朦胧憧憬中的儿子熊威。

熊哲宏
2010 年 12 月 18 日

参考文献

1. [美]哈罗德·布鲁姆. 江宁康译. 西方正典. 译林出版社,2005年.
2. 周轶. 莎士比亚画传. 文化艺术出版社,2005年.
3. 杨青芝. 莎士比亚传. 中国社会科学出版社,2006年.
4. 郑土生. 莎士比亚研究和考证. 江苏教育出版社,2005年.
5. [英]多米尼克·恩莱特. 傅天英译. 简·奥斯汀的绝妙睿语. 东方出版社,2007年.
6. [日]鹤见祐辅. 陈秋帆译. 明月中天——拜伦传. 湖南文艺出版社,1981年.
7. [法]安德烈·莫洛亚. 沈大力、董纯译. 拜伦情史. 中国文联出版社,2001年.
8. [美]罗伯特·J.斯滕伯格. 潘传发、潘素译. 丘比特之箭:穿越时间的爱情历程. 辽宁教育出版社,2000年.
9. 寇鹏程. 拜伦的青少年时代. 现代出版社,1997年.
10. 熊哲宏. 心理学大师的爱情与爱情心理学. 中国社会科学出版社,2007年.
11. [法]斯蒂芬·茨威格. 朱雯译. 巴尔扎克传. 上海译文出版社,1985年.
12. [美]D.M.巴斯. 熊哲宏等译. 进化心理学:心理的新科学. 华东师范大学出版社,2007年.
13. [英]萨默塞特·毛姆. 巨匠与杰作. 南京大学出版社,2008年.
14. [法]让·贝特朗·巴雷尔. 程曾厚译. 雨果传. 上海人民出版社,2007年.
15. 聿木、爱玲. 乔治·桑传. 长江文艺出版社,1997年.
16. 李健吾. 福楼拜评传. 广西师范大学出版社,2007年.
17. 郭华榕. 法兰西文化的魅力. 北京三联书店,1992年.
18. [法]安德烈·莫洛亚. 郭安定译. 三仲马传. 人民文学出版社,1996年.
19. [法]波罗·德尔贝什. 董纯、沈大力译. 茶花女与小仲马之谜. 中国文联出版公司,1992年.
20. [法]劳拉·阿德莱尔. 袁筱一译. 杜拉斯传. 春风文艺出版社,2000年.
21. 高兴. 米兰·昆德拉传. 新世界出版社,2005年.
22. 余匡复. 浮士德——歌德的精神自传. 上海外语教育出版社,1999年.
23. 虎头. 瞧,大师的小样儿. 人民文学出版社,2008.
24. [德]席勒. 郭正元、蔡义为改写. 席勒戏剧故事选. 广东人民出版社,1986年.
25. [德]路德维希·马库塞. 顾祥祥译. 海涅. 陕西人民出版社,1987年.
26. [德]弗里茨·约·拉达茨. 胡其鼎译. 海因里希·海涅. 东方出版社,2001年.
27. [德]汉斯·埃贡·霍尔特胡森. 魏育青译. 里尔克. 生活·读书·新知三联书

店,1988年。
28. 张玉书.茨威格评传:伟大心灵的回声.高等教育出版社,2007年.
29. 蒋道超.德莱塞研究.上海外语教育出版社,2003年.
30. [法]莫洛亚.谭立德、郑其行译.屠格涅夫传.山西人民出版社,1983年.
31. 孙乃修编著.贵族庄园中的不和谐声:屠格涅夫传.上海世界图书出版公司,1996年.
32. 朱宪生.理想爱情的歌唱家——屠格涅夫传.重庆出版社,2007年.
33. 熊哲宏.论性、爱情与婚姻的功能独立性——柏拉图《会饮》的模块心理学解读.心理研究,2008年第1期。
34. 黄守友.从《巴黎圣母院》的人物形象看雨果的心理世界.电影评价,2007年第5期。
35. 杜鹃.中国读者对乔治·桑的接受历程.南通大学学报(社会科学版),2008年第5期。
36. 张丹.追逐与退却——论乔治·桑的女权主义思想.文学语言学研究,2007年第4期。
37. 余凤高.爱玛·包法利的几个原型.中华读书报,2008年10月22日。
38. 刘敏.海涅《诗歌集》中的爱情主题.国外文学,2003年第4期。
39. 王开林.与伟大的心灵共舞.书屋,2003年第6期。
40. 李嫒,马佳.经由爱,成于爱——试从茨威格笔下女性形象看其人道主义理想.南昌高专学报,2008年第5期。
41. 王澄霞.道德行为的情境模式与茨威格价值判断的迷误.扬州大学学报(人文社会科学版),2007年第4期。
42. 李雪华."我"不再沉默——解读茨威格小说《一个陌生女人的来信》的叙述视角.语文学刊(高教外文版),2006年第6期。
43. 贾茹,吴任钢.论罗伯特·斯腾伯格的爱情三元理论.中国性科学,2008年第3期。
44. 靳慧.马尔克斯与略萨的恩怨.世界文化,2007年第11期。
45. 田少虹、马一夫.从《荆棘鸟》的症候探寻考琳·麦卡洛创作的心路历程.西北农林科技大学学报(社会科学版),2008年第5期。
46. 毛海东、杨曼丽.浅析不幸婚姻对子女婚姻的消极影响.广西社会科学,2003年第11期。
47. 熊哲宏.柏拉图的《会饮》与"柏拉图式的爱情".中华读书报,2008年1月2日,1月23日。
48. 熊哲宏.菲奇诺《柏拉图会饮的评论》与"柏拉图式的爱情"之由来.中华读书报,2008年3月19日。